Horizontes
Cultura y literatura

Cuarta edición

Graciela Ascarrunz Gilman

(late) University of California, Santa Barbara

Carmen Benito-Vessels

University of Maryland, College Park

United States • Australia • Canada • Mexico • Singapore • Spain • United Kingdom

Horizontes, 4/e
Cultura y literatura
Gilman (late); Benito-Vessels

Publisher: Wendy Nelson
Marketing Manager: Jill Garrett
Senior Production Editor and Developmental Editor Supervisor: Esther Marshall
Senior Developmental Editor: Glenn A. Wilson
Associate Marketing Manager: Kristen Murphy-LoJacono
Manufacturing Manager: Marcia Locke

Printed in the United States of America
2 3 4 5 6 7 8 9 10 05 04 03 02 01

For more information contact Heinle & Heinle, 20 Park Plaza, Boston, Massachusetts 02116 USA, or you can visit our Internet site at http://www.heinle.com

Compositor: Victory Productions, Inc.
Project Manager: Sharla Volkersz
Photo Researcher: Billie Porter
Interior Designer: Rita Naughton
Cover Designer: Ha Nguyen
Illustrator: Dave Sullivan
Printer: R.R. Donnelley & Sons Co.

Library of Congress Cataloging-in-Publication Data:

Gilman, Graciela Ascarrunz de.
Horizontes : cultura y literatura / Graciela Ascarrunz Gilman, Carmen Benito-Vessels.—4th ed.
p. cm.
Includes index.
ISBN **0-8384-1469-9**
1. Spanish language—Readers. Civilization, Hispanic 2. Civilization, Hispanic. I. Benito-Vessels, Carmen. II. Title

PC4127.C5 G54 2000
468.6'421—dc21

00-063276

This book is printed on acid-free recycled paper.

Contenido

Preface

TO THE STUDENT

This book complements the *Horizontes: Gramática y conversación* textbook. These volumes, together with a workbook/laboratory manual, an audio program, a reading assistant CD-ROM, and new to the fourth edition, a video program and web site, make up a program designed to help you climb the proficiency ladder from elementary to advanced Spanish at the college level, and help you feel comfortable using your Spanish outside of the classroom. The *Horizontes* program takes you through a complete review of what you learned in beginning Spanish classes and creates a new learning environment for you to explore.

Horizontes: Cultura y literatura is designed, as its title suggests, to lead you to places where you might realistically expect to use all the grammar and vocabulary you have spent the past year learning. People typically acquire new language skills so they can appreciate the cultures of the people who live the language. A marvelous part of those cultures is expressed through art and the written word. This *Horizontes* text will introduce you to what we think is an engaging sample of the way native speakers of Spanish use their language to record the way they think, act, and feel in situations ranging from life's daily preoccupations to the profound expression of myths and traditions.

Culture is a living, evolving phenomenon rooted in history and shaped by experience. The mix of reading selections in each chapter offers insight into the history and traditions of Spanish-speaking communities as well as contemporary culture. Many of the reading selections in this fourth edition are new, replacing texts in previous editions. New texts are included to offer a fresh, up-to-date look at Spanish-speaking cultures. Selections have been taken from recent newspaper and magazine articles, as well as collections of short stories, essays, and poetry. While each chapter presents texts from several Spanish-speaking countries, we have aimed to help you appreciate the diversity of cultures within the Spanish-speaking world by highlighting a given country in each chapter. Along with a map and brief introduction to the country, a majority of the chapter's reading selections are taken from that country's newspapers, magazines, and literature.

Each of the ten chapters in *Horizontes: Cultura y literatura* reflects the theme of the corresponding lesson in *Horizontes: Gramática y conversación*. Exercises and oral activities for each of the readings are designed to help you develop reading skills and build on the speaking skills you are working on in the grammar and conversation part of the course. This is true whether you are using the reader as a partner to the *Horizontes* grammar text or independently. Reading proficiency is part of the language-learning task, and your proficiency and understanding are increased by discussion both before and after your reading. This fourth edition offers you specific reading strategies to apply as you tackle each selection, helping you reach your goal of both understanding and *appreciating* texts written in Spanish. We hope you will enjoy what you read and will want to talk about your reactions afterward, in your increasingly fluent Spanish.

Text Organization

The following is a brief overview of how *Horizontes: Cultura y literatura* is organized.

Primeros pasos

Each lesson opens with photographs or realia that introduce the chapter theme. This section includes conversation exercises we call *¡Observemos!*, *¡Charlemos!*, or *Puntos de vista*. Their purpose is to prepare you for the subject matter of the reading selections in the chapter.

Prepárese a leer

Before many of the reading selections, you will see a list of vocabulary that you will encounter in the text that follows. This vocabulary will help you understand the reading and talk about it afterward with your classmates. Each *lectura* is introduced by one or more pre-reading activities. These activities will help you call to mind familiar vocabulary and use new vocabulary to begin talking, in general terms, about the topic explored in the reading passage. Each text is presented with a specific *estrategia para la lectura* (reading strategy) that offers tips on how to approach each text to maximize your understanding. Before literary selections, *El (La) autor(a) y su obra* (The author and his/her work) familiarizes you with the writer and provides a context for the piece you are about to read.

¿Sabía Ud. que...?

This section is like an elaborated footnote that explains cultural points found in the readings. We have highlighted interesting social, historical, literary, or linguistic concepts, the understanding of which is necessary for a particular passage of text. They are also interesting cultural notes in themselves!

¡A leer!

Each lesson presents several magazine or newspaper articles and several literary pieces (prose, poems, or essays). Some texts are more challenging than others. We leave it to your instructor to select those you might best be expected to handle and enjoy.

Después de leer

We have been where you are at this stage of your language learning and we know how you are likely to feel when you have worked your way to the end of a selection and are left thinking, "Well, that was interesting, but what does it mean?" So after each reading we have provided comprehension, interpretive, and creative activities. First, it is important to understand the basic facts. Then, you can respond with your imagination, discuss the text with your classmates, and become a more effective reader.

¡Charlemos! stresses your ability to say what you think—in Spanish, of course! This calls for spontaneous, creative responses to the readings.

Situaciones and *Actividades* emphasize the way Spanish can be used in practical situations such as interviews, genuine conversations, and in-depth discussions of specific topics.

Puntos de vista, Temas de reflexión and *Análisis e interpretación* let you expand on ideas introduced in the readings, perhaps in conversation with classmates or in individual class presentations. You are encouraged to think for yourself here and to draw on personal experiences to discuss aspects of the readings and lesson themes.

Through the pleasure of reading *Horizontes: Cultura y literatura* you will have the opportunity to explore the fascinating cultural world of Spanish-speaking peoples. The work you've done over the past year to master the basics of grammar and vocabulary has prepared you for this exciting exploration.

Compañero de lectura (Reading Assistant) CD-ROM

The *Compañero de lectura* CD-ROM is designed to help you maximize your understanding and enjoyment of each of the selected texts. The program contains ten selections, several of which also appear in the textbook, identified by a special icon. A unique tool for refining your reading skills, the *Compañero de lectura* provides valuable support functions. First, pop-up glosses on unfamiliar words provide fast hints to keep you moving smoothly through the text. Second, convenient annotations on vocabulary, structure, cultural context, and literary interpretation help you approach each text and build strong reading skills. Third, all readings are read aloud so that you can appreciate the beauty of the spoken language and develop listening comprehension skills.

Readings supported by the *Compañero de lectura* are identified by icons in the table of contents of *Horizontes: Cultura y literatura* and throughout the text.

Dedicamos esta edición de *Horizontes* a la memoria de Graciela Ascarrunz Gilman, profesora y amiga, cuyo amor por la enseñanza del español es lazo entendimiento entre el mundo hispano y el anglosajón.

Acknowledgments

As we move into a fourth edition of the *Horizontes* program, we are indebted to the many students and colleagues who have helped shape both volumes with their feedback. We thank them for their perceptive comments and suggestions as they've reacted to reading selections as we considered including them. We would also like to thank Marian Zwerling Sugano for her contributions to previous editions of *Horizontes*. A very special thanks to Kimberley Sallee for revising the workbook/lab manual and testing program, and for creating the all-new fourth edition web site, and to Jennifer Rogers for preparing activities to accompany the new, fourth-edition video program.

We would like to thank Wendy Nelson, Publisher, Glenn Wilson, Senior Developmental Editor, and Esther Marshall, Senior Production Editor and Developmental Editor Supervisor, all at Heinle and Heinle, for their support and collaboration throughout the development of this edition. Many thanks also to our friends and colleagues whose support, creative suggestions, and constructive criticism helped make this fourth edition of *Horizontes* possible, and to our production team: Sharla Volkersz, Project Manager and Copyeditor; Deborah Bruce and Patrice Titterington, Proofreaders; and Victory Productions, Inc., Compositor.

We are very grateful to the following reviewers for their many insightful suggestions on this and previous editions of the *Horizontes* program:

Chad Everett Allan
Diane Andrew
Yvette Aparicio
Elise Araujo
Marius Cucurny
María Falcón
Luisa García-Verdugo
Norma Grasso
Garrett Gregg
Jeanette Harker
Francisco Iñíguez
Saúl Jiménez S.
Juergen Kempf
April Koch
Kimberly Kowalczyk
Esther Marion
Timothy McGovern
Elina McPherson
Olga Marina Moran
Michelle Natan
Judith Nemethy
Ted Peebles
Yolanda Rosas
Jennifer Ryan
Bradley Shaw
Sally Stokes Sefami
Carmen Urioste Azcorra
Andrea Warren Hamos

LECCIÓN 1

Christina Aguilera

Si la ingenua rubia de 5'2" y 18 años encuentra una botella con un genio no tiene que pedirle el éxito. Con el sencillo de su primer CD, *Genie in a Bottle,* la joven que creció en Pensilvania (su padre es de origen ecuatoriano) desplazó con su talento y calidad vocal a estrellas consagradas, como Puff Daddy, para convertirse en la número uno de la codiciada lista Hot 100 de la revista *Billboard* y así ascender a las grandes ligas.

Ricky Martin

Éste es el año del puertorriqueño Ricky Martin. Un Grammy como mejor cantante en la categoría *Latin pop,* por su disco *Vuelve* y, para completar, su canción "Livin' la vida loca" ha despertado furor entre sus admiradores y ha hecho que la industria del espectáculo redescubra el potencial de la música latina. Hoy, a sus 28 años, Martin es el artista de mayor éxito en el mundo. Con casi dos décadas de carrera artística a sus espaldas, es adorado por las multitudes lo mismo en Indonesia que en Rusia. Sea como portavoz turístico de su país o en los anuncios de Pepsi, su rostro significa algo más que un fenómeno artístico: el ascenso incuestionable de la cultura hispana.

Esther Cañadas

El rostro imponente de esta modelo española no está hecho solamente para anunciar joyas o la última línea de Donna Karan. Recién casada con el modelo holandés Mark Vanderloo, Cañadas debutó como actriz en la película *The Thomas Crown Affair* junto a Pierce Brosnan.

John Leguizamo

No siempre las locuras tienen el visto bueno del público y la crítica. Pero este genial colombiano supo lidiar con ambos y ganarse hasta un codiciado Emmy con el espectáculo de HBO, *Freak,* presentado inicialmente en un teatro de Broadway. Pues, a reírse.

Elvis Crespo

Primero fue *Suavemente.* Luego *Píntame.* Hasta ahora, el salsero neoyorquino criado en Puerto Rico tiene más que agradecerle al merengue que a la salsa, género con el cual se dio a conocer. Su ritmo pegajoso, que ha puesto a bailar a todo el mundo, le ha merecido cinco galardones en los Premios Lo Nuestro. También se ha presentado en la serie televisiva *All My Children,* de ABC. Tremenda sintonía.

Vida y sociedad

Primeros pasos

El español ya no es una lengua extranjera en los Estados Unidos. Para comprobarlo no hay más que pasear por las calles de Nueva York, Washington, D.C., Miami, El Paso, Santa Bárbara, Albuquerque o San Francisco, sólo por citar unas cuantas ciudades. El auge del español ha sido acompañado por el auge de la cultura hispánica en los Estados Unidos, y ya no estamos hablando sólo de burritos, chimichangas, tortillas y piñatas. La celebración de la cultura hispana es ahora un acto oficial prestigioso, tan prestigioso que en el Kennedy Center de la ciudad de Washington, D.C. se acaba de celebrar la entrega de premios a las figuras más destacadas del arte y de la cultura hispana en este país. Hay artistas, deportistas, cineastas, escritores y políticos hispanos para todos los gustos: Plácido Domingo, Ricky Martin, Enrique Iglesias, Sergio García, Alberto Ballesteros, Arantxa Sánchez, Pedro Almodóvar, Isabel Allende, Gabriel García Márquez,...

No hace muchos años, en Estados Unidos se miraba al hispano con cierto desdén, pero hoy lo hispano está de moda. ¡Así es la vida!

ACTIVIDADES

A. ¡Observemos!

Mire las fotos de la página a la izquierda y lea con atención lo que se dice de estas personas famosas en el artículo de *People en español* sobre "Los más fascinantes del año". Luego, conteste las siguientes preguntas.

1. Diga a cuántos de estos famosos conoce y cuál es su opinión sobre ellos.
2. ¿Qué dice la revista de Ricky Martin? ¿Está Ud. de acuerdo en que "su rostro significa más que un fenómeno artístico"?
3. ¿Conoce Ud. la canción "Genie in a Bottle"? ¿Le gusta? ¿Qué dice esta canción?
4. ¿Ha visto Ud. alguna vez a Esther Cañadas en algún anuncio publicitario? ¿Dónde?
5. ¿Cómo se describe la música de Elvis Crespo en *People*? ¿Qué es para Ud. una música pegajosa?
6. ¿Conoce Ud. a John Leguizamo? ¿Qué sabe Ud. de "Freak"? ¿Iría Ud. a ver este espectáculo? ¿Por qué? ¿Cuánto dinero pagaría Ud. por verlo?

B. ¡Charlemos!

Pregúntele lo siguiente a su compañero(a).

1. ¿Qué te atrae de la cultura hispana? ¿Por qué estudias español?
2. ¿Qué aspectos de la vida y de la cultura hispana van ganando terreno dentro de la sociedad estadounidense? ¿Qué opinas de la política de educación bilingüe? ¿y de las sociedades bilingües? ¿Crees que Estados Unidos llegará a ser un país bilingüe?
3. ¿Te gusta ir a conciertos en vivo? ¿A cuáles?
4. ¿Cuál es tu pasatiempo favorito? ¿Qué sueles hacer en tu tiempo libre?
5. ¿Cuánto tiempo dedicas a los estudios? ¿al trabajo? ¿a la diversión?
6. ¿Dónde trabajas? ¿Qué haces allí? ¿Usas el español en tu trabajo?
7. ¿Tienes amigos que hablan español?

Prepárese a leer

VOCABULARIO

Para hablar de fiestas

a pesar de los esfuerzos *in spite of efforts*
aburrido(a) *boring*
alegre/divertido(a) *fun*
el (la) anfitrión(a) *host(ess)*
invitar *to invite*
el (la) invitado(a) *guest*
aportar **alegría** *to bring happiness*
buen humor *good mood*
contar un chiste *to tell a joke*
marcharse *to leave*
organizar un juego *to organize a game*
quejarse *to complain*
sentir molesto(a) *to feel annoyed, upset*
tocarle (a uno) una fiesta *to happen to be at a party*

ACTIVIDAD

¡Charlemos!

Seguramente Ud. y su compañero(a) de clase saben lo que es aburrirse en una fiesta y no saber qué hacer para matar el aburrimiento y divertirse un rato. Hablen de esas fiestas o reuniones familiares en las que a veces se sienten tan fuera de lugar que prefieren irse a dormir. Consideren éstas y otras preguntas.

1. ¿Qué haces cuando estás en una fiesta muy aburrida? ¿Te quedas hasta el final de la fiesta o te marchas temprano? ¿Te pones de mal humor y no hablas con nadie? ¿Qué haces para no sentirte tan molesto(a)? ¿aburrido(a)? ¿Qué crees que se puede hacer en estos casos?
2. ¿Te aburres o te diviertes en las fiestas y reuniones familiares? ¿De qué habla tu familia en esas ocasiones?

Estrategias para la lectura

Con mucha frecuencia, la gramática y el estilo de un(a) escritor(a) pueden decirnos algo sobre el contenido de lo escrito.

1. Fíjese en los tiempos verbales y en la extensión de las frases. ¿Por qué serán tan cortas?
2. Observe el uso de los puntos suspensivos y de las comillas. ¿Para qué se usan en este caso concreto?
3. Observe el uso de frases hechas y de metáforas sacadas de la vida cotidiana. ¿Qué nos dice esto del autor? ¿y de su lugar de publicación?
4. Analice el tono del texto: ¿es autoritario, amistoso, paternalista, indiferente?

¡A LEER!

El siguiente artículo apareció en la revista *Buen Hogar,* que se publica en México.

Si te toca una fiesta aburrida...

Si te toca una fiesta aburrida, lo más lógico es que quieras marcharte lo antes posible... Sin embargo, no quieres hacerlo para que los anfitriones no se sientan molestos. Se trata de una situación bastante frecuente... Antes de tomar una decisión, piensa si has tratado con todas tus *fuerzas* de aportar un poco de alegría y buen humor a esa fiesta. A veces nos quejamos de algo que podemos solucionar nosotros mismos. Charla con los invitados, cuenta algún chiste, organiza algún juego... En fin, haz todo lo que puedas por *echar un granito de pimienta* en esa salsa que *no sabe a nada*... Si a pesar de tus esfuerzos, el «funeral» continúa, agradece a tus anfitriones la invitación y, con la excusa de que al día siguiente tienes que *madrugar,* regresa a casa sin mostrar tu aburrimiento y sabiendo que has actuado como todos esperaban de ti.

energías

alegrar / sin sabor

levantarte bien temprano

Después de la lectura

ACTIVIDADES

A. ¿Qué dice la lectura?

Empareje la columna A con la columna B, según la lectura.

A

1. Si estás en una fiesta aburrida lo lógico es...
2. Generalmente no quieres marcharte de una fiesta aburrida para que...
3. Antes de tomar la decisión de salir de una fiesta aburrida...
4. Si a pesar de tus esfuerzos, la fiesta sigue aburrida...

B

a. trata de mostrar alegría, hablar con los invitados, contar algún chiste.
b. da las gracias a los anfitriones y no muestres aburrimiento.
c. los anfitriones no se den cuenta de que estás molesto(a).
d. que quieras marcharte.

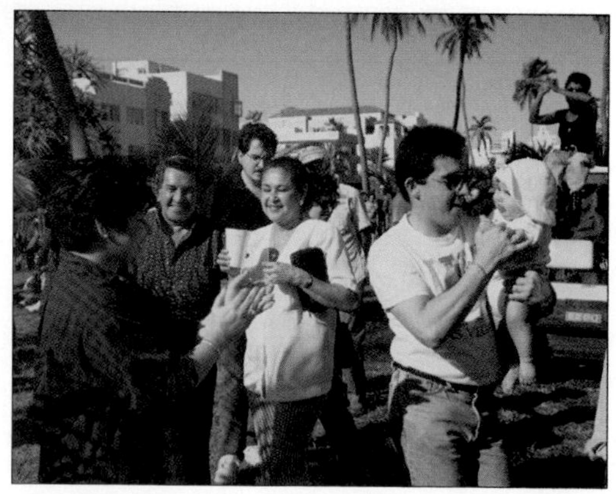

B. Entrevista

Hágale a su compañero(a) dos preguntas sobre cada una de las fotografías de la página anterior. Por ejemplo, puede preguntarle...

1. a qué tipo de fiesta irán las personas fotografiadas.
2. qué le parece su ropa, su peinado, su pareja, las gafas, etcétera.
3. con quién de los fotografiados le gustaría ir a una fiesta.

Para ser más personal, hágale las siguientes preguntas sobre él (ella) mismo(a).

1. ¿A qué hora del día o de la noche suelen ser tus fiestas?
2. ¿Preparas las fiestas con mucha antelación?
3. ¿A cuántas personas invitas, más o menos?
4. ¿Cuál ha sido tu mejor fiesta?
5. ¿Invitas alguna vez a gente por compromiso?
6. ¿Qué harías para animar una fiesta en casa de tus padres? ¿en la oficina de tu jefe(a)? ¿en casa del (de la) profesor(a) de español? ¿en el cumpleaños de tu vecino(a)?
7. ¿Qué disculpas das cuando no quieres ir a una fiesta?
8. Las fiestas de "wedding shower", "baby shower" y "open house", entre otras, son típicamente americanas. ¿Conoces fiestas típicamente hispanas?

SITUACIÓN

¡Una fiesta aburridísima!

Estamos en una fiesta en la que casi nadie se conoce. El anfitrión (La anfitriona) (un[a] estudiante de la clase) presenta a sus invitados y durante la fiesta trata de que todos se diviertan, pero los invitados parecen estar aburridos. Entre todos Uds. traten de alegrar la fiesta. Inventen algún chiste, organicen un juego, hagan uso de su imaginación y echen ese granito de pimienta que aconseja el artículo anterior, para que la fiesta de su amigo(a) no termine en un funeral.

El mundo hispano

La música y los éxitos de los hispanos en este país contrastan enormemente con el sentimiento de desarraigo que a veces existe entre las personas que viven dentro de las comunidades hispanas. Ésta es una faceta de la vida que resulta compleja de explicar. Bajo las apariencias de triunfo a veces subyacen sentimientos bastante contradictorios. Las razones por las que los hispanos vienen a Estados Unidos son muy variadas: unos lo hacen por motivos políticos, otros por motivos familiares, económicos o profesionales. El caso de los cubanos en Estados Unidos es un buen ejemplo de las contrariedades de la vida, la sociedad y la historia contemporánea.

Población:	11.050.729 habitantes
Capital:	La Habana
Moneda:	el peso

Algo sobre Cuba

¿Sabía Ud. que Cuba es del tamaño de Pennsylvania? Esta isla tropical, situada a unas 90 millas al este de Florida, tiene una población de más de once millones de habitantes y sigue siendo lugar no recomendado para el turista estadounidense. Cuba y Estados Unidos rompieron relaciones en 1963, durante la presidencia de John F. Kennedy. La presencia de misiles rusos en la isla de Cuba y la instauración del comunismo fueron dos de las causas que provocaron la política de embargo contra Cuba por parte de los Estados Unidos.

Cuba es la patria de numerosos artistas, músicos, literatos y grandes pensadores. Los problemas políticos de pensadores como José Martí eran de distinto orden pero también reclamaban la libertad para Cuba cuando ésta era una colonia española.

Prepárese a leer

EL AUTOR Y SU OBRA

José Martí (1853–1895) es un escritor cubano que luchó por la independencia de su país. Martí fue deportado y regresó a su patria en 1878 pero se expatrió nuevamente y vivió la última etapa de su vida en Nueva York. Se le considera uno de los iniciadores del movimiento literario llamado "modernismo".

Como su nombre indica, el modernismo defiende conceptos y formas diferentes de lo considerado tradicional; sus ideales están próximos al exotismo de lo oriental, al artificio elegante y sofisticado y al capricho de las formas. La última etapa del modernismo se conoce con el nombre de "mundonovismo" y es de tono nacionalista.

Estrategias para la lectura

El lenguaje poético no sólo apela a las facultades analíticas del lector, sino que busca evocar una reacción más afectiva. Fíjese en las imágenes que crea el poeta y en cómo las encadena. ¿Qué representan para Ud. estas imágenes?

¡A LEER!

Poema XXV José Martí

Yo pienso, cuando me alegro
Como un escolar sencillo,
En el canario amarillo,
Que tiene el ojo tan negro.

Yo quiero, cuando me muera,
Sin patria, pero sin *amo*,
Tener en mi *losa* un ramo
De flores, y una bandera.

amo: master
losa: gravestone

Después de la lectura

ACTIVIDAD

¡Charlemos!

1. ¿Qué representa para Ud. un canario?
2. ¿Por qué dice el poeta que no tiene patria?
3. ¿A qué bandera se referirá el poeta?
4. Si este fuera su propio poema, ¿qué escribiría Ud. en los tres últimos versos después de "cuando me muera"?

Prepárese a leer

Estrategias para la lectura

El siguiente poema, también de José Martí, expresa la ambivalencia del exiliado respecto a su "nueva patria". Fíjese en:

1. las metáforas que el poeta utiliza para expresar la ausencia
2. los sustantivos y adjetivos que expresan elegancia y exotismo
3. la personificación
4. el tono desilusionado y triste
5. las implicaciones políticas del texto

¡A LEER!

Dos patrias José Martí

Dos patrias tengo yo: Cuba y la noche.
¿O son una las dos? No bien *retira*
su majestad el sol, con largos velos
y un *clavel* en la mano, silenciosa
Cuba cual viuda triste me aparece.
¡Yo sé cual es ese clavel *sangriento*
que en la mano le tiembla! Está vacío
mi pecho, *destrozado* está y vacío
en donde estaba el corazón. Ya es hora
de empezar a morir. La noche es buena
para decir adiós. La luz *estorba*
y la palabra humana. El universo
habla mejor que el hombre.
Cual bandera
que invita a batallar, la llama roja
de la vela *flamea.* Las ventanas
abro, ya estrecho en mí. *Muda,* rompiendo
las hojas del clavel, como una nube
que *enturbia* el cielo, Cuba, viuda, pasa...

retira su majestad el sol: anochece
clavel: *carnation*
sangriento: *bloody*
destrozado: *destroyed*
estorba: *bothers*
flamea: *flickers*
Muda: *Mute*
enturbia: *obscures*

Después de la lectura

ACTIVIDAD

Comprensión y expansión

Conteste las siguientes preguntas sobre el poema.

1. ¿Por qué dice el poeta que la noche es una de sus patrias?
2. ¿Por qué compara a Cuba con una viuda?
3. ¿Qué color predomina en el poema? ¿Qué simboliza ese color?
4. Explique el significado de los tres últimos versos: "Muda, rompiendo / las hojas del clavel, como una nube / que enturbia el cielo, Cuba, viuda, pasa..." ¿Qué ideas le sugieren los puntos suspensivos?

Prepárese a leer

Estrategias para la lectura

Puede ser muy útil todo lo que uno ya sabe sobre un asunto para establecer un contexto y comprender nueva información. Antes de leer los siguientes artículos, hable con un(a) compañero(a) de clase sobre lo que saben de las relaciones entre Cuba y los Estados Unidos. ¿Qué saben del embargo y cómo ocurrió?

Lea los dos artículos siguientes, ambos publicados en el diario *El País* y comente qué le parece la nueva estrategia cubana.

CASTRO PIDE A LA "MAYORÍA SILENCIOSA" DEL EXILIO QUE LUCHE CONTRA EL EMBARGO

La diplomacia cubana está empeñada en una difícil pirueta política: convertir en "aliados de lucha" contra el embargo a un sector "mayoritario" de los residentes cubanos en EE. UU. que La Habana considera ahora "patriotas". La maniobra de seducción fue esbozada la semana pasada en Nueva York por el ministro cubano de Relaciones Exteriores, Felipe Pérez Roque. Ayer, en La Habana, Fidel Castro hizo oficial y explícito el planteamiento.

Felipe Pérez Roque se reunió en Nueva York con más de un centenar de exiliados durante la 54ª Asamblea General de la ONU. Roque les exortó a "unirse" entre ellos para, entre todos, "acabar con el bloqueo". Ayer en La Habana, el presidente Fidel Castro pidió a los "emigrantes" su ayuda para cambiar la correlación de fuerzas "en pleno corazón del imperio".

El presidente cubano aprovechó el acto de recibimiento brindado a la delegación cubana que participó en el 54º período de sesiones de la Asamblea de la ONU para mostrarse conciliador con aquellos cubanos que un día abandonaron la isla, pero que son críticos con la política norteamericana de embargo.

A juicio de Castro, una "mayoría silenciosa" de exiliados dentro de EE. UU. piensa y siente como verdaderos "patriotas". "Se puede ser patriota y hacer mucho por la independencia de Cuba viviendo en Estados Unidos", había dicho días antes Roque en Nueva York. Según el primer mandatario cubano, ha llegado la hora de que ellos se pongan del lado de los congresistas, empresarios y grupos de presión norteamericanos que desde Washington luchan en contra del embargo norteamericano contra la isla.

Para Castro, un cambio de este tipo por parte de los exiliados podría "ser determinante" para hacer que cambie también la correlación de fuerzas en Estados Unidos, y que los "detractores del bloqueo" venzan a los que desde Miami "han secuestrado" las opiniones de los emigrantes durante 40 años.

El presidente cubano afirmó que "el bloqueo no afecta sólo a los cubanos que viven en la isla, sino también a los que residen en Miami", quienes son objeto de un sinnúmero de restricciones para viajar a la isla y tener contacto con sus familiares. "No es Cuba la que impide esos contactos", dijo Castro.

Durante el acto de recibimiento a Roque y el resto de la delegación cubana, efectuado en un escenario nada casual —la escalinata de la Universidad de La Habana—, Castro utilizó la tribuna para elogiar a sus más jóvenes colaboradores, Felipe Pérez Roque, de 34 años, Carlos Valenciaga, de 25 —que acaba de asumir las funciones de secretario personal del mandatario cubano—, y al presidente de la Federación de Estudiantes Universitarios, Hassan Pérez, de 22, a quienes presentó, según dio la impresión, como el relevo de su revolución.

Todos podían ser sus nietos, algo que es ya una política, pues desde hace tiempo el mandatario cubano, de 73 años, viene rodeándose de gente muy joven, a la que forma y atiende muy de cerca.

(*El País,* 29 de septiembre de 1999)

CUBA LLEVARÁ LA DENUNCIA SOBRE EL EMBARGO A LOS TRIBUNALES INTERNACIONALES

El ministro de Relaciones Exteriores cubano, Felipe Pérez Roque, anunció ayer que Cuba demandará a EE. UU. ante un tribunal internacional y exigirá una indemnización de unos 100.000 millones de dólares por los daños ocasionados a la isla en los últimos 40 años por la política de embargo norteamericano. Con esta iniciativa Cuba pretende sacar del marco de las relaciones cubano-norteamericanas la polémica en torno a lo que califica de "bloqueo" y llevar su denuncia al campo internacional, como ha ocurrido con la ley Helms-Burton.

(*El País,* 10 de noviembre de 1999)

Después de la lectura

ACTIVIDAD

Comprensión y expansión

1. Explique qué entiende por la siguiente frase de Castro: "Se puede ser patriota y hacer mucho por la independencia de Cuba viviendo en Estados Unidos".
2. Discuta con un(a) compañero(a) las posibilidades de éxito de la denuncia de Castro.
3. ¿Qué diría Ud. si fuera uno de los miembros del tribunal internacional?
4. Establezcan un debate en clase tomando posiciones a favor y en contra del embargo.

Prepárese a leer

VOCABULARIO

Para hablar del talento musical

atreverse a decir *to dare say*
el (la) cantante *singer*
darse por vencido(a) *to give up*
escribir canciones *to write songs*
la esperanza *hope*
la gira *tour*
grabar un álbum *to record an album*
interesarse por *to be interested in*
la letra *lyrics (of a song)*
el primer/último éxito *first/last success*

ACTIVIDAD

Las entrevistas

Converse con un(a) compañero(a) de clase sobre las entrevistas en términos generales.

1. Hablen sobre alguna entrevista que hayan oído recientemente en la radio o que hayan leído en los periódicos.
2. Piensen en los entrevistadores más conocidos de la "tele" y describan sus estilos (por ejemplo, Barbara Walters, Ted Koppel, Geraldo Rivera, Ricki Lake, Oprah Winfrey y David Letterman).
3. ¿Sabía Ud. que John Kennedy, Jr. le pidió una entrevista a Fidel Castro para su revista *George*? Fidel Castro no se la concedió pero le invitó a cenar. De las cinco horas que duró la cena, ¡Castro habló durante cuatro! ¿Qué piensa Ud. que John John le habría querido preguntar a Fidel Castro?

Estrategias para la lectura

En una entrevista es muy importante identificar los puntos de vista del entrevistador y del entrevistado. Debe fijarse en:

1. si el entrevistador es amistoso o incisivo con el entrevistado
2. si las preguntas se refieren sólo a la vida profesional del entrevistado o se incluyen preguntas sobre la vida personal
3. si las preguntas incluyen ya una pista para la respuesta
4. si el entrevistado quiere evitar la respuesta

¡A LEER!

El siguiente fragmento, tomado de una entrevista con Gloria Estefan, apareció en *Más,* revista que se distribuía gratis en los Estados Unidos. Mientras lee, observe la manera en que Enrique Fernández presenta la entrevista con Gloria Estefan. El entrevistador toma únicamente algunos comentarios de la entrevistada y los incorpora a su propio relato.

Entrevista con Gloria Estefan

Enrique Fernández

«Mis canciones son como fotografías de mis emociones», dice Gloria Estefan, la misma muchacha introvertida que en sus años de estudiante se interesó por la sicología. Entonces escribía poemas precursores de sus canciones sobre «lo que todo el mundo ha pensado alguna vez». Son canciones directas y coloquiales sobre lo que uno quiere decir a algún ser querido, pero no se atreve.

dificultad / enfrentan

Las raíces latinas de Gloria son profundas y su vida, que hoy parece tan glamorosa, ha sido marcada por la misma *dureza* y esfuerzo que *encarnan* los latinos que vienen a los Estados Unidos con sólo algunos centavos y muchos sueños. Sus padres salieron de La Habana cuando Gloria *era apenas una criatura.* Llegaron a Miami con poco dinero y con la esperanza de poder volver a Cuba algún día. El padre de Gloria había sido oficial del ejército cubano y en Miami se incorporó, con otros cubanos exiliados, a la brigada que intentó en 1961 la invasión de Playa Girón. Fue capturado y permaneció en prisión durante dieciocho meses, mientras Gloria y su madre esperaban ansiosas su retorno a Miami. Al regresar a Miami se *enroló* inmediatamente en el ejército americano y fue enviado a Vietnam.

sólo un bebé

se inscribió

El talento musical de Gloria fue plenamente reconocido y estimulado desde un principio por Emilio Estefan, director del grupo *The Miami Latin Boys,* quienes luego cambiarían su nombre por el de *Miami Sound Machine.* Cuando la banda grabó su primer álbum, *Renacer,* Emilio sugirió que Gloria escribiera algunas canciones. De ahí salió «Tu amor conmigo», su primer éxito.

Gloria escribe las letras de sus canciones en inglés y en español, y muchas de ellas, como «*Anything for You*» tienen versiones en los dos idiomas.

> Me fascina ser bilingüe —explica—, porque abre un horizonte más amplio a mi experiencia. Tenemos dos idiomas que son nuestros. Siempre escribo mis canciones en los dos idiomas, jamás las traduzco. Es un acercamiento totalmente distinto. Trato de extraer el significado general y comienzo desde el principio; son dos maneras completamente diferentes de comunicarse y de pensar sobre cualquier cosa, sobre la vida misma. «*Anything for You*» en español es más festiva; así son las emociones latinas. La versión en inglés es fatalista, más resignada, como quien se da por vencida. En español es más un *reto* o una amenaza.

desafío

Gloria, como tantos otros cubanoamericanos de su generación, domina perfectamente el español y el inglés y por haber crecido entre dos mundos —el mundo latino de su familia y el anglosajón de Miami— se siente como en casa en ambas culturas musicales.

Después de la lectura

ACTIVIDADES

A. ¿Quién dijo qué?

Reescriba la entrevista con Gloria Estefan en forma de diálogo e identifique los puntos de vista del entrevistador y de la entrevistada.

B. Puntos de vista

1. ¿Podría Ud. explicar el siguiente comentario de Gloria: "Mis canciones son como fotografías de mis emociones"? ¿Piensa Ud. que sus canciones son directas sobre lo que uno puede decir a los seres más queridos? ¿Podría dar un ejemplo?
2. ¿Conoce Ud. canciones de otros artistas hispanos? ¿Cuál es la que más le gusta?

SITUACIÓN

Entrevista: En busca de una estrella

Ud. es un(a) entrevistador(a) famoso(a) como Larry King, David Letterman o Barbara Walters y está entrevistando a varios artistas que quieren ser estrellas. Tanto el (la) entrevistador(a) como los entrevistados (los estudiantes de la clase) deben prepararse con preguntas y posibles respuestas para la entrevista. Ésta es la oportunidad para demostrar su talento para la música, el baile, el canto, la pintura u otras artes.

Prepárese a leer

VOCABULARIO

Para hablar de la vida

la arena *sand*
el atardecer *dusk*
el campanario *bell tower*
el campo *countryside*
el cielo *sky*
el crepúsculo *twilight*
la fuente *fountain*
la hierba *grass*
la infancia *childhood*
el lago *lake*
la loma *hill*
nacer *to be born*
la nube; nublado *cloud; cloudy*
la oración *prayer*
la piedra *stone*
el sol; hace sol; asolearse *sun; to be sunny; to sun oneself*

Expresiones idiomáticas

darse cuenta de *to realize*
estar a punto de *to be about to*
fijarse en *to notice*
ocurrírsele (a uno) *to think about*
ponerse a (+ infinitivo) *to start to*
quitarle el tiempo (a alguien) *to take time away (from someone)*
sacar de sus casillas (a alguien) *to enrage*

LA AUTORA Y SU OBRA

Elena Poniatowska nació en París (1933) y adoptó la nacionalidad mexicana en 1968. Desde 1954 ejerce el periodismo y se ha destacado en el género de la entrevista. Escribe además ensayos, novelas y cuentos. Sus libros más famosos son *Hasta no verte Jesús mío; ¡Ay vida, no me mereces!* y *La noche de Tlatelolco.* «El Ángelus» es uno de los relatos del libro *Más largo es el silencio.* En los últimos años, Elena Poniatowska se ha convertido en uno de los escritores —tanto literarios como políticos— más notables de México.

Estrategias para la lectura

Dé un primer vistazo a la lectura y fíjese en:

1. el título, los sustantivos y adjetivos que la autora usa para describir la vida en la ciudad
2. las frases hechas como: "afinar el oído" (escuchar atentamente); "ni de noche ni de día" (nunca). Estas le darán una pista para interpretar los dobles sentidos de la lectura ya que "afinar el oído" implica que no es fácil ver u oír algo a simple vista; "ni de noche ni de día" es una frase sacada de una oración que los niños suelen rezar antes de dormirse (Ángel de la guarda, dulce compañía / no me desampares ni de noche ni de día. / Si me desamparas, qué será de mí / Ángel de la guarda ruega a Dios por mí).

¡A LEER!

El Ángelus Elena Poniatowska

En el crepúsculo, a la hora del *Ángelus,* la ciudad se cierra sobre sus moradores. El Ángelus aún se da en los talán-talán de los campanarios pueblerinos y las campanas suenan entonces tan solitarias, tan *desamparadas* y tan *hambrientas* como los hombres. Muchos niños cantan el Ángelus para dar las gracias y dormir en paz, porque Ángelus significa dar luz sobre el espíritu del que descansa [...] A la hora del Ángelus, si uno *afina bien el oído,* puede percibir un rumor de alas; legiones y legiones celestiales que van cubriendo el cielo del atardecer, y si ustedes se descuidan, señoras y señores, podrán *toparse* con su Ángel de la Guarda, a la vuelta de cualquier encuentro, en la acera de esta Angelópolis, un ángel de carne y hueso y un pedazo de pescuezo, en esta ciudad que no nos permite amar como quisiéramos, para saciar nuestra hambre. Se necesita el estado de gracia para amar por encima de los cláxons, los pleitos, las *angustias,* el esmog, la violencia, el moverse a todos lados y en ninguna dirección y, antes de ser ángeles amorosos, nos llega el edicto y la condena. Entonces, volvemos a repetir junto al Ángel en potencia, aunque se haya *disfrazado* de *zopilote* negro:

Ángel de mi guarda
dulce compañía
no me desampares
ni de noche ni de día.

Ángelus: *Catholic noon prayer*
desamparadas: *helpless*
hambrientas: *starving*
afina bien el oído: escuchar con mucha atención
toparse: encontrarse
angustias: *anguish*
disfrazado de: vestido de
zopilote: *starving*

«...podrán toparse con su Ángel de la Guarda... en la acera de esta Angelópolis...»

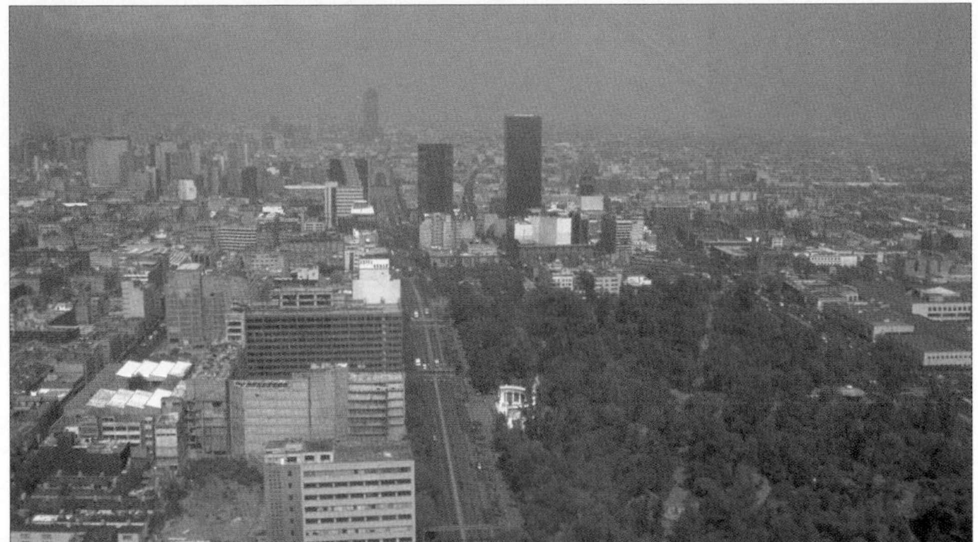

Después de la lectura

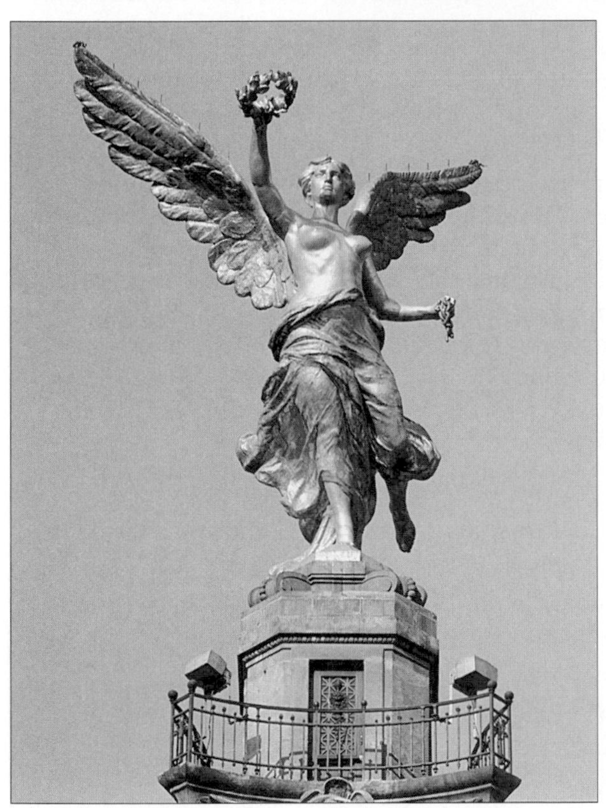

«Ángel de mi guarda... no me desampares...»

ACTIVIDADES

A. Comprensión

Conteste las siguientes preguntas.

1. ¿De qué ciudad puede estar hablando Poniatowska? ¿Puede ser cualquier ciudad?
2. ¿Ha vivido Ud. en algún lugar desde donde podía oír "el talán-talán" de las campanas?
3. ¿Cómo habla Poniatowska de los ángeles? ¿Ha oído Ud. hablar del Ángel de la Guarda?
4. ¿Qué sentido tiene hablar de una Angelópolis? ¿Qué efecto produce la alusión a cosas tan diferentes como *cláxons, angustia, esmog, Ángel de la Guarda* y *zopilote negro*?
5. ¿Podría Ud. comparar la ciudad que se describe aquí con cualquier otra ciudad de los Estados Unidos?

B. Puntos de vista

1. ¿Cree Ud. en los ángeles? ¿Qué le parece el nombre de la ciudad californiana "Los Ángeles"? ¿Conoce algún relato extraordinario sobre los ángeles?
2. ¿Sabe cuál es la estatua del ángel más famoso en la Ciudad de México?
3. ¿Qué querrá decir Poniatowska con "se necesita el estado de gracia para amar por encima de los cláxons"?

C. ¡Charlemos!

En nuestra infancia todos tuvimos un cuento, una canción o una oración que nos gustaba escuchar antes de dormir. Con un(a) compañero(a) de clase, hable de uno que le gustaba.

Última lectura

EL AUTOR Y SU OBRA

Guillermo Cabrera Infante (1929–) es un escritor cubano de gran prestigio. Su obra es incisiva y su mayor éxito quizá se deba a la maravillosa utilización del lenguaje. Entre sus novelas destaca *Tres tristes tigres,* obra que ha tenido enorme difusión e impacto en la literatura contemporánea.

Estrategias para la lectura

Una primera hojeada del cuento a continuación revela que contiene mucho diálogo y una primera lectura revela que los personajes se mueven de un lugar a otro a lo largo de la conversación. Solo(a) o con un(a) compañero(a) de clase, identifique los distintos lugares y luego escriba unos apuntes sobre la naturaleza del fragmento de la conversación que tiene lugar en el sitio identificado. ¿Parece haber alguna relación entre el espacio físico y la naturaleza de la conversación?

En *El gran Ecbó* confluye la presencia de varias culturas, lenguas, niveles sociales, etnias y creencias religiosas. Fíjese en:

1. qué efecto se consigue al poner tantas variantes en contacto
2. qué clima se crea con los diálogos tan breves de los protagonistas (de dos o tres palabras)
3. cómo nos vamos enterando de la profesión de la mujer, del lugar donde vive y de su relación personal con el protagonista masculino
4. que los personajes no tienen nombres propios
5. que la pareja protagonista tiene una relación tan compleja como la relación entre las distintas clases de la sociedad
6. la función que cumplen las fotos dentro del relato
7. cómo llegamos a conocer los verdaderos sentimientos del hombre y los de la mujer
8. cómo se expresa el habla de las personas de baja clase social
9. cómo se expresa el paso del tiempo

El gran Ecbó Guillermo Cabrera Infante

racket / *eaten away* / *sudden*

Llovía. La lluvia caía con *estrépito* por entre las columnas viejas y *carcomidas*. Estaban sentados y él miraba al mantel blanco. Había algo más que pesadumbre por la lluvia *repentina.*

—¿Qué van a comer? —preguntó el camarero.

"Menos mal que no dijo: ¿Qué tú vas a comer?", pensó él. "Debe ser por el plural". Le preguntó a ella.

—¿Qué quieres?

Ella levantó los ojos del menú. En las tapas de cartón oscuro se leía "La Maravilla-Menú". Sus ojos parecían más claros ahora con la luz nevada que venía del parque y de la lluvia. "La luz universal de Leonardo", pensó él. Oyó que ella hablaba con el camarero.

—¿Y usted? —el camarero hablaba con él. "¡Ah! ¿De manera que también en el singular? Bien educado el hombre".

—Algo simple. ¿Hay carne?

—No. Es viernes.

"Estos católicos. Gente de almanaque y prohibiciones".

Lo pensó un momento.

—¿No hay dispensa? —preguntó.

—¿Cómo dijo? —preguntó el camarero.

—Me va a traer costillas de cordero. Grillé. Y puré de papas. ¡Ah! y una malta.

—¿Usted va a tomar algo, señorita?

"¿Y por qué tan seguro?"

Ella dijo que cerveza. "Toda una mujer".

Mientras traían el almuerzo la miró. Ahora le parecía otra mujer. Ella levantó los ojos del mantel y lo miró: "Siempre desafiante," pensó él. "¿Por qué no tienes cara de vencida hoy? Debías tenerla".

—¿En qué piensas? —preguntó ella y su voz sonó curiosamente dulce, tranquila.

"Si tú supieras". Dijo:

—En nada.

—¿Me estudiabas? —preguntó ella.

—No. Te miraba los ojos.

—"Ojos de cristiana en una cara judía" —citó ella.

Él sonrió. Estaba ligeramente aburrido.

deje de llover

—¿Cuándo crees que *escampe*? —preguntó ella.

—No sé —dijo él—. Posiblemente dentro de un año. Tal vez dentro de un momento. Nunca se sabe en Cuba.

Él hablaba siempre así: como si acabara de llegar de un largo viaje al extranjero, como si estuviera de visita, fuera un turista o se hubiera criado afuera. En realidad nunca había salido de Cuba.

—¿Crees que podremos ir a Guanabacoa?

—Sí. Ir sí. Aunque no sé si habrá algo. Llueve mucho.

—Sí. Llueve mucho.

cobblestones

Dejaron de hablar. Él miraba al parque más allá de las columnas heridas, por sobre la calle que aún conservaba los *adoquines* y la vieja iglesia tapiada por las *puny*

trepadoras: al parque de árboles *entecos* y esparcidos.

Sintió que ella lo miraba.

—¿En qué piensas? Recuerda que juramos que siempre nos íbamos a decir la verdad.

—No, si te lo iba a decir de todas maneras.

Se detuvo. Se mordió los labios primero y luego abrió desmesuradamente la boca, como si fuera a pronunciar palabras más grandes que su boca. Siempre hacía ese gesto. Él le había advertido que no lo hiciera, que no era bueno para una actriz.

—Pensaba —la oyó y se preguntó si ella había comenzado a hablar ahora o hacía un rato —que no sé por qué te quiero. Eres exactamente el tipo de hombre contrario al que yo soñé, y sin embargo, te miro y siento que te quiero. Y me gustas.

—Gracias —dijo él.

—¡Oh! —dijo ella, molesta. Volvió a mirar al mantel, a sus manos, a las uñas sin pintura. Ella era alta y esbelta y con el vestido que llevaba ahora, con su largo escote cuadrado, lucía hermosa. Sus pechos en realidad eran pequeños, pero la forma de su tórax combado la hacía aparecer como si tuviera un busto grande. Llevaba un largo collar de perlas de fantasía y se peinaba el cabello en un moño alto. Tenía los labios parejos y carnosos y muy rosados. Tampoco usaba maquillaje, excepto quizá una sombra negra en los ojos, que los hacía más grandes y más claros. Ahora estaba disgustada. No volvió a hablar hasta que terminaron de comer.

—No escampa.

—No —dijo él.

—¿Algo más? —dijo el camarero.

Él la miró.

—No, gracias —dijo ella.

—Yo quiero café y un tabaco.

—Bien —dijo el camarero.

—Ah, y la cuenta, por favor.

—Sí, señor.

—¿Vas a fumar?

—Sí —dijo él. Ella detestaba el tabaco.

—Lo haces a propósito.

—No, sabes que no. Lo hago porque me gusta.

—No es bueno hacer todo lo que a uno le gusta.

—A veces, sí.

—Y a veces, no.

La miró y sonrió. Ella no sonrió.

I feel sorry

—Ahora *me pesa* —dijo ella.

—¿Por qué?

—¿Cómo que por qué? Porque me pesa. ¿Tú crees que todo es tan fácil?

—No —dijo él—. Al contrario, todo es difícil. Hablo en serio. La vida es un trabajo muy difícil. Todo es difícil.

She knew his intentions

—Vivir es difícil —dijo ella. *Sabía por dónde venía*. Había vuelto a lo mismo. Al principio no hablaba más que de la muerte, todo el día, siempre. Luego él la había hecho olvidar la idea de la muerte. Pero desde ayer, desde anoche exactamente, ella había vuelto a hablar de la muerte. No era que a él le molestase como tema, pero no le interesaba más que como tema literario y aunque pensaba mucho en la muerte, no le gustaba hablar de ella. Sobre todo con ella.

—Lo que es fácil es morir —dijo ella, finalmente. "Ah, ya llegó", pensó él y miró a la calle. Todavía llovía. "Igual que en *Rashomon*", pensó. "Sólo hace falta que aparezca un viejo japonés diciendo: No lo comprendo, no lo comprendo"

—No lo comprendo —terminó diciendo en voz alta.

—¿Qué cosa? —preguntó ella—. ¿Que no le temo a la muerte? Siempre te lo he dicho.

Sonrió.

—Te pareces a la Mona Lisa —dijo ella—. Siempre sonriendo.

Miró sus ojos, su boca, el nacimiento de sus senos —y recordó. Le gustaba recordar. Recordar era lo mejor de todo. A veces creía que no le interesaban las cosas más que para poder recordarlas luego. Como esto: este momento exactamente: sus ojos, las largas pestañas, el color amarillo de aceite de sus ojos, la luz reflejada en el mantel que tocaba su cara, sus ojos, sus labios: las palabras que salían de ellos, el tono, el sonido bajo y acariciante de su voz, sus dientes, la lengua que a veces llegaba hasta el borde de la boca y se retiraba rápida: el murmullo de la lluvia, el tintineo de las copas, de los platos, de los cubiertos, una música distante, irreconocible, que llegaba de ninguna parte: el humo del tabaco: el aire húmedo y fresco que venía del parque: le apasionaba la idea de saber cómo recordaría exactamente este momento.

Había terminado. Todo estaba allí. Como estaba todo lo de anoche.

—Nos vamos —dijo.

—Todavía llueve —dijo ella.

—Va a llover toda la tarde. Ya son las tres. Además el carro está ahí mismo.

Corrieron hasta el auto y entraron. Él sintió que le sofocaba la atmósfera dentro del pequeño automóvil. Se ubicó con cuidado y encendió el motor.

Pasaron y quedaron detrás las estrechas, torcidas calles de La Habana Vieja, las casas viejas y hermosas, algunas destruidas sin compasión y convertidas en solares vacíos y asfaltados para parqueo, los balcones de complicada labor de hierro, el enorme, sólido y hermoso edificio de la aduana, el Muelle de Luz y la Alameda de Paula, hecha un pastiche implacable, y la iglesia de Paula, con su aspecto de templo románico a medio hacer y los trozos de muralla y el árbol que crecía sobre uno de ellos y Tallapiedra y su olor a azufre y cosa corrompida y el Elevado y el Castillo de Atarés, que llegaba desde la lluvia, y el Paso Superior, gris, *estólido,* y el entramado de vías férreas, abajo, y de cables de alta tensión y alambres telefónicos, arriba, y finalmente la carretera abierta.

ridículo

—Quisiera ver las fotos de nuevo —dijo ella, al cabo.

—¿Ahora?

—Sí.

Él sacó su cartera y se la alargó. Ella miró en silencio las fotos a la escasa luz interior del automóvil. No dijo nada cuando devolvió la cartera. Luego, después que dejaron la carretera y entraron al camino, dijo:

—¿Por qué me las enseñaste?

—Hombre, porque las pediste —respondió él.

—No me refiero a ahora —dijo ella.

—¡Ah! No sé. Supongo que fue un pequeño acto de sadismo.

—No, no fue eso. Fue vanidad. Vanidad y algo más. Fue tomarme por entero, asegurarte que era tuya más allá de todo: del acto, del deseo, de los remordimientos. De los remordimientos sobre todo.

—¿Y ahora?

—Ahora vivimos en pecado.

—¿Nada más?

—Nada más. ¿Quieres algo más?

—¿Y los remordimientos?

—Donde siempre.

—¿Y el dolor?

—Donde siempre.

—¿Y el placer?

Se trataba de un juego. Ahora se suponía que ella debía decir dónde residía el placer exactamente, pero ella no dijo nada. El repitió:

—¿Y el placer?

—No hay placer —dijo ella—. Ahora vivimos en pecado.

Él corrió un poco la cortina de hule y arrojó el tabaco. Luego le indicó:

drawer

—Abre la *gaveta*.

Ella lo hizo.

—Saca un libro que hay ahí.

Ella lo hizo.

—Ábrelo por la marca.

Ella lo hizo.

—Lee eso.

Ella vio que en letras mayores decía: "Neurosis y sentimiento de culpabilidad". Y cerró el libro y lo devolvió a la gaveta y la cerró.

—No tengo que leer nada para saber cómo me siento.

—No, —dijo él—. Si no es para saber cómo te sientes, sino por qué te sientes así.

—Yo sé bien por qué me siento así y tú también.

Él se rio.

—Claro que lo sé.

El pequeño automóvil saltó y luego desvió a la derecha.

—Mira —dijo él.

Delante, a la izquierda, por entre la lluvia fina, apareció deslumbrante un pequeño cementerio, todo blanco, húmedo, silvestre. Había en él una simetría aséptica que nada tenía que ver con la corrupción y los gusanos y la peste.

—¡Qué bello! —dijo ella.

Él aminoró la marcha.

—¿Por qué no nos bajamos y paseamos por él un rato?

La miró fugazmente, con algo de burla.

—¿Sabes qué hora es? Son las cuatro ya. Vamos a llegar cuando se haya acabado la fiesta.

moaning

—¡Ah!, eres un pesado —dijo ella *refunfuñando*.

Esa era la segunda parte de su personalidad: la niña. Era un monstruo mitad mujer y mitad niña. "Borges debía incluirla en su zoología", pensó. "La hembra-niña. Al lado del catoblepas y la anfisbena".

Vio el pueblo y en una bifurcación, detuvo el auto.

—Me hace el favor, ¿dónde queda el stadium? —preguntó a un grupo y dos o tres le ofrecieron la dirección, tan detallada que supo que se perdería. Una cuadra más allá le preguntó a un policía, que le indicó el camino.

—¡Qué servicial es todo el mundo aquí! —dijo ella.

—Sí. Los de a pie y los de a caballo. Los villanos siguen siendo serviciales con el señor feudal. Ahora la máquina es el caballo.

—¿Por qué eres tan soberbio?

—¿Yo?

—Sí, tú.

—No creo que lo sea en absoluto. Simplemente, sé lo que piensa la gente y tengo el coraje de decirlo.

—El único que tienes...

—Quizás.

—No, sin quizás. Tú lo sabes...

—Está bien. Yo lo sé. Te lo dije desde el principio.

Ella se volvió y lo miró detenidamente.

—No sé cómo te quiero siendo tan cobarde —dijo.

Habían llegado.

Corrieron bajo la lluvia hasta el edificio. Al principio pensó que no habría nada, porque no vio —por entre unos ómnibus urbanos y varios autos— más que muchachos vestidos de pelotero, y la lluvia no dejaba oír. Cuando entró, sintió que había penetrado en un mundo mágico:

> había cien o doscientos negros vestidos de blanco de pies a cabeza: camisas blancas y pantalones blancos y medias blancas y la cabeza cubierta con gorros blancos que les hacían parecer un congreso de cocineros de color y las mujeres también estaban vestidas de blanco y entre ellas había varias blancas, de piel blanca y *bailaban en rueda al compás* de los tambores y en el centro un negro grande ya viejo pero todavía fuerte y con *espejuelos negros* de manera que sólo se veían sus dientes blancos como parte también de la indumentaria ritual y que golpeaba el piso con un largo bastón de madera que tenía tallada una cabeza humana negra en el puño y con pelo de verdad y era el *juego de estrofa y antiestrofa* y el negro de espejuelos negros gritaba *olofi* y se detenía mientras la palabra sagrada rebotaba contra las paredes y la lluvia y repetía *olofi* y cantaba luego *tendundu kipungulé* y esperaba y el coro repetía *olofi olofi* y en la atmósfera turbia y rara y a la vez penetrada por la luz fria y húmeda el negro volvía a cantar *naní masongo silanbasa* y el coro repetía *naní masongo silanbasa* y de nuevo cantaba con su voz ya ronca y levemente gutural *sese maddié silanbaka* y el coro repetía *sese maddié silanbaka* y de nuevo

they were dancing in a circle to the rhythm / dark sunglasses

poetic: dialogue

Ella se pegó a él y susurró al oído:

—¡Qué tiro!

“La maldita jerga teatral”, pensó él, pero sonrió, rio, porque sintió su aliento en la nuca, la barbilla descansando en el hombro.

el negro cantaba *olofi* y el coro respondía *olofi* y él decía *tendundu kipungulé* y el coro repetía *tendundu kipungulé* y mientras marcaban el ritmo con los pies y sin dejar de dar vueltas formando un corro apretado y sin sonreír y sabiendo que cantaban a los muertos y que rogaban por su descanso y la paz eterna y al sosiego de los vivos y esperaban que el guía volviese a repetir *olofi* para repetir *olofi* y comenzar de nuevo con la invocación que decía *sese maddié*

—Olofi es Dios en *lucumí* —le explicó él a ella. Ella sonrió.

native language

—¿Qué quiere decir lo demás?

"¡Si casi no sé lo que quiere decir Olofi!", pensó.

—Son cantos a los muertos. Les cantan a los muertos para que descansen en paz.

Los ojos de ella brillaban de curiosidad y excitación. Apretó su brazo. La rueda iba y venía, incansable. Había jóvenes y viejos. Un hombre llevaba una camisa blanca, toda cubierta de botones blancos al frente.

—¡Mira! —dijo ella a su oído—. Ese tiene más de cien botones en la camisa.

—Ssu —dijo él, porque el hombre había mirado.

silanbaka bica dioko bica ñdiambe y golpeaba rítmicamente el bastón contra el suelo y por los brazos y la cara le corrían gruesas gotas de sudor que mojaban su camisa y formaban parches levemente oscuros en la blancura inmaculada de la camisa y el coro volvía a repetir *bica dioko bica ñdiambe* y en el centro junto al hombre otros jerarcas bailaban y repetían las voces del coro y cuando el negro de los espejuelos negros susurró ¡que la cojan! uno a su lado entonó *olofi sese maddié sese maddié* y el coro repitió *sese maddié sese maddié* mientras el negro de los espejuelos negros golpeaba contra el piso su bastón y a la vez se enjugaba el sudor con un pañuelo también blanco.

—¿Por qué se visten de blanco? —preguntó ella.

—Están al servicio de Obbatalá, que es el dios de lo inmaculado y puro.

—Entonces yo no puedo servir a Obbatalá —dijo ella, bromeando.

Pero él la miró con reproche y dijo:

—No digas tonterías.

—Es verdad. No son tonterías.

Lo miró y luego al volver su atención a los negros, dijo, quitándole toda intención a lo que había dicho antes:

—De todas maneras, no me quedaría bien. Yo soy muy blanca para vestirme de blanco.

sensual dance

(white) squash uniforms

y a su lado otro negro se llevaba rítmicamente y con algo indefinido que rompía el ritmo y lo desintegraba los dedos a los ojos y los abría desmesuradamente y de nuevo volvía a señalarlos y acentuaba los movimientos *lúbricos y algo desquiciados* y mecánicos y sin embargo como dictados por una razón imperiosa y ahora el canto repercutía en las paredes y se extendía *olofi olofi sese maddié sese maddié* por todo el local y llegaba hasta dos muchachos negros con *uniformes de pelotero* y que miraban y oían como si todo aquello les perteneciese pero no quisieran recogerlo y a los demás espectadores y ahogaba el ruido de las botellas de cerveza y los vasos en el bar del fondo y bajaba la escalinata que era la gradería del estadio y saltaba por entre los charcos formados en el terreno de pelota y avanzaba por el campo mojado y entre la lluvia llegaba a las palmeras distantes y ajenas y seguía hasta el monte y parecía como si quisiese elevarse por encima de las lomas lejanas y escalarlas y coronar su cima y seguir más alto todavía *olofi olofi bica dioko bica dioko ñdiambe bica ñdiambe ñdiambe* y *olofi* y *olofi* y *olofi* y más *sese maddié* y más *sese maddié* y más *sese* y más *sese*

he's going to go into a trance

—A ese *le va a dar el santo* —dijo él señalando al mulato que llevaba sus dedos a los ojos botados.

—¿Y le da de verdad? —preguntó ella.

—Claro. No es más que un éxtasis rítmico, pero no lo saben.

—¿Y me puede dar a mí?

Y antes de decirle que sí, que a ella también podía ocurrirle aquella embriaguez con el sonido, temió que ella se lanzase a bailar y entonces le dijo:

—No creo. Esto es cosa de ignorantes. No para gente que ha leído a Ibsen y a Chékov y que se sabe a Tennessee Williams de memoria, como tú.

Ella se sintió levemente halagada, pero le dijo:

—No me parecen ignorantes. Primitivos, sí, pero no ignorantes. Creen. Creen en algo en que ni tú ni yo podemos creer y se dejan guiar por ello y viven de acuerdo con sus reglas y mueren por ello y después les cantan a sus muertos de acuerdo con sus cantos. Me parece maravilloso.

foreign

—Pura superstición —dijo él, pedante—. Es algo bárbaro y remoto y *ajeno,* tan ajeno como África, de donde viene. Prefiero el catolicismo, con toda su hipocresía.

—También es ajeno y remoto —dijo ella.

—Sí, pero tiene los evangelios y tiene a San Agustín y Santo Tomás y Santa Teresa y San Juan de la Cruz y la música de Bach...

—Bach era protestante —dijo ella.

—Es igual. Los protestantes son católicos con insomnio.

Ahora se sentía más aliviado, porque se sentía ingenioso y capaz de hablar por encima del murmullo de los tambores y las voces y los pasos, y porque había vencido el miedo de cuando entró.

> y *sese* y más *sese* y *olofi sese olofi maddié olofi maddié maddié olofi bica*
> *dioko bica ñdiambe olofi olofi silanbaka bica dioko olofi olofi sese maddié*
> *maddié olofi sese sese* y *olofi* y *olofi* y *olofi olofi*

La música y el canto y el baile cesaron de golpe, y ellos vieron cómo dos o tres negros agarraron por los brazos al mulato de los ojos desorbitados, impidiéndole que golpeara una de las columnas con la cabeza.

—Ya le dio —dijo él.

—¿El santo?

—Sí.

cigarette butt

Todos lo rodearon y lo llevaron hasta el fondo de la nave. Él encendió dos cigarrillos y le ofreció uno a ella. Cuando terminó de fumar y llegó hasta el muro y arrojó al campo mojado la *colilla,* vio a la negra, que venía hacia ellos.

—Me permite, caballero —dijo ella.

—Cómo no —dijo el hombre, sin saber qué era lo que tenía que permitir.

La anciana negra se quedó callada. Podía tener sesenta o setenta años. "Pero nunca se sabe con los negros", pensó él. Su cara era pequeña, de huesos muy delicados y de piel reluciente y con múltiples y menudas arrugas alrededor de los ojos y la boca, pero tirante en los pómulos salientes y en la aguda barbilla. Tenía unos ojos vivos y alegres y sabios.

—Me permite el caballero —dijo ella.

hidden price

—Diga, diga —dijo él y pensó: "Usted verá que ahí viene *la picada".*

—Yo desearía hablar con la señorita —dijo ella.

high price

"Ah, cree que ella es más sensible al *sablazo.* Hace bien, porque yo soy enemigo de toda caridad. No es más que la válvula de escape de los complejos de culpa que crea el dinero", fue lo que pensó antes de decir:

—Sí, ¡cómo no! —y antes de retirarse un poco y mucho antes de preguntarse, inquieto, qué querría la vieja en realidad.

Vio que ella, la muchacha, escuchaba atentamente, primero y que luego bajaba los ojos atentos de la cara de la negra vieja para mirar al suelo. Cuando terminaron de hablar, se acercó de nuevo.

—Muchas gracias, caballero —dijo la vieja.

Él no supo si tenderle la mano o inclinarse ligeramente o sonreír. Optó por decir:

—Por nada. Gracias a usted.

La miró y notó que algo había cambiado.

—Vámonos—dijo ella.

—¿Por qué? Todavía no ha acabado. Es hasta las seis. Los cantos duran hasta la puesta de sol.

—Vámonos —repitió ella.

—¿Qué es lo que pasa?

—Vámonos, *por favor.*

—Está bien, vámonos. Pero antes dime qué es lo que pasa. ¿Qué ha pasado? ¿Qué te ha dicho la negrita esa?

Ella lo miró con dureza.

—La *negrita esa,* como tú dices, es una gran mujer. Ha vivido mucho y sabe mucho y si te interesa enterarte, acaba de darme una lección.

—¿Sí?

—¡Sí!

—¿Y se puede saber qué te ha dicho la pedagoga?

—Nada. Simplemente me ha mirado a los ojos y con la voz más dulce, más profunda y más enérgicamente convincente que he oído en mi vida, me ha dicho: "Hija, cesa de vivir en pecado". Eso es todo.

—Parca y profunda la anciana —dijo él. Ella arrancó a caminar hasta la puerta, abriéndose paso con su gentileza por entre los grupos de santeros, tamboreros y feligreses. La alcanzó en la puerta.

—Un momento —dijo él—, que tú has venido conmigo.

Ella no dijo nada y se dejó tomar del brazo. Él abría la máquina cuando se acercó un muchacho y le dijo:

doctor / apuesta / es

—*Docto,* por una *apuejta,* ¿qué carro e ése? ¿Alemán?

—No, inglés.

verdad

—No e un renául, ¿*veddá*?

—No, es un MG.

decía

—Ya yo *desía* —dijo el muchacho con una sonrisa de satisfacción, y se volvió al grupo de donde había salido.

"Como siempre", pensó él. "Sin dar las gracias. Y son los que tienen más hijos".

Había escampado y hacía fresco y condujo con cuidado hasta encontrar la salida a la carretera. Ella no había dicho nada más y cuando miró al capó, vio que estaba llorando, en silencio.

—Voy a parar para bajar el fuelle —dijo.

Se echó a un lado de la carretera y vio que se detenía junto al breve cementerio. Cuando bajó la capota y la fijó detrás de ella, tuvo intención de besar su nuca desnuda, pero sintió que desde ella subía un rechazo tan poderoso como la atracción de otras veces.

—¿Estabas llorando? —le preguntó.

Ella levantó la cara y le mostró los ojos, sin mirarlo. Estaban secos, pero brillaban y tenían un toque rojo en las comisuras.

—Yo nunca lloro, querido. Excepto en el teatro.

Le dolió y no dijo nada.

—¿Dónde vamos? —le preguntó.

—A casa —dijo ella.

—¿Tan definitiva?

—Más definitiva de lo que puedas pensar —dijo ella. Entonces abrió la guantera, sacó el libro y se volvió hacia él.

—Toma —dijo, a secas.

Cuando miró, vio que ella le alargaba los dos retratos —el de la mujer con una sonrisa y los ojos serios, y el del niño, tomado en un estudio, con los ojos enormes y serios, sin sonreír— y que él los aceptaba maquinalmente.

—Están mejor contigo.

Después de la lectura

ACTIVIDADES

¡Charlemos!

1. ¿Dónde ocurre la acción?
2. ¿Qué tipo de relación tienen los protagonistas? ¿son novios, amantes, marido y mujer?
3. ¿Qué clase de fiesta se describe y quiénes participan en ella?
4. ¿Cómo reaccionan el hombre y la mujer en la fiesta?
5. ¿Por qué le darían tanta importancia a las fotos?
6. ¿Cómo son las relaciones raciales en la lectura?
7. ¿Qué actitud hay hacia la religión?

Temas de reflexión

A. Imagine que su compañero(a) está en trance. Pídale a otra persona que le ayude e intenten establecer un diálogo sobre la experiencia sufrida.

B. Comente con su compañero(a) de clase cuáles son los estereotipos raciales de la lectura y escriban su reacción en forma de carta al (a la) director(a) del periódico de la ciudad donde Uds. viven.

LECCIÓN 2

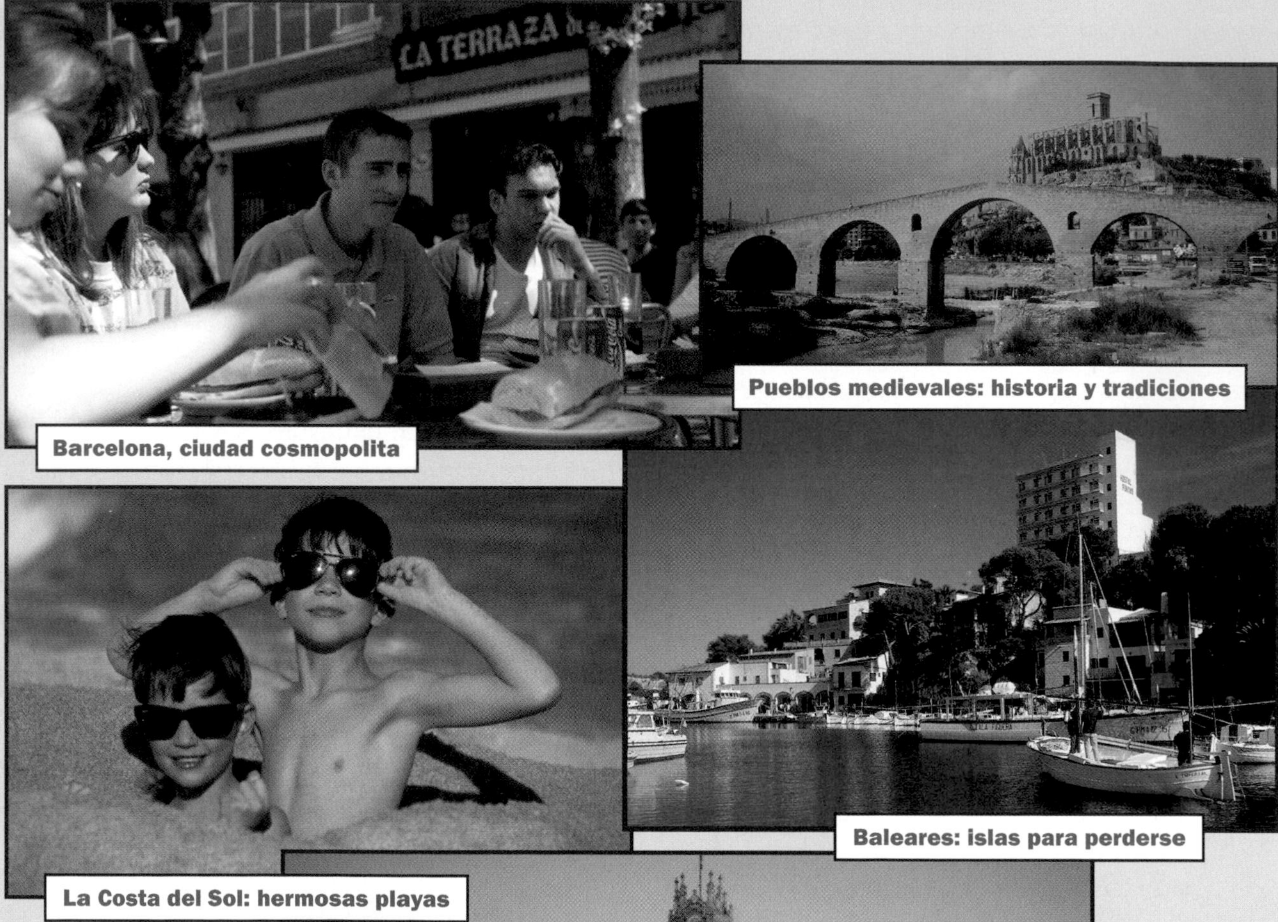

Barcelona, ciudad cosmopolita

Pueblos medievales: historia y tradiciones

La Costa del Sol: hermosas playas

Baleares: islas para perderse

Madrid: la capital con mucha marcha

Turistas y más turistas

Primeros pasos

El mundo hispanohablante le ofrece al turista multitud de destinos para pasar sus vacaciones. Hay bosques tropicales de Centroamérica y hay selva amazónica; México atrae a sus vecinos del norte con sus famosas playas tales como las de Cancún y Acapulco. En Argentina y Chile, se puede tomar el sol en verano o esquiar en invierno. Y que no se nos olviden las islas caribeñas con sus típicos ritmos y su ambiente de fiesta. España, la "madre patria", le brinda al turista todo lo que se puede imaginar. Pero, ¡no vaya en agosto! Pues, encontrará las playas tan llenas de españoles que no queda sitio para los turistas. Y en las ciudades del interior encontrará poca marcha ya que los mismos españoles están, como Ud., de vacaciones.

ACTIVIDADES

A. ¡Charlemos!

Mire las fotos en la página de la izquierda. Trabajando con un(a) compañero(a) de clase, comenten lo que ven y qué les llama la atención de cada uno de estos destinos turísticos. Después, háganse y contesten las preguntas a continuación.

1. ¿Has viajado alguna vez a España? ¿Conoces alguno de estos sitios?
2. ¿Sobre qué te supones que conversan los muchachos de la foto de Barcelona? ¿Son barceloneses o son turistas?
3. ¿Te gusta visitar ruinas como las de la foto? ¿Qué ruinas has visitado?
4. Cuando tomas vacaciones en la playa, ¿te diviertes en el agua como estos muchachos o prefieres tomar el sol?
5. Si tuvieras que elegir uno de estos lugares para visitar, ¿cuál sería y por qué?

B. Un itinerario

Con dos compañeros de clase, planifiquen unas vacaciones de quince días en las que harán una gira por España. Tienen que visitar todos los lugares que aparecen en la página 28 más cualquier otro sito que quieran. Lo difícil va a ser ponerse de acuerdo en cuántos días van a pasar en cada lugar y el orden en que los van a visitar. Luego, presenten su itinerario a los demás grupos.

C. Un billete de RENFE

Cuando decida viajar en uno de los trenes de RENFE en España, Ud. debe comprar su billete, pero antes de subir al tren verifique si toda la información es correcta: (a) la clase de tren en el que va a viajar (Ave, Talgo, expreso, rápido), (b) el tipo de coche que desea (coche cama o coche de fumador), (c) la fecha de salida, (d) la hora de salida, (e) la ciudad de destino y (f) el precio del billete.

Con un(a) compañero(a) de clase, complete el siguiente diálogo, usando la información del billete de RENFE.

—¿Sabías que el día _______ de _______ salgo de _______ a Madrid?
—¡No me digas! ¿Vas en el expreso?
—No. Tengo reservado un asiento en _______, porque es un tren más rápido y cómodo que el expreso.
—Me imagino que no podrás fumar durante el viaje.
—¡Ya lo creo! Mi billete es para coche _______.
—¿A qué hora sale de Villena?
—A las _______ de la tarde.
—¿Pagaste el billete en dólares o en pesetas?
—En _______, ¡por supuesto!
—¿Cuánto cuesta el viaje de Villena a Madrid?
—_____.
—No es muy caro. Me gustaría ir contigo.

RENFE
C.I.F. G-28016749
EXPENDICION ELECTRONICA

COMPLEMENTARIO
(Esta cartulina no tiene validez por sí sola como billete)
F 417152

Sello dependencia expendedora

ENTREGUESE A LA LLEGADA

NUM. DE TREN	FECHA	CLASE	NUM. DE COCHE	ASIENTO	HORA DE SALIDA	TARIFA	PRECIO (Incluido S.O.V. e I.V.A.) PTS.	ABONOS DE VIAJE KM.	Complementa el billete .... núm. ....

M30.8032. · SISTEMA ELECTRONICO · A. G. MINERVA, S. A.

C42211060160721700100100002054081057.

TALGO	06.01	2	026	036	16.08	05	1415

00060611028670552 8082

DESDE-HASTA

FUMADOR VILLENA A MADRID CHM. FE

SITUACIONES

A. Rumbo a Madrid

Ud. se encuentra ya en el tren Talgo rumbo a Madrid y quiere aprovechar las horas de viaje para preparar un informe que tiene que presentar a su llegada. El (La) pasajero(a) de al lado, sin embargo, no tiene nada que hacer, se aburre, no puede dormir y decide hablar con Ud. del tiempo, del servicio de trenes, de su familia. ¿Qué hace Ud.?

B. Entrega a domicilio

RENFE tiene un servicio de entrega de billetes a domicilio. Imagínese que Ud. ha llamado para reservar un asiento en el Talgo que sale a las 4:08 P.M., el día uno de junio y ha pedido que se lo entreguen a domicilio. Son las 8:00 de la mañana del uno de junio y su billete aún no ha llegado. Todo(a) nervioso(a), Ud. se presenta en la estación y el (la) empleado(a) le anuncia que no podrá viajar en el Talgo de las 4:08 P.M. porque no hizo su reserva con antelación. ¿Qué hace Ud.?

Prepárese a leer

VOCABULARIO

Para hablar de los trenes

el asiento (reclinable) *(recliner) seat*
el coche cama *sleeping car*
comedor *dining car*
fumador *smoking car*
de ida y vuelta y enlaces *round trip and connections*
evitar contratiempos *to avoid mishaps*
el precio del billete *price of the ticket*
el recargo *surcharge*
sacar/comprar el billete/el boleto *to get/buy a ticket*
la tarifa/el pasaje *fare*
tener prisa *to be in a hurry*
el (la) viajero(a) *traveler*

Para hablar de los aviones

el auxiliar de vuelo *flight attendant*
ofrecer zapatillas de género *to offer cloth slippers*
tapar con mantas *to cover with blankets*
la azafata *stewardess*
la edad de oro *golden age*
la época *epoch, time period*
la escala *stop over*
frenar *to brake*
rumbo a *en route to, bound for*
el vuelo *flight*
aterrizar *to land*
el descenso en picada *nose dive*

Expresiones

a todo tren *very fast*
es como si *it is as if*
ser (por) culpa de *to be the fault of*
el tren de vida *way of living*

ACTIVIDAD

Entrevista

Pregúntele a su compañero(a) de clase cómo ha sido su experiencia en viajes aéreos. Utilice la siguiente guía.

1. Cuando vas a viajar en avión, ¿qué es lo primero que haces?
2. En tu opinión, ¿cuál es la mejor compañía aérea? ¿Y cuál es la más barata?
3. ¿A qué lugares has viajado en avión?

4. ¿Qué es lo que menos y lo que más te gusta de los viajes en avión?
5. ¿Cuáles han sido tu mejor y tu peor experiencia en un viaje aéreo?

Estrategias para la lectura

El artículo "Comida celestial" apareció en la revista chilena *Ercilla*. Ud. leerá los comentarios de un pasajero que, de regreso a su país, se queja de la comida y del mal estado de uno de los aviones. Fíjese en cómo se logra el tono crítico e irónico del relato:

1. las comparaciones con el pasado
2. las preguntas retóricas
3. cómo no se dan nombres específicos y se deja adivinar, cómo se aviva la imaginación del lector
4. las comparaciones con situaciones o aspectos de la vida que normalmente no se asocian con el viaje en avión
5. la descripción de gestos físicos, como la sonrisa de la azafata en el momento de despedirse y la frase final aludiendo a la distancia que separa al viajero del suelo

¡A LEER!

El viajar en avión se ha convertido más que en un lujo en una necesidad de nuestra época. Hoy todo el mundo viaja en avión. Niños, jóvenes, personas mayores y ancianos se trasladan (van) de un lugar a otro en forma rutinaria. Los viajeros del presente como los de antaño (de otros tiempos), cuando están en el avión, evitan pensar en los posibles peligros y se concentran en la lectura y en la comida que les sirven. Por eso las aerolíneas de todo el mundo presentan, como uno de los atractivos del viaje, la comida que se sirve en sus aviones.

Comida celestial Turulo W.

Feliz aquella edad de oro de los viajes vía Panagra, en que las comidas significaban un banquete y se ofrecía hasta sopa y aperitivo.

Cuanto más grandes son los aviones, los platos que se sirven son más chicos. Y... para qué hablar de la calidad de los vinos y de su servicio, cuyo descenso ha ido en picada. ¿Y qué *saca uno con reclamar?* Antes le daban al viajero la oportunidad de mandar una carta al gerente de la empresa para dar sus impresiones del vuelo. Ahora es "o lo toma o lo deja".

A veces, la *exigüidad* de los platos se compensa con la frecuencia con que se sirven. Si vuela Ud. en determinada compañía rumbo a Europa, lo despertarán en cada escala, así sean las cuatro de la mañana, para pedirle que coma una *bandeja* con *fiambres*. Es como si, a medida que suben pasajeros, quisieran deshacerse de la carga que esa comida significa para el pobre avión.

Recordamos épocas pasadas, en que volar por Panagra significaba un banquete. A uno le daban hasta sopa y aperitivo. Además lo *tapaban* con mantas

saca uno con reclamar: se obtiene con quejarse
exigüidad: pequeñez
bandeja / fiambres: *tray / cold cuts*
tapaban: *cover*

escocesas y le ponían zapatillas de género y ofrecían jugos a cada rato. En fin, hacían todo lo posible para que, en las horas de vuelo, el aparato digestivo lo distrajera a uno de la conciencia de estar viajando *contra natura.*

plaid
not the natural way

Los placeres gastronómicos aéreos son directamente proporcionales al estado del avión.

En las aerolíneas de cierto país limítrofe que nos trajeron de vuelta a Chile, la cosa fue tan mala o peor. Pero no fue por culpa del almuerzo que, *salvo* ser servido a las once de la mañana, como en un jardín infantil, estuvo escaso pero fino. La culpa de que se nos declarara en ese vuelo una dispepsia fue mirar por la ventana, mientras comíamos nuestro pollo a la húngara, y advertir con horror que el alerón de la izquierda (esa parte del ala con que el avión frena al aterrizar) estaba atrozmente *abollado* y *descascarado*.

excepto
dented / peeling off

Vimos aquel alerón y ya no tuvimos conciencia más que para imaginarnos qué iría a pasar en los próximos cuatro segundos. Como se espera que ocurra en estos casos de agonía, *desfilaron* a continuación ante nuestros ojos, como en una vertiginosa película, todos los menús que hemos comido en nuestra vida, y nos arrepentimos de más o menos el cuarenta por ciento de ellos.

pasaron

Cuando aquella *carcancha* aérea se detuvo, pudimos darnos cuenta de que perdonábamos la mantequilla *desabrida,* el pan minúsculo y hasta el vino. Nos despedimos de la azafata, hasta la eternidad, con amplia sonrisa y bendijimos la *escalerilla* que, aunque *temblequeante,* no nos separaba más de tres metros *del suelo.*

objeto viejo
sin sabor
stairs / poco sólida
de la tierra

Después de la lectura

ACTIVIDADES

A. Verdadero o falso

Si es falso, diga por qué.

1. V___ F___ En los vuelos de hoy no hay a quién reclamar. La idea es: "o lo toma o lo deja".
2. V___ F___ No se despiertan a los pasajeros en las escalas que hace el avión.
3. V___ F___ El viajero recuerda épocas pasadas en las que la comida era mejor.

4. V___ F___ En los vuelos de nuestra época, las azafatas tapan a los pasajeros con mantas escocesas y les dan zapatillas de género.
5. V___ F___ En el vuelo de regreso a Chile, al viajero le sirvieron el almuerzo a las once de la mañana.
6. V___ F___ Al mirar por la ventana del avión, el viajero vio que una parte del ala estaba en malas condiciones.
7. V___ F___ Cuando el avión aterrizó, los pasajeros se dieron cuenta de que no les sirvieron pan con mantequilla.
8. V___ F___ Los pasajeros se sintieron aliviados en el momento de bajar por la escalera del avión, aunque ésta no era muy firme.

B. ¿Qué tipo de viajero(a) es Ud.?

Lea las siguientes descripciones sobre los diferentes tipos de viajeros y con un(a) compañero(a) de clase intercambie ideas. Identifíquese con uno de ellos.

1. **Los precavidos:** Son aquellos que se preparan para cualquier eventualidad que pueda suceder y tratan de controlarla. En las valijas o maletas de estos viajeros se encontrará siempre una caja con todo tipo de medicinas, porque están dispuestos a combatir cualquier enfermedad que se presente en el camino.
2. **Los nostálgicos:** Son aquellos viajeros que empacan fotografías de toda la familia para no sentirse solos o para poder mostrar al resto del mundo la imagen de los seres queridos. Pasan semanas apuntando teléfonos y direcciones de las personas a quienes enviarán tarjetas y cartas con el membrete de sus hoteles. Estos viajeros pasan horas en sus hoteles o sentados en cafés al aire libre escribiendo postales y anunciando que han salido de sus hogares.
3. **Los teorizantes de lo imprescindible:** Estos viajeros se atienen a la teoría de que hay que viajar con poco equipaje y salen de sus hogares con el mínimo de cosas. Estas personas emplean parte del viaje comprando todo lo que decidieron dejar atrás por ser innecesario. En realidad no creen que hay que viajar con lo imprescindible. Simplemente odian tener que empacar o hacer la maleta.

SITUACIONES

A. Despedida en el aeropuerto

Ud. es uno(a) de esos viajeros a quien le cuesta mucho trabajo salir de su casa porque cree que en su ausencia nadie puede hacer lo que Ud. hace. Al despedirse de su novio(a), le deja Ud. una interminable lista de encargos de cosas que hay que hacer en su ausencia. Ruéguele una y otra vez que no se olvide de cumplir con todos sus pedidos. ¿Cómo reacciona el (la) novio(a) a sus recomendaciones?

B. No puedo perder el avión

Ud. comenzó sus preparativos de viaje muy temprano para evitar el apuro de última hora. Sin embargo, al entrar en la carretera que lo (la) llevará al aeropuerto, encuentra que la ruta está cerrada debido a un accidente. Cuando finalmente llega al aeropuerto le comunican que no puede abordar porque el avión está listo para salir en tres minutos. ¿Qué hace? Con un(a) compañero(a) de clase presente esta situación.

El mundo hispano

En la península ibérica ha habido multitud de culturas a través de la historia. Los primeros pobladores, los íberos, se vieron invadidos por celtas desde el norte en épocas precristianas. Luego llegaron griegos y fenicios. Los cartagineses llegaron después a las costas del sur desde África. Alrededor del año 200 a.C., Roma, gran rival de Cartago, luchaba por establecer su dominio en toda la región del Mediterráneo y trajo a la península la lengua latina y la ley romana. Empezó, bajo Roma, la construcción de una infraestructura, pero Iberia se vería invadida otra vez desde el norte por los visigodos en el 412 y desde el sur por los árabes en el 711. En toda la península hubo importantísimos asentamientos judíos y árabes. En el sur, se disputó el control durante más o menos 800 años—período conocido como "la Reconquista" que acabó en 1492 con la conquista de Granada en tiempos de Isabel de Castilla y Fernando V de Aragón.

Población:	42.000.000 habitantes
Capital:	Madrid
Moneda:	la peseta (el euro)

Algo sobre España

España tiene una extensión de terreno aproximadamente igual a Texas pero dentro de tan relativamente pequeño territorio geográfico se encuentran tres países: el gallego, el catalán y el vasco. Los tres son bilingües y en ellos, además del castellano, se habla gallego, catalán y vasco. España incluye también un principado, el de Asturias, y las siguientes comunidades autónomas: Castilla-León, Castilla-La Mancha, Madrid, Extremadura, Andalucía, Murcia, la Comunidad Valenciana, Aragón, Navarra, La Rioja, Cantabria, Baleares y Canarias.

España es una monarquía constitucional y cada una de las comunidades y países ahora mencionados tiene su propio gobierno autonómico.

Prepárese a leer

VOCABULARIO

Para hablar del naturismo

disfrutar de *to enjoy*
el (la) nudista; el nudismo *nudist; nudism*
vestirse, desvestirse *to get dressed, to undress*
sentirse a salvo *to feel safe*
el traje de baño/el bañador *bathing suit*

La rebelión de la juventud

la actitud contestataria *defiant attitude*
la comisaría *police station*
hacer caso omiso *to ignore*
el juzgado *court (of law)*
el luchador *fighter*
las reglas y las leyes *rules and regulations*
los seguidores *followers*
el sobresalto *alarm, sudden fright*

ACTIVIDAD

Entrevista

El contraste generacional es un denominador común a todas las sociedades. Una de las muchas cosas que aprendemos en los viajes es que todos los países tienen su correspondiente *gap generacional*; éste suele ir más o menos marcado y casi siempre tiene un nombre: Generación X, Generación Mex, hippies, punkies, rokeros, la movida, etc. Hágale las siguientes preguntas a su compañero(a):

1. ¿Qué piensas de los grupos de ahora, de tu generación?
2. ¿Con cuál de ellos te identificas?
3. ¿Contra qué grupos estás?
4. ¿Cómo se comportan estos grupos de jóvenes en otros países, estados o ciudades que conoces?
5. ¿Cuál es la política de tu ciudad, estado o universidad respecto a estos grupos?

Estrategias para la lectura

El artículo sobre los "nudistas" que Ud. leerá a continuación presenta un tema todavía controverso y lo hace con bastante objetividad. Observe lo siguiente en el artículo:

1. el uso de tiempos verbales en imperfecto, pretérito perfecto y presente de indicativo (¿Cuál parece ser el criterio para usar uno u otro tiempo verbal?)
2. los adjetivos y neologismos (nuevos términos) (¿Tienen una connotación excesivamente positiva? ¿negativa?)
3. el comienzo de cada párrafo (¿Percibe Ud. alguna secuencia o evolución de las ideas?)

Ahora, explique cómo estos factores le dan al artículo su tono objetivo.

¿Sabía Ud. que... ?

La Guardia Civil es una organización legal y armada de España que fue fundada en 1844 con el propósito de mantener el orden público.

¡A LEER!

Los nudistas se instalan en las cálidas playas españolas Javier Montoya

El concepto de naturismo ha sufrido una profunda transformación en los últimos años. De ser una actitud contestataria en la década de los 60 se ha convertido en una tradición de familias enteras.

Comenzó como una actitud contestataria utilizada por los jóvenes de los años 60 para *desmarcarse* de las reglas de la sociedad. Los nudistas, entonces, sólo podían refugiarse en unos cuantos *"guetos"* en los que *ni siquiera* se sentían a salvo de las persecuciones de la Guardia Civil. En ellos, *al menos,* llegaban a tener la sensación de disfrutar de una libertad sin límites y de acercarse un poco más a la vida natural, rompiendo los cánones de la época.

El movimiento *hippy* era una juventud dispuesta siempre a *pasear al filo de la navaja* y a introducir nuevas fórmulas de rebelión contra una presión social que consideraban injusta.

Era, entonces, el *florecimiento* del "vive como quieras" y de la búsqueda de la naturaleza por encima de reglas, leyes y conductas morales.

Los años pasaron entre continuos sobresaltos y *carreras* delante de la autoridad, entre días tranquilos de playa y tardes poco *sosegadas* de juzgado o comisaría. Aquellos héroes *desarmados* y desvestidos, que proclamaban un mundo sin *ataduras* y una sociedad *despojada* de todos los absurdos rituales que la adornaban, son ahora responsables padres de familia, instalados cómodamente en una sociedad que antes atacaban.

Ya no son solamente los jóvenes los que *se desnudan* en las playas. Los tímidos bañadores *topless* de hace años, que escandalizaban a los visitantes, son ahora norma aceptada, o al menos consentida, por una gran parte de la sociedad que probablemente ya no entendería una playa en la que no existieran. Pero el nudismo ha sido y es algo más que desvestirse.

Según los propios naturistas, el nudismo es una práctica esencialmente familiar que nace de la idea de que todas las partes del cuerpo tienen el mismo derecho a recibir los beneficios del sol y del aire para conseguir una salud más completa. El concepto, por lo tanto, ha cambiado sensiblemente. Aquellos jóvenes contestatarios han encontrado en esta práctica un nuevo concepto que ofrecer a sus hijos dentro de lo que ellos consideran una educación más permisiva.

evadir
"ghettos"
de ninguna manera
at least
to live dangerously
comienzo
running around
calmadas
sin armas
obligaciones / libre
se desvisten

Disfrutar del sol

confrontaciones
establecerse

Las prohibiciones se han relajado, y aquellas noticias que invadían cada año la prensa sobre las detenciones de grupos nudistas van perdiendo fuerza poco a poco. Eso sí, siguen existiendo en España dos zonas claramente diferenciadas en cuanto a permisividad. La costa mediterránea, donde sus habitantes toleran, a veces simplemente haciendo caso omiso, este tipo de turismo. Las costas del Cantábrico y del Atlántico donde aún siguen produciéndose *enfrentamientos* con las "fuerzas vivas" de las localidades donde los nudistas pretenden *asentarse*.

parar

Pero el avance del nudismo era casi imposible de *detener* y no se quedó en las playas, sino que invadió las ciudades y obligó a crear espacios en las piscinas urbanas. En Madrid, desde hace años, funcionan áreas especiales para naturistas en algunas piscinas municipales.

La evolución que ha sufrido la sociedad española en los últimos años ha significado para el naturismo la posibilidad de existir sin tener que permanecer al margen de la legalidad.

protesta

A pesar de que actualmente parece triunfar más —al menos está más de moda— la vuelta al bañador y a la moda de playa, el naturismo mantiene un importante número de seguidores. La *contestación* al sistema murió hace años, pero algunas de aquellas formas de oponerse a él siguen vivas. El espíritu de los naturistas es ahora otro muy distinto. Quizás actualmente predomine más en la filosofía naturista el culto al cuerpo que la vuelta a la vida salvaje.

refugio

Aquellas utopías de los años 60 acabaron con el paso del *hippy* al *yuppie.* Puede que el naturismo sea —como otras manifestaciones sociales que triunfan en nuestros días— sólo un *reducto* para la nostalgia de aquellos viejos luchadores de un sueño imposible.

En España existen zonas muy diferenciadas en cuanto a permisividad.

Después de la lectura

ACTIVIDADES

A. ¿Qué significa para Ud.?

Trabaje con un(a) compañero(a) de clase. Digan qué significan para Uds. los siguientes términos.

1. la libertad sin límites
2. ser un(a) luchador(a)
3. escandalizar a la sociedad
4. la conducta moral
5. la prohibición del nudismo

B. Puntos de vista

Con un(a) compañero(a) de clase, intercambie ideas sobre el nudismo, teniendo como guía las siguientes preguntas.

1. Durante las vacaciones, ¿han visitado Uds. alguna vez una playa de nudistas? ¿Cuándo? ¿Dónde? ¿Cómo era esa playa?
2. ¿Piensan Uds. que en los Estados Unidos, como en España, los nudistas tienden a invadir las playas y las piscinas públicas? Si su respuesta es negativa, den algunas razones. Si Uds. aprueban el nudismo, ¿dónde piensan que debe practicarse?
3. Se dice que está de moda el culto al cuerpo. ¿Es este culto parte de la filosofía naturista? ¿En qué consiste el culto al cuerpo?
4. Hay un traje de baño muy pequeño llamado tanga *(thong)* que tiene su origen en Brasil. ¿Lo han visto Uds.? ¿Qué opinión tienen de él?
5. En el estado de la Florida está prohibido el uso del traje de baño "tanga" por ser exhibicionista. ¿Aprueban Uds. que las autoridades de un estado les prohiban llevar un tipo de traje de baño o piensan que esto va en contra de la libertad del individuo? Expliquen su respuesta.

Prepárese a leer

VOCABULARIO

Para hablar del pueblo

la acera *sidewalk*
el ataúd *coffin*
el banco *bench*
la campana *bell*
el campanario *bell tower*
el cementerio *cemetery*
el piso *apartment; floor*
la puerta de madera *wooden door*
el ramaje *branches*
la cerca *fence*
el empedrado *stone pavement*
las hojas *leaves*
la iglesia *church*
el jardín *garden*
la losa *tombstone*
la pared de vidrio *glass wall*
el techo *roof*
la tumba *tomb*
la villa *country manor, small town*

Las pasiones

el amor *love*
la envidia *envy*
la maldad *evil*
el odio *hatred*
la rabia *rage, anger*

PRÁCTICA

Familia de palabras

Elimine la(s) palabra(s) que por su significado no correspondan al grupo.

1. la puerta, el techo, el odio, la pared
2. la pared de vidrio, el empedrado, la calle, la acera
3. el cementerio, el ataúd, la tumba, la envidia
4. la casa, la villa, el techo, el palacio
5. el jardín, el árbol, la pared, el ramaje

ACTIVIDAD

¡Charlemos!

Pregúntele a su compañero(a).

1. ¿Te gusta vivir en una ciudad o en un pueblo? ¿Por qué? ¿Cómo es la ciudad (el pueblo) donde vives? ¿Cómo son las casas? ¿las calles? ¿las plazas? ¿Hay una iglesia cerca de tu casa? ¿Cómo es?
2. ¿Cómo es la casa donde vives? ¿Vives en una casa de apartamentos? ¿Cuál es tu rincón favorito? Si la casa tiene jardín, ¿cómo es? ¿Podrías describir cómo es tu dormitorio?

SITUACIÓN

Teniendo en cuenta las respuestas que acaba de darle su compañero(a) de clase, preparen un programa ideal de vacaciones. ¡Haga que sus sueños se vuelvan realidad!

LA AUTORA Y SU OBRA

Mercè Rodoreda (1909–1983) es una de las escritoras más sólidas de la literatura catalana del siglo XX. Su primera novela, *La plaza del Diamante,* publicada en 1962, tuvo mucho éxito. "Viaje al pueblo de vidrio" pertenece a una serie de cuentos, *Viajes y flores* (1980). La autora mezcla con sutileza humor, fantasía y una profunda observación de la condición humana, bajo el pretexto de hablarnos de viajes imaginarios, como el que leeremos.

En el siguiente cuento, Mercè Rodoreda nos ofrece una experiencia única: un viaje imaginario a un pueblo de vidrio. A través de su cristal, la autora va describiendo el pueblo y penetrando en la condición humana. En el pueblo de vidrio todo es de una pureza extrema y las grandes pasiones como la envidia, la maldad y el odio no se manifiestan y acaban por desaparecer.

Estrategias para la lectura

1. Preste atención al título y a la primera oración.
2. Al ir leyendo el cuento, fíjese en qué orden se presentan los detalles del pueblo de vidrio.
3. Al leer la descripción, tenga en cuenta los colores y los sonidos que aparecen en la imagen del pueblo que se va formando.
4. Observe si los adjetivos usados en la narración se refieren a rasgos físicos, sicológicos o espirituales.
5. Vea si hay comparaciones y qué mundo presentan esas comparaciones.

¡A LEER!

Viaje al pueblo de vidrio Mercè Rodoreda

Absolutamente todo era de vidrio, empezando por lo que *acostumbra a ser* de madera, por ejemplo: paredes y techos, puertas interiores y exteriores, el empedrado de las calles también, las aceras, la iglesia y su campanario, las campanas, los *badajos,* las losas del cementerio, los ataúdes, las tumbas, para que si te interesa puedas seguir el proceso de la descomposición del cuerpo humano... los bancos y las cercas de los jardines públicos y de los jardines particulares, todo lo que constituye *el mobiliario* de un piso, de una villa, de un *palacete.* El monumento a las *águilas* era un gran árbol de vidrio sin hojas con siete águilas *aliabiertas* en el ramaje. El monumento a la luna consistía en una enorme bola de vidrio trabajada con cráteres, con montes espectaculares. Los habitantes del pueblo de vidrio no necesitan poseer libros, saben encontrar en el espacio, grabado para la eternidad, todo lo que ha pasado en el mundo, todo lo que pasará, todo lo que las llamas destruyeron en la biblioteca de Alejandría. La sabiduría del mundo es suya. Me impresionó mucho que no hubiera nada que no se pudiera ver y este nada que no se pudiera ver quiere decir el vivir de cada día de la gente. Una gente maravillosamente hermosa, con un cuerpo bien organizado, sin *tara,* con unas *uñas* tan perfectas como media *cáscara* de huevo de paloma, con los cabellos como cascadas de agua, con unos ojos de transparencia absoluta y de una expresión angelical. *Contenidos y afables,* con la mente clara... Total: una gente de nivel superior tanto físico como intelectual, de un gran magnetismo, poderosos y temibles. Estas personas tan envidriadas que alcanzan edades patéticas, viven, naturalmente, a la vista de todos, lo cual les obliga a contener los malos humores, los *arrebatos,* la rabia, la envidia, el odio, el deseo, en los más extremistas, de matar... y a fuerza de *esconder* su maldad, sus instintos, los confesables y los *turbios,* de *ahogar* las malas pasiones, acaban por no tenerlas. ¿Monotonía? No lo sé. Lo que sé es que todo el mundo es de una pureza extrema. El único espectáculo que no se permiten dar completamente es el espectáculo de hacer el amor, que hacen detrás de vidrios gruesos de los que *velan* los detalles, porque el detalle es lo que cuenta, pero aún así, a pesar de ello, puedes llegar a ver qué pasa y puedes admirar los grados de sublimación a que llegan en los momentos más exaltados de la aventura sexual, llamémosla amorosa. Los ves comer; comen como si no comieran y la expresión de sus rostros, por más hambrientos que se sienten a la mesa, nunca es bestial, como no es bestial su cara o lo que puedes adivinar de su cara en el morir del amor. No los vi nunca preocupados, nunca con las cejas juntas —tienen las frentes altas y lisas— nunca con los ojos lanzando fuego, aunque alguna bestia nocturna les *estropeara* las flores del jardín, todas de vidrio. Es el pueblo que me ha dejado el mejor de los recuerdos. "¿Por qué, si se enamoró de él, no se instaló allí?" "Porque mi trabajo no es detenerme sino ir siempre adelante; continuar la infinita busca y captura de corazones oscuros y costumbres *ignoradas".*

normalmente es
bell clappers
los muebles
palacio / *eagles*
con las alas abiertas
imperfección / *nails*
shell
Moderados y agradables
éxtasis
ocultar / confusos / apagar
no muestran
destruyera
desconocidas

ACTIVIDADES

A. ¿Qué dice la lectura?

Conteste las siguientes preguntas.

1. ¿Dónde está el pueblo de vidrio y quién lo ha visto?
2. ¿Qué personajes aparecen?
3. ¿Quién o quiénes hablan en este cuento? ¿Da o dan opiniones personales? ¿Cuáles?
4. ¿La voz de la narradora presenta este pueblo de manera positiva o negativa? ¿Por qué?
5. ¿Está Ud. de acuerdo con esas cualidades o defectos que, según la voz narradora, tiene el pueblo de vidrio?
6. Si lo compara con ciudades y pueblos conocidos, ¿qué le falta a la imagen de este pueblo?
7. ¿Con cuál de las siguientes ideas relaciona Ud. la posible existencia de ese pueblo que es todo de vidrio? ¿pureza de espíritu? ¿frialdad? ¿fragilidad? ¿sinceridad? Justifique y comente sus opiniones.

B. Temas de reflexión

Con un(a) compañero(a) de clase, intercambie ideas, teniendo en cuenta las siguientes preguntas.

1. ¿Les gustaría vivir en un pueblo de vidrio? ¿Por qué sí o por qué no?
2. ¿Les parece que ese pueblo es mejor o peor que los pueblos de la realidad cotidiana?
3. ¿Qué creen Uds. que sugiere el uso de la imagen del vidrio?
4. ¿Piensan Uds. que hay una cierta actitud irónica por parte de la voz narradora del cuento? ¿Podrían explicar su respuesta?
5. ¿Pertenecería este cuento al género de la literatura de ciencia ficción? ¿Por qué?

C. Creación

En grupos de tres o cuatro estudiantes, intercambien ideas e imagínense cómo sería una ciudad toda de plástico, de oro, de seda u otro material. Escriban un breve relato para leerlo o representarlo en clase.

¡A LEER!

Vestigios de la ruta jacobea: Una ciudad hecha por el Camino

Como *meta* del Camino que lleva su nombre, la ciudad de Santiago, y concretamente la catedral en la que se veneran los restos del Apóstol, está presente en buena parte de los episodios que conforman la historia de la ruta jacobea. No resulta exagerado decir que Compostela es una ciudad fundada por el propio hecho de las peregrinaciones, un lugar construido para custodiar un importante símbolo de la espiritualidad cristiana y cuyos monumentos y rincones más notables surgen precisamente como respuesta a las necesidades que *entraña* un hecho semejante. Toda la ciudad y particularmente la *urbe* que se levanta en un amplio espacio alrededor de la catedral, constituye la huella más importante y permanente de aquel movimiento espiritual que *hizo afluir* multitudes de toda Europa hacia el occidente gallego. Remotas tradiciones célticas consideraban el extremo occidental europeo, el Finisterre (a poco más de 100 km de Compostela), como puerto de embarque de las almas en su viaje hacia el otro mundo. En este sentido, el Camino de Santiago, vendría a prolongar, adecuándolo a la tradición cristiana, un rito pagano vinculado también con la búsqueda de la trascendencia, de un sentido *ultraterreno* más allá de la finitud de este mundo.

Una sugerente tradición atestigua que la catedral en torno a la que la ciudad fue extendiéndose *se erigió* no ya sólo como centro necesario para acoger a los cada vez más numerosos viajeros, sino, en cierto modo, por manos de los propios peregrinos. Estos, en una de las últimas etapas de su viaje, en la localidad de Triacastela, cogían rocas calizas y las transportaban consigo durante algunos kilómetros hasta el lugar donde se fabricaba la *cal* para las *obras catedralicias.* Santiago, en suma, fue levantada por el propio hecho de la peregrinación.

Y es indudable que a esas mismas peregrinaciones debe buena parte del carácter que la convirtió en una urbe cosmopolita y abierta al mundo. En la ciudad de hoy, el Camino es todavía el símbolo que hace afluir hacia las plazas y las *rúas* de Santiago una multitud cosmopolita, ya inseparable de la realidad cotidiana de la urbe.

meta: *goal*
entraña: contiene
urbe: ciudad
hizo afluir: *attracted*
ultraterreno: *other worldly*
se erigió: se construyó
cal / *obras catedralicias*: *cement / cathedral construction*
rúas: calles

Después de la lectura

ACTIVIDADES

A. ¿Qué dice el texto?

1. ¿Por qué se hacía el Camino de Santiago?
2. ¿Quién era Santiago?
3. ¿Por qué era Santiago tan importante? ¿Qué quiere decir Finisterre?
4. ¿Qué tradiciones se unen en el Camino de Santiago?

Prepárese a leer

ACTIVIDAD

¡Charlemos!

Trabaje con un(a) compañero(a) de clase y pregúntele qué piensa sobre las excursiones a pie, si ha hecho montañismo alguna vez o si ha ido de turismo en bicicleta. Si a su compañero(a) no le gusta hacer este tipo de excursiones intente convencerlo(a) para que lo haga.

Estrategias para la lectura

La siguiente lectura sobre "El camino de Santiago" procede de una guía turística. Observe el tono propagandístico del texto. Preste especial atención a:

1. los usos ponderativos de los adjetivos
2. la ampulosidad de algunas frases
3. la documentación (histórica y geográfica) para hacer más atractivo el lugar descrito
4. la mención a la unicidad (lo único) del lugar descrito
5. la alusión a datos curiosos y al orgullo que los lugareños sienten por su tierra

¿Sabía usted que... ?

¿Sabía Ud. que El Camino de Santiago, que hoy se hace como gira turística, fue la ruta de peregrinación más importante de la Edad Media europea? Había peregrinos italianos, provenzales, bretones, ingleses, flamencos, germanos, escandinavos... Todas las rutas seguidas por los peregrinos venían a coincidir en una a partir del Puente de la Reina, en el Norte de España.

La ciudad de Santiago de Compostela hoy en día.

B. Temas de reflexión

El Camino de Santiago todavía se hace a pie, en bici y en coche. Imagínese que Ud. y su compañero(a) son peregrinos medievales y escriban un párrafo con sus reflexiones personales. Hagan lo mismo después pero imaginándose que son peregrinos del siglo XXI y van haciendo el camino en bici.

Última lectura

EL AUTOR Y SU OBRA

Camilo José Cela es uno de los escritores más provocativos de la España del siglo XX, y ganador del Premio Nobel de Literatura; sus novelas *La colmena* y *La familia de Pascual Duarte* son obras clave de la literatura de posguerra española. Muy popular fue también su *Diccionario secreto,* obra que incluía gran cantidad de términos coloquiales, populares y vulgares que la Real Academia Española no consideraba aceptables.

El siguiente fragmento, "Unos días antes" (adaptado) procede del *Viaje a la Alcarria.* La Alcarria, muy famosa por su miel, es una región española situada entre Cuenca y Guadalajara, en el centro de la Península Ibérica. El *Viaje a la Alcarria* forma parte de una colección de relatos de Cela llamada *Viajes por España.*

¿Sabía Ud. que... ?

Hablando de España, la posguerra se refiere no a la época que sigue a la Segunda Guerra Mundial, sino a la Guerra Civil Española (1936–1939). En ella lucharon falangistas y republicanos, el triunfo de aquéllos fue la causa de que Franco subiese al poder. La dictadura franquista duró hasta 1975.

Estrategias para la lectura

El monólogo del personaje que aparece en la siguiente lectura ofrece una gran riqueza léxica. Se describe fundamentalmente el anhelo del viajero, pero en el telón de fondo aparecen cantidad de detalles que nos dejan adivinar el estatus social del individuo, su edad, su forma de pensar, su formación cultural, etcétera. El autor no da minuciosos detalles sino que sugiere ciertas cualidades y cierta época.

¡A LEER!

Unos días antes Camilo José Cela

forrada de cretona: covered in cretonne
rozando, en leves golpes: barely pounding

El viajero está echado, boca arriba, sobre una chaise-longue *forrada de cretona.* Mira, distraídamente, para el techo y deja volar libre la imaginación, que salta, como una torpe mariposa moribunda, *rozando, en leves golpes,* las paredes, los muebles, la lámpara encendida. Está cansado y nota un alivio grande dejando caer las piernas, como *marionetas,* en la primera postura que quieran encontrar.

El viajero es un hombre joven, alto, delgado. Está *en mangas de camisa* fumando un cigarrillo. Lleva ya varias horas sin hablar, varias horas que no tiene con quién hablar. De cuando en cuando bebe un *sorbo* —ni pequeño ni grande— de whisky o *silba,* por lo bajo, alguna cancioncilla.

En la casa todo es silencio; la familia del viajero duerme. En la calle sólo algún taxi errabundo rompe, muy de tarde en tarde, la piadosa intimidad de los serenos.

La habitación está revuelta. Sobre la mesa, cientos de *cuartillas* en desorden *dan fe* de muchas horas de trabajo. Extendidos sobre el suelo, *clavados con chinchetas* a las paredes, diez, doce, catorce mapas con notas y acotaciones en tinta, con fuertes trazos de lápiz rojo, con blancas banderitas sujetas con *alfileres.*

—Después, nada de esto sirve nunca para nada. ¡Siempre pasa igual!

A caballo de una silla duerme la chaqueta de dura *pana*. En la alfombra, al lado de un montón de novelas, descansan las *remachadas* botas de andar. Una *cantimplora* nueva espera su carga de espeso y saludable vino tinto. Suena en el noble, en el viejo reloj de nogal, la última campanada de una alta hora de la noche.

El viajero se levanta, pasea la habitación, pone derecho un cuadro, empuja un libro, huele unas flores. Ante un mapa de la península se para, ambas manos en los bolsillos del pantalón, las cejas casi *imperceptiblemente fruncidas.*

El viajero habla despacio, muy despacio, consigo mismo, en voz baja y casi como si quisiera *disimular*.

—Sí, la Alcarria. Debe ser un buen sitio para andar, un buen país. Luego, ya veremos; a lo mejor no salgo más; depende.

El viajero enciende otro cigarrillo —a poco más se quema el dedo con el *mixto*—, se sirve otro whisky.

—La Alcarria de Guadalajara. La de Cuenca, ya no; por Cuenca puede que ande el *pinar;* o la Mancha, ¡quién sabe!, con sus lentos caminos.

El viajero hace un gesto con la boca.

—Y tampoco importa que me salga un poco, si me salgo. Después de todo, ¿qué más da? Nadie me obliga a nada; nadie me dice: métase por aquí, suba por allí, camine aquel *ribazo,* esta *laderilla,* esta otra *vaguada tierna y de buen andar.*

El viajero revuelve entre los papeles de la mesa buscando un *doble decímetro.* Lo encuentra, se acerca de nuevo a la pared y, con el *pitillo* en la boca y el *entrecejo arrugado* para que no se le llenen los ojos de humo, pasea la regla sobre el mapa.

—Etapas ni cortas ni largas, es el secreto. Una *legua* y una hora de descanso, otra legua y otra hora, y así hasta el final. Veinte o veinticinco kilómetros al día ya es una buena marcha; es pasarse las mañanas en el camino. Después, sobre el terreno, todos estos proyectos son *papel mojado* y las cosas salen, como pasa siempre, por donde pueden.

Busca unas notas, consulta un cuadernillo, hojea una vieja geografía, extiende sobre la mesa un plano de la región.

—Sí; sin duda alguna, las regiones naturales. Los ríos unen y las montañas separan, es la vieja sabiduría: no hay otra división que valga.

El viajero se distrae un instante y toma, de la estantería, el primer libro que alcanza: la *Historia de Galicia,* de don Manuel Murguía, encuadernado en *rojo*

puppets
in shirtsleeves
sip
he whistles
pages
prove
pinned
pins
hanging on a chair / corduroy
worn
water bottle
slightly frowning
to hide
match
pine grove
slope / hillside / inviting and pleasant valley
measuring device / cigarette
furrowed brow
league
worthless

dull red / *inadvertently* / *nods of the head* / *I'll go around them / peddlers* / *before five o'clock* / *at random / at random / at random* / *does not make sense / to pick up one's backpack* / *heavy rain* / *spaces between the window blinds / numbed / people collecting old clothes*

cartoné ya desvaído por el tiempo. No lo necesita para nada; en realidad, lo coge *sin darse cuenta.*

—Es gracioso este libro..., es un libro lleno de paciencia.

—El viajero está medio dormido y da un par de *cabezadas* mientras pasa las hojas. Se despierta de nuevo del todo, cuando lee al pie de una lámina: Cromlech que existe en Pontes de García Rodríguez. Lo devuelve a su sitio y piensa que, realmente, tiene los libros bastante mal ordenados. La *Historia de Galicia* queda entre una *Fisiología e Higiene,* del bachillerato, y el *The sun also rises,* de Hemingway.

El viajero vuelve ante el mapa.

—Las ciudades *las bordearé,* como los *buhoneros* y los gitanos.

Se rasca una ceja y arruga la frente. El viajero no está muy convencido.

—O no, no las bordearé. Las ciudades hay que cruzarlas, a media tarde, cuando las señoritas salen a pasear un rato, *antes del rosario.*

El viajero sonríe. Tiene los ojos semicerrados, como de estar soñando.

—Bueno, ya veremos.

Se queda un rato en silencio, pensando muy confuso, muy precipitadamente. Es ya muy tarde.

—¡Qué barbaridad!

El viajero —que se cansa de golpe, igual que un pájaro herido— piensa, al final, que ya sólo falta empezar, que quizás esté dándole demasiadas vueltas en la cabeza a un viaje que se quiere hacer un poco a rumbo, un poco *como el fuego en una era: a la buena de Dios* y a *la que salga.*

De la misma botella bebe el último trago.

—No. Estas son las *cuentas de la lechera;* lo mejor será *coger el macuto* y echarse a andar.

Se desnuda, desdobla la manta de pelo, apaga la luz y se echa a dormir sobre la chaise-longue forrada de cretona.

Fuera se oye el distante golpear del *chuzo* contra la acera. Por *las rendijas de la persiana* se cuela un hilito de claridad. Pasan lentos, *entumecidos,* los carros de los primeros *traperos.* El viajero se ha dormido al tiempo de nacer el día como un pollo que sale, un poco avergonzadamente, del derrotado y tibio cascarón.

Después de la lectura

ACTIVIDAD

¡Analicemos!

1. Escriba una lista describiendo las costumbres del viajero.
2. Identifique las características de la casa donde vive el personaje central.
3. Hable del pasado y del futuro que planea el viajero.
4. Describa el lugar de la casa donde el viajero debe haber pasado más tiempo.
5. Fíjese en el vocabulario del texto y diga si Ud. podría fecharlo como un texto reciente, poco reciente o muy poco reciente. Justifique su respuesta.

LECCIÓN 3

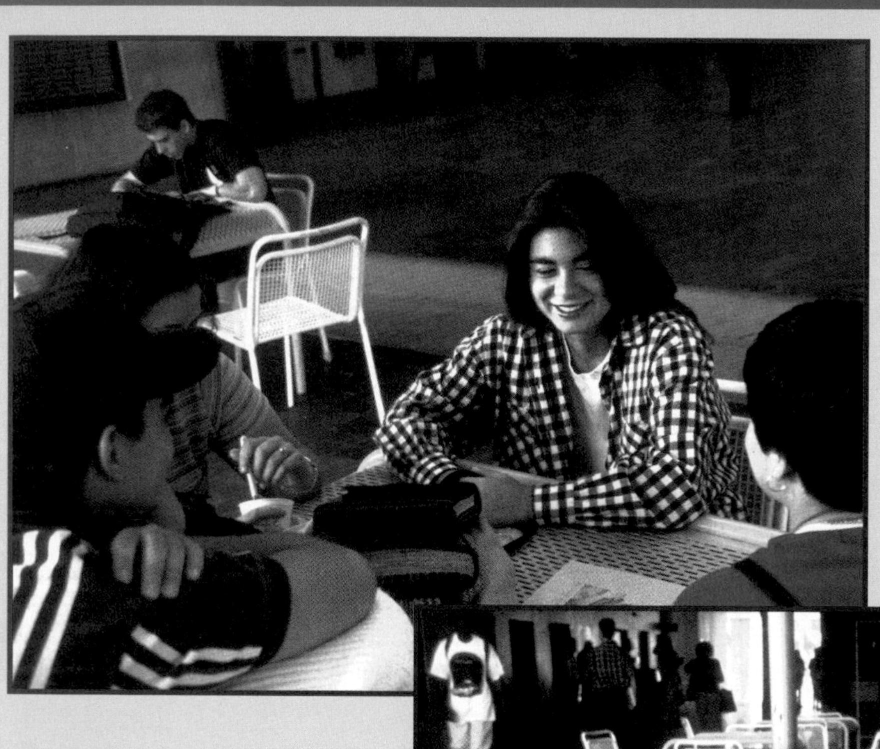

Aulas virtuales

La comunicación electrónica del siglo XX ha revolucionado la enseñanza universitaria casi tanto como la imprenta lo hizo en el siglo XV. Hoy en día hay cientos de cursos que se ofrecen a través de la red y las universidades virtuales quizá acaben saltando las fronteras políticas y culturales. Sin embargo, hay acontecimientos universitarios en Latinoamérica y en España que marcan un claro distanciamiento entre la tradicional vida estudiantil en un campus de los Estados Unidos y un campus hispánico.

La tradición de activismo político estudiantil data, en Latinoamérica, desde 1918, año del movimiento de reforma universitaria en Córdoba, Argentina. Desde entonces, muchos líderes políticos latinoamericanos se han entrenado en la política universitaria. La actividad estudiantil ha sido precursora de revoluciones en Argentina, Chile, Cuba, Perú y Venezuela entre otros países. Estas pocas líneas muestran una de las diferencias fundamentales entre las universidades latinoamericanas y estadounidenses: la politización del estudiantado hispánico.

Además de la política, otras diferencias notables son los recursos y métodos de investigación, el predominio de lo teórico sobre lo práctico y el predominio de los cursos obligatorios sobre los optativos en las universidades del mundo hispánico.

ACTIVIDADES

A. ¡Charlemos!

Pregúntele a un(a) compañero(a) lo siguiente.

1. ¿Cuánto tiempo hace que estudias en esta universidad? ¿Qué estudias? ¿Qué proyectos tienes para el futuro? ¿En qué trabajas ahora?
2. ¿Cuáles son las ventajas y desventajas de las universidades del estado? ¿De las universidades privadas? ¿Por qué elegiste esta universidad?
3. ¿Cómo vas a usar el español en tu profesión?
4. ¿Cambiarías la clase de español por una clase virtual? Explica las ventajas y los inconvenientes del aprendizaje a través de la red.

B. Puntos de vista

La modernización de la enseñanza y el uso de ordenadores todavía no ha llegado a crear universidades virtuales en el mundo hispánico aunque sí tienen buena aceptación los cursos impartidos a través de la red electrónica. Pregúntele a un(a) compañero(a) lo siguiente.

1. ¿Cuál es tu opinión respecto a la enseñanza virtual?
2. ¿Qué piensas de las manifestaciones políticas dentro de un campus universitario? ¿Cuáles son las posibilidades que ofrece la red en cuanto a la diseminación de información?
3. ¿Has oído hablar de las manifestaciones estudiantiles en Estados Unidos durante la Guerra de Vietnam? ¿De quién? Basándote en lo que sabes de aquello, ¿habrías apoyado la guerra o habrías estado en contra?

Prepárese a leer

VOCABULARIO

Para hablar del ingreso a las universidades

el (la) alumno(a)/el (la) estudiante *student*
  desconcertarse *to become confused, disconcerted*
  empeñarse en *to persist (in), to be bent on*
  examinarse *to be tested*
  realizar el trámite *to carry out an administrative process*
  ser capaz de *to be capable of*
el (la) asistente de cátedra *adjunct professor; teaching assistant*
el bachillerato *high school degree*
el (la) corrector(a) *(examination) grader*
el (la) examinador(a) *test administrator*
el expediente académico *school record*
la facultad *school (division of the university), department*
favorecer *to favor*
el ingreso a la universidad *college (university) admission*
las inscripciones *enrollment*
el (la) licenciado(a) *college or university graduate*
la matrícula *registration (fee)*
el nombre de pila *first name*
la oficina de admisión *admission office*
la papeleta de calificación *official grade report*
perjudicar *to damage, harm*
el plazo se vence (se cumple) en *the deadline is*
el (la) profesor(a)/el (la) catedrático(a) *professor*
la prueba *test, proof*
la prueba de selectividad *university entrance exam*
  celebrarse *to be held*
la sede/el domicilio *headquarters, home address*
la solicitud *application*
el tribunal de examen *exam committee*

ACTIVIDAD

Puntos de vista

El ingreso a la universidad es siempre un importante tema de conversación y debate. Todos tenemos algo que decir al respecto. Teniendo como guía las siguientes preguntas, intercambien ideas sobre el tema con algunos de sus compañeros:

1. ¿Cuáles son los requisitos para entrar en una universidad norteamericana? ¿Creen Uds. que es muy difícil ingresar a las universidades en los Estados Unidos?
2. ¿Qué piensan Uds. del examen de conocimiento SAT y otras pruebas similares que se exigen para ingresar a la universidad? ¿Creen Uds. que prueban la capacidad intelectual de los jóvenes? ¿Califican con rigor a los alumnos?
3. Cuando los estudiantes a los dieciocho años ingresan a nuestras universidades, ¿generalmente saben qué carrera quieren seguir? ¿Sabían Uds. qué querían estudiar? ¿Se han decidido ya por una carrera? ¿Cuál?

Estrategias para la lectura

Observe cómo se distancia el autor de los hechos: haga una lista de las palabras que usa relacionadas con lo imprevisible. Fíjese también en cómo presenta el temor por la incertidumbre. ¿Cuál es el efecto del uso de expresiones coloquiales enfáticas como "darían cualquier cosa", "la verdadera liberación", "la mala pasada de los nervios"?

¿Sabía Ud. que... ?

En España, a fines del mes de junio de cada año, muchísimos estudiantes que desean entrar a la universidad deben pasar por la Prueba de Selectividad. Esta prueba de ingreso a la universidad selecciona a los mejores estudiantes. Una cuarta parte de los muchachos se queda con las ganas de seguir la carrera que le gusta porque otros alumnos obtienen mayor puntuación.

Si los chicos y chicas no aprueban el examen de ingreso, prácticamente se les cierran las puertas de las universidades españolas porque en ese país no existen instituciones de dos años, como los *junior colleges* norteamericanos, que preparan a los estudiantes que no alcanzan la puntuación de ingreso universitario.

¡A LEER!

A continuación, Ud. leerá un artículo sobre la Selectividad en España. Al leer "El azar (La suerte) decide el futuro profesional de 300.000 jóvenes", artículo que apareció en la revista española *Cambio 16*, tenga en cuenta los siguientes puntos: (a) el proceso del sorteo de las preguntas de la Prueba de Selectividad,

(b) las preocupaciones de los estudiantes que han seguido el Curso de Orientación Universitaria (COU), (c) el criterio de la corrección de las pruebas y (d) la puntuación que se necesita para lograr el ingreso a la universidad.

El azar decide el futuro profesional de 300.000 jóvenes Fernando Urías/Fátima Uríbarri

En la sede del Ministerio de Educación y Ciencia, en la calle Alcalá de Madrid, en el mes de junio se celebra *un sorteo*. Casi 35.000 chicos y chicas madrileños, sus familias, sus amigos y sus profesores "darían cualquier cosa" por saber el resultado de este sorteo: de él saldrán las preguntas de la Prueba de Selectividad.

una lotería

En el resto de España, otros 265.000 estudiantes del Curso de Orientación Universitaria (COU) están también nerviosos. Para ellos, aprobar la difícil Prueba de Selectividad es importantísimo. En teoría el examen es fácil, lo que es verdaderamente selectivo es el curso preuniversitario (COU).

"Es imposible saber cuáles van a ser las preguntas de la Prueba de Selectividad, ni siquiera lo sabemos nosotros", afirma Francisco Moreno, catedrático de Lengua Española en la Universidad de Alcalá de Henares, que durante varios años ha sido coordinador de área y miembro del tribunal del examen.

Cada uno de los coordinadores de las quince *asignaturas* que entran en Selectividad hace varios modelos de examen que después serán sorteados en el ministerio. El resultado del sorteo sólo lo sabe un par de personas. Una de ellas *se encargará* de hacer las miles de fotocopias que luego llegarán a las manos de los alumnos.

subjects
va a tener la responsabilidad

"Esto es peor que la lotería —dice Fernando Muñoz—. No voy a estar tranquilo hasta que no tenga la nota en mi mano". Casi todos piensan igual: la lotería no termina el día del examen, luego hay que tener suerte con el corrector.

En los exámenes que *confeccionan* los coordinadores van incluidas las respuestas y una serie de instrucciones para el profesor que debe corregir el examen. El criterio personal del corrector puede perjudicar o favorecer la nota.

preparan

A veces los nervios *juegan malas pasadas*. Sixto Armán, licenciado en Historia, recuerda que tuvo suerte porque le preguntaron en la prueba de arte sobre su pintor favorito: Zurbarán. "Era el tema que mejor sabía pero *me desconcerté* muchísimo porque no fui capaz de acordarme de su nombre de pila", cuenta Sixto. Ese *lapsus* le hizo perder bastante tiempo.

play tricks on you
confundí
fallo de la memoria

La verdadera liberación no llega el día posterior al examen sino cuando se tiene la papeleta de calificación en la mano. Para algunos, un cuatro en Selectividad no es suficiente; *hace falta* que la media con las notas obtenidas durante el Bachillerato Unificado de Polivalente (BUP) y el Curso de Orientación Universitaria (COU) dé un resultado mínimo de cinco puntos.

es necesario

España es el país donde más influyen las calificaciones del bachillerato. En otros países de la CE, como Francia, el Reino Unido e Italia, el expediente académico sólo *se tiene en cuenta* para subir la nota final. Sin embargo, no es el expediente académico lo que baja las calificaciones. Normalmente sucede lo contrario: el expediente académico baja con la Selectividad.

se considera

Estos estudiantes salmantinos están contentísimos. ¿Puede ser que hayan aprobado la Prueba de Selectividad?

Después de la lectura

ACTIVIDADES

A. ¿Qué dice la lectura?

Conteste estas preguntas sobre la lectura.

1. ¿En qué mes y en qué ciudad se hace el sorteo de las preguntas de Selectividad?
2. ¿Qué significa COU?
3. ¿Son muy importantes las notas del bachillerato en España? ¿Se estudia el bachillerato en la universidad española?
4. ¿Cuántas asignaturas entran en la Selectividad? ¿Cuáles serán?
5. ¿Qué opina del sistema de corrección? ¿En qué asignaturas será más importante el criterio personal?
6. ¿Cómo se calcula la nota final?

B. Puntos de vista

Con un(a) compañero(a), comente sobre la Prueba de Selectividad que deben aprobar los estudiantes españoles para entrar en la universidad. Pueden usar éstas y otras preguntas.

1. ¿Creen Uds. que es justo que muchachos de diecisiete años se jueguen su futuro cuando aún no están formados ni tienen una personalidad definida? ¿Qué alternativas hay para este tipo de estudiantes en los Estados Unidos?
2. Para un examen de ingreso a la universidad, ¿piensan Uds. que un sistema de sorteo de preguntas podría ser mejor o peor que un sistema de selección de preguntas apropiadas? Expliquen su respuesta.
3. Comparen el sistema de sorteo con los exámenes como el SAT o el ACT.

SITUACIÓN

¡Piensa en el futuro!

Ud. es un padre (madre) español(a) que se preocupa mucho por la carrera que va a seleccionar su hijo(a). Desea que su hijo(a) sea arquitecto(a) como Ud., para que pueda trabajar en su oficina. Su hijo(a), sin embargo, desea ser poeta y escribir poesía. En este momento Ud. está tratando de convencer a su hijo(a) de que su decisión es un grave error.

Prepárese a leer

VOCABULARIO

Para hablar de los problemas universitarios

el aula *classroom*
la consigna política *political slogan*
el (la) decano(a) *dean*
desarrollar sus labores *to carry out his (her) work*
ingresar a/egresar de *to enter/to leave the university*
matricularse *to enroll*
el personal docente *teaching staff*
plantear soluciones *to present solutions*
el (la) rector(a) de la universidad *university president*

los recursos económicos *economic resources*
el porcentaje *percentage*
el presupuesto *budget*
el sueldo promedio *average salary*
aprobar(se) una ley *to approve a law*
crear un impuesto *to create a tax*
incrementar los bienes *to increase the assets*
invertir alrededor de *to invest approximately*
situarse al margen de *to not be involved*
la universidad estatal (privada) *state (private) university or college*

ACTIVIDAD

Puntos de vista

Ahora les toca a Ud. y a su compañero(a) hablar de los grandes problemas que tienen las universidades en los Estados Unidos. Intercambien ideas al respecto y den sus opiniones a la clase.

1. El costo de la matrícula universitaria sube cada día más. ¿A qué creen que se debe este incremento constante? ¿Cómo se podría solucionar este asunto?
2. El número de estudiantes por clase ha ido en aumento en los últimos años y los profesores prácticamente ya no conocen a los estudiantes. ¿Cuáles serían algunas soluciones posibles?

3. ¿Cuáles son algunos de los problemas que los estudiantes tienen cuando las clases de los dos primeros años de estudio están prácticamente en manos de los asistentes de cátedra?
4. ¿Piensan Uds. que los profesores se dedican más a la enseñanza que a la investigación? Según Uds., ¿se debe enseñar e investigar al mismo tiempo? Expliquen sus respuestas.

Estrategias para la lectura

El título del siguiente texto indica que se trata de problemas en las universidades de Perú y si se lee por encima el primer párrafo, se encuentra que "Las universidades estatales son... las más afectadas". Para ayudar en la comprensión de un artículo como éste, puede ser muy útil el trazar paralelos con un caso parecido pero más familiar. ¿Cuánto trecho *(How much of a gap)* hay entre los sistemas de educación estatales y los privados en Estados Unidos o en el Canadá? Al leer el artículo, busque similaridades entre el caso peruano y el norteamericano.

¿Sabía Ud. que... ?

Inti es el nombre quechua del **sol**. El sol era el dios de los Incas. La moneda peruana lleva el nombre en quechua —los intis— y en español —los soles.

¡A LEER!

El siguiente artículo apareció en el semanario peruano *Caretas.* Esta revista dedicó varios artículos a los problemas de la educación en Perú.

El artículo trata de la realidad con la que se enfrentaban las universidades del Perú de hace más o menos una década. Después de leerlo, busque en la red información actual sobre las universidades en el Perú y explique cómo ha cambiado la situación.

La problemática universitaria de Perú

En una dura reunión, los rectores de todas las universidades peruanas analizan y plantean soluciones sobre los problemas que afrontan los centros que ellos dirigen.

El sistema universitario de Perú no podía situarse al margen de la crisis económica. Las universidades estatales son, en este caso, las más afectadas. Ellas, en un gran porcentaje, tienen las cuentas en rojo, están *sobregiradas* y San Marcos —la más antigua universidad de América— está en la *encrucijada* más difícil de su historia.

overdrawn
dilemma

En la década del 60 el sueldo promedio de un profesor universitario era de 700 dólares mensuales. Por estudiante se invertían alrededor de 350 dólares al año. Algunos rectores señalan que ahora el salario de un profesor alcanza los 150 dólares mensuales y el presupuesto por alumno al año es de setenta dólares.

"¿Qué es lo que ha pasado?", se preguntan los rectores. Y ellos mismos se responden: "En los últimos veinte años la Universidad ha entrado en una *pendiente de angostamiento* económico, cuando justamente debía haberse triplicado la inversión. Por eso a nadie debe sorprendernos la crisis universitaria".

sharp decline

Las diferencias en infraestructura entre las universidades nacionales y algunas particulares son abismales. Recorrer hoy los ambientes de la *UN* Mayor de San Marcos, de la UN de Ingeniería o de la UN Federico Villarreal, por citar las más conocidas, es doloroso; sus aulas y patios están deteriorados y sus murales están pintados con las *consabidas* consignas políticas. Pero silenciosamente, y con los pocos medios con que cuentan, las universidades estatales tratan de desarrollar sus labores de investigación y, a pesar de todos los problemas, año tras año egresan buenos profesionales.

Universidad Nacional

conocidas

En cambio, en tres o cuatro universidades *particulares*, como la Universidad Peruana Cayetano Heredia o la Universidad de Lima, la realidad es distinta. Los amplios jardines, las bibliotecas y los cursos dictados con regularidad pueden hacer suponer que actúan con sus propios recursos. Pero no es así. Si no fuera por la ayuda privada, estas universidades también estarían por caer.

privadas

Las autoridades universitarias, sin embargo, parecen haber encontrado la salida inmediata mediante la creación del Fondo de Desarrollo Universitario. Los recursos —de aprobarse la ley en el Congreso— *ascenderían* a 60 mil millones de intis aproximadamente y saldrían de un impuesto por crearse con base en la publicidad. Con este *monto* se incrementarían los bienes y servicios y, lo que es más importante, se saldría de las cuentas en rojo.

would amount to

cantidad total

Un estudiante en la Universidad Nacional Mayor de San Marcos.

Después de la lectura

ACTIVIDADES

A. Verdadero o falso

Si es falso, diga por qué.

1. V___ F___ Las universidades estatales de Perú están pasando por una crisis económica.
2. V___ F___ San Marcos es la universidad más antigua de América.
3. V___ F___ Un profesor universitario gana al mes un sueldo promedio de 700 dólares.
4. V___ F___ El presupuesto por alumno al año es de setenta dólares.
5. V___ F___ No hay diferencias en infraestructura entre las universidades públicas y las privadas.
6. V___ F___ A pesar de los problemas, las universidades estatales desarrollan sus labores de investigación.
7. V___ F___ La Universidad Peruana Cayetano Heredia es una institución estatal.
8. V___ F___ Las autoridades universitarias no encuentran una salida inmediata a la crisis universitaria.

B. Comisión de reforma universitaria

En grupos de cuatro, propongan una lista de tres o cuatro medidas que tomarían para reformar y revitalizar el sistema universitario público del Perú. Traten de formular medidas que remedien los problemas expuestos en el artículo. Luego, comparen sus propuestas con los de otros grupos.

Prepárese a leer

VOCABULARIO

Para hablar del primer día de clase

agruparse en el rincón *to form a group in the corner*
el colegio/la escuela *grade school*
dar vergüenza *to be ashamed of or embarrassed by*
esperar la llamada a clase *to wait for the call to class*
los niños (las niñas) *boys (girls)*
darse la mano *to shake hands*
la pizarra *blackboard*
el pupitre *student desk*
sentir una sensación de orgullo *to feel a sense of pride*
la tiza *chalk*

La naturaleza

el aire fresco *fresh, cool air*
mañanero *morning air*
el árbol *tree*
la flor *flower*
las hojas de otoño *autumn leaves*
la lluvia *rain*
la mañana fría *cold morning*
húmeda *humid*
la niebla *fog, mist*
el sol *sun*

La calle y el parque

alejarse por la acera *to disappear down the sidewalk*
coger/tomar el taxi (el metro, el autobús) *to take a taxi (subway, bus)*
emprender un viaje *to take a trip, to start out*
la fila de taxis *the line of taxis*
llevar de paseo *to take for a ride (a walk)*
pasar delante de *to pass in front of*
salir a la calle *to go out onto the street, to leave the house*
tener prisa *to be in a hurry*

ACTIVIDAD

¡Charlemos!

Cuéntele a su compañero(a) lo que recuerda de su ingreso en la escuela primaria. ¿Fue Ud. con sus padres? ¿Iba Ud. de la mano de su madre? ¿de su padre? ¿Cómo era la mañana? ¿Hacía fresco? ¿viento? ¿Se sentía Ud. contento(a)? ¿triste? ¿orgulloso(a)? ¿Cómo iba vestido(a)? ¿Recuerda Ud. cómo era el aula? ¿el (la) maestro(a)? No sea tímido(a). Hable de esa inolvidable experiencia.

LA AUTORA Y SU OBRA

Carmen Laforet (1921–) es una de las escritoras más conocidas de España. Escribió su primera novela, *Nada*, cuando tenía veintidós años. Allí la autora muestra el espíritu de desilusión que reinaba en España después de la Guerra Civil.

"Al colegio" es el tierno relato de una madre que acaba de dejar a su pequeña hija en el colegio. Mientras Ud. lee el cuento (a) siga cuidadosamente la cronología de este día tan importante y (b) analice las diferentes emociones que este hecho despierta en una madre.

Estrategias para la lectura

A veces es útil separar la trama *(plot)* de una narración de las impresiones y sentimientos de los personajes para saber primero "qué pasó" y luego reflexionar sobre la importancia de los acontecimientos. A medida que va leyendo el siguiente cuento, subraye las frases que cuentan la trama de un color y las frases que exponen los sentimientos de los personajes de otro.

Al colegio (Estampa) Carmen Laforet

Vamos cogidas de la mano en la mañana. Hace fresco, el aire está sucio de niebla. Las calles están húmedas. Es muy temprano.

Yo me he quitado el guante para sentir la mano de la niña en mi mano, y me es infinitamente tierno este contacto, tan agradable, tan amical, que la *estrecho* un poquito emocionada. Su propietaria vuelve hacia mí la cabeza y con el *rabillo* de los ojos me sonríe. Sabe perfectamente la importancia de este *apretón,* sabe que yo estoy con ella y que somos más amigas hoy que otro día cualquiera.

Viene un aire vivo y empieza a romper la niebla. A todos los árboles de la calle se les caen las hojas, y durante unos segundos corremos debajo de una lenta lluvia de color tabaco.

—Es muy tarde; vamos.

—Vamos, vamos.

Pasamos corriendo delante de una fila de taxis parados, huyendo de la tentación. La niña y yo sabemos que las pocas veces que salimos juntas casi nunca dejo de coger un taxi. A ella le gusta; pero, a decir verdad, no es por alegrarla por lo que lo hago; es, sencillamente, que cuando salgo de casa con la niña tengo la sensación de que *emprendo* un viaje muy largo. Cuando medito una de estas escapadas, uno de estos paseos, me parece divertido ver la *chispa* alegre que se le enciende a ella en los ojos, y pienso que me gusta infinitamente salir con mi hijita mayor y oírla charlar; que la llevaré de paseo al parque, que le iré enseñando, como el padre de la buena *Juanita*, los nombres de las flores; que jugaré con ella, que nos reiremos, ya que es tan graciosa, y que, al final, compraremos *barquillos* —como hago cuando voy con ella— y nos los comeremos alegremente.

Luego resulta que la niña empieza a charlar mucho antes de que salgamos de casa, que hay que peinarla y hacerle las *trenzas* (que salen pequeñas y *retorcidas* como dos *rabitos* dorados debajo del *gorro*) y cambiarle el traje, cuando ya está vestida, porque *se tiró encima un frasco* de leche condensada, y cortarle las uñas, porque al meterle las *manoplas* me doy cuenta de que han crecido... Y cuando salimos a la calle, yo, su madre, estoy casi tan cansada como el día en que la puse en el mundo... Exhausta, con un abrigo que me cuelga como un *manto*; con los labios sin pintar (porque a última hora me olvidé de eso), voy andando *casi arrastrada* por ella, por su increíble energía, por sus infinitos "porqués" de su conversación.

—Mira, un taxi. —Éste es mi grito de salvación y de *hundimiento* cuando voy con la niña... Un taxi.

Una vez sentada dentro, *se me desvanece* siempre aquella perspectiva de pájaros y flores y lecciones de la buena Juanita, y doy la dirección de casa de las abuelitas, un lugar concreto donde sé que todos seremos felices: la niña y las abuelas, charlando, y yo, fumando un cigarrillo, solitaria y en paz.

Pero hoy, esta mañana fría, en que tenemos más prisa que nunca, la niña y yo pasamos de largo delante de la fila tentadora de autos parados. Por primera

press
corner
squeeze
comienzo
spark
personaje en un cuento para niños
ice cream cones
braids
twisted / little tails / bonnet
spilled a can
mittens
cape
almost dragged along
shipwreck
disipa

vez en la vida vamos al colegio... Al colegio, le digo, no se puede ir en taxi. Hay que correr un poco por las calles, hay que tomar el metro, hay que caminar luego, en un sitio determinado, a un autobús... Es que yo he escogido un colegio muy lejano para mi niña, ésa es la verdad; un colegio que me gusta mucho, pero que está muy lejos... Sin embargo, yo no estoy impaciente hoy, ni cansada, y la niña lo sabe. Es ella ahora la que inicia una *caricia* tímida con su manita dentro de la mía; y por primera vez me doy cuenta de que su mano de cuatro años es igual a mi mano grande: tan decidida, tan poco suave, tan nerviosa como la mía. Sé por este contacto de su mano que le *late* el corazón al saber que empieza su vida de trabajo en la tierra, y sé que el colegio que le he buscado le gustará, porque me gusta a mí, y que aunque está tan lejos, le parecerá bien ir a buscarlo cada día, conmigo, por las calles de la ciudad... Que Dios pueda explicar el porqué de esta sensación de orgullo que nos llena y nos iguala durante todo el camino...

Con los mismos ojos ella y yo miramos el jardín del colegio, lleno de hojas de otoño y de niños y niñas con abrigos de colores distintos, con mejillas que el aire mañanero vuelve rojas, jugando, esperando la llamada a clase.

Me parece mal quedarme allí; me da vergüenza acompañar a la niña hasta última hora, como si ella no supiera *ya valerse por sí misma* en este mundo nuevo, al que yo la he traído... Y tampoco la beso, porque sé que ella en este momento no quiere. Le digo que vaya con los niños más pequeños, aquellos que se agrupan en el rincón, y nos damos la mano, como dos amigas. Sola, desde la puerta, la veo marchar, sin volver la cabeza ni por un momento. Se me ocurren cosas para ella, *un montón de* cosas que tengo que decirle, ahora que ya es mayor, que ya va al colegio, ahora que ya no la tengo en casa, a mi disposición a todas horas... Se me ocurre pensar que cada día lo que aprenda en esta casa blanca, lo que la vaya separando de mí —trabajo, amigos, ilusiones nuevas—, la irá acercando de tal modo a mi alma, que al fin no sabré dónde termina mi espíritu ni dónde empieza el suyo...

Y todo esto quizá sea falso... Todo esto que pienso y que me hace sonreír, tan tontamente, con las manos en los bolsillos de mi abrigo, con los ojos en las nubes.

Pero yo quisiera que alguien me explicase por qué cuando me voy alejando por la acera, *manchada* de sol y niebla, y siento la campana del colegio llamando a clase, por qué, digo, esa expectación *anhelante*, esa alegría, porque me imagino el aula y la ventana, y un pupitre mío pequeño, desde donde veo el jardín, y hasta veo clara, emocionantemente, dibujada en la pizarra con tiza amarilla una A grande, que es la primera letra que yo voy a aprender...

caricia: *caress*
late: palpita
ya valerse por sí misma: *take care of herself*
un montón de: *a lot of*
manchada: *spotted*
anhelante: ansiosa

Estas niñas tienen prisa por llegar al colegio.

Después de la lectura

ACTIVIDADES

A. ¿Qué dice la lectura?

Conteste las siguientes preguntas.

1. ¿Cuál es la relación entre la narradora y la niña? ¿Cómo lo sabemos?
2. ¿Podría Ud. describir el paisaje, el tiempo, la estación del año? ¿Qué importancia tienen en el cuento?
3. ¿La narradora nos cuenta las experiencias de un solo día o de varios días y salidas parecidas?
4. ¿Qué acontecimiento importante marca este día?
5. La madre dice que en sus salidas casi nunca deja de coger un taxi (ll. 14–15). Pero hoy, ¿qué medios de transporte usa para llegar al colegio de la niña? ¿Por qué?
6. ¿De qué se da cuenta la madre al recibir una caricia tímida de la niña (ll. 48–50)?
7. Al llegar al jardín del colegio, ¿cómo se separan madre e hija? Resuma la actitud de la narradora ante la separación.

B. Temas de reflexión

1. Este cuento lleva el subtítulo de "Estampa". ¿Podría Ud. explicar por qué?
2. La identificación total entre la madre y la hija, que culmina en el último párrafo, se puede observar desde el comienzo del cuento. ¿Podría Ud. mencionar algunos detalles que a través del relato muestran la estrecha unión entre la madre y la hija?

El mundo hispano

Además de una lengua, varios países de Sudamérica comparten la cordillera de los Andes. Esta cordillera, el "espinazo" de Sudamérica, se extiende 4.000 millas de largo y alcanza hasta 300 millas de ancho en algunos lugares. Los Andes pasan por todos los países hispanos del continente con la excepción de Paraguay y Uruguay. Sin embargo, las aguas que descienden desde las alturas andinas corren por el sistema fluvial Paraná-Río de la Plata. Con los Aztecas y los Mayas de Norte y Centroamérica, los Incas, originales habitantes de la sierra andina, ya tenían una cultura establecida y desarrollada cuando llegaron los primeros europeos. Hoy en día en el Perú, así como en los demás países andinos, la mayor parte de la población es mestiza y existen varios pueblos indígenas entre los altos picos y valles.

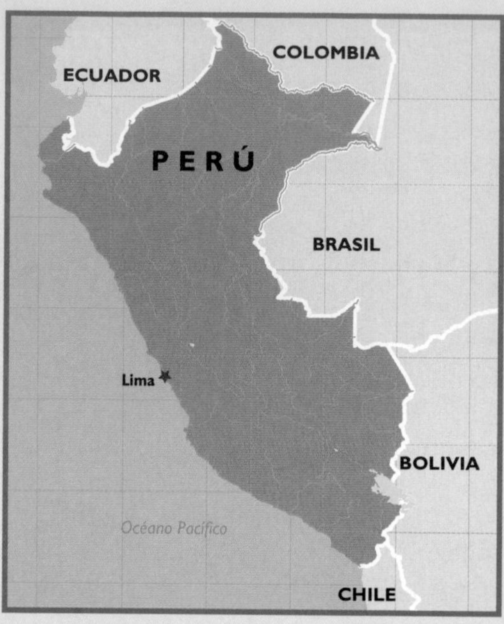

Población: 27,000,00
Capital: Lima
Moneda: el sol

Algo sobre el Perú

Machu Picchu es uno de los lugares más famosos del Perú; esta ciudad permaneció oculta durante siglos en las inmensas alturas de los Andes. En 1911 Hiram Bingham, quien participaba en una expedición arqueológica de la Universidad de Yale, llegó hasta Machu Picchu y dio a conocer esta joya arqueológica al resto del mundo. Perú es uno de los países con mayores riquezas arqueológicas. Todavía hoy, ya en el siglo XXI se siguen descubriendo nuevos yacimientos.

ACTIVIDAD

¡Charlemos!

1. Imagine que Ud. es el estudiante que descubrió la ciudadela de Machu Picchu. Escríbales un correo electrónico a sus amigos contándoles lo que acaba de ver. Piense en qué precauciones tomaría antes de hacer público su descubrimiento.
2. Hable sobre otras ciudades, lugares o edificios que Ud. conozca y que también sean patrimonio de la humanidad. ¿Qué tales sitios conocen del mundo hispano?

ACTIVIDADES

A. Puntos de vista

Conteste las siguientes preguntas.

1. ¿Cómo es el presente de las humanidades en la universidad norteamericana? ¿Cómo cree que será su futuro?
2. ¿Qué opina del sistema de calificación? ¿Qué otros métodos de evaluación sugiere Ud?
3. ¿Cuál debe ser la función primaria de una universidad?
4. ¿Cuáles son los aspectos más ventajosos de la enseñanza en esta universidad?

B. ¡Charlemos!

Hágale las siguientes preguntas a un(a) compañero(a) de clase.

1. ¿Cuál es tu opinión sobre la enseñanza estatal y la privada en este estado?
2. ¿Por qué elegiste tu carrera universitaria? ¿En qué otras carreras habías pensado?
3. ¿Cómo influyeron tus profesores de secundaria en su formación profesional? ¿y tus padres u otros familiares?
4. ¿Qué es lo que todavía recuerdas como lo mejor de tus estudios secundarios? ¿y lo peor?

EL AUTOR Y SU OBRA

Mario Vargas Llosa (1936–) escritor peruano, nació en Arequipa y fue candidato a la presidencia del Perú en 1990; actualmente es ciudadano español. Vargas Llosa es uno de los escritores del comunmente denominado "Boom latinoamericano". El "boom" fue una suerte de revolución literaria que ocurrió durante la década de los sesenta; Julio Cortázar, José Donoso, Carlos Fuentes y Gabriel García Márquez son otros escritores también adscritos al "boom". Esta generación había recibido un gran impacto de otros escritores también latinoamericanos y de fama universal: Jorge Luis Borges, Alejo Carpentier y Juan Carlos Onetti, entre otros.

La ciudad y los perros, La casa verde, y *Conversaciones en la Catedral,* son obras maestras de Vargas Llosa; menos difundidos pero no menos destacables son sus ensayos. "Cambridge y la irrealidad" pertenece a su colección de ensayos *Contra viento y marea* (1962–1982).

¿Sabía Ud. que... ?

El escritor Mario Vargas Llosa estuvo a punto de ser presidente del Perú. En las elecciones de 1990 se presentó como candidato del frente democrático (Fredemo) y Alberto Fujimori, presidente actual de Perú, lo era del partido Cambio. En el año 2000, Fujimori cumple su segundo mandato presidencial y se propone presentarse para una tercera elección presidencial. Curiosamente su ex-esposa también es candidata a la presidencia.

Estrategias para la lectura

El siguiente ensayo expone los pensamientos de su autor sobre varios aspectos de la Universidad de Cambridge y sus impresiones mientras estuvo allí. Puede resultar muy útil para la comprensión leer este tipo de ensayo por partes o "temas" —en ciertos casos un tema ocupa un párrafo, y otras veces puede ocupar un par de párrafos o más. A medida que va leyendo el ensayo la primera vez, haga un apunte en el margen para identificar el tema de cada párrafo. Luego, durante una segunda lectura, añada a sus apuntes algo para señalar lo que Vargas Llosa piensa con respecto a cada tema y asegúrese de comprender cada parte antes de proceder con la lectura de la próxima. Lea el ensayo una tercera vez, con la ayuda de sus apuntes, para asegurar la comprensión y para sentir el efecto de la lectura completa.

¡A LEER!

Cambridge y la irrealidad Mario Vargas Llosa

"Cambridge es el limbo —me habían advertido—. Te aburrirás y terminarás sintiéndote fantasma." Lo cierto es que no me he aburrido estos meses aquí, pues, como mis obligaciones eran mínimas —una clase por semana— he tenido tiempo *de sobra* para las cosas que me gustan: leer y escribir. Cada lunes a medianoche, además, durante quince semanas he podido ver o volver a ver, en un cine-club, las películas de Buñuel, y, un trimestre, aprendí muchas cosas asistiendo a un seminario sobre *novelas de caballería.*

de sobra: more than enough
novelas de caballería: novels of chivalry

Pero es cierto que he vivido este tiempo con una sensación de irrealidad. El modelo de universidad que Cambridge representa ha desaparecido o está en vías de desaparecer en el mundo (para ser reemplazado nadie sabe todavía por qué) pero aquí sigue gozando de buena salud y se diría que esta comunidad ni se ha enterado de la crisis universitaria. Muchas cosas han cambiado desde que, a mediados del sigo XIII, unos clérigos vinieron a instalarse con sus discípulos a orillas del río Cam, pero da la impresión de que al menos en dos hay una continuidad entre aquellos fundadores y sus descendientes. La primera, considerar que aquí se viene sobre todo a estudiar y a enseñar y, la segunda, en entender estas actividades más como un fin en sí mismas que como un medio. La idea de que el saber es algo desinteresado, que encuentra en su propio ejercicio su justificación, no figura en *los escudos* de Cambridge, pero parecería ser la concepción secreta que sostiene esta universidad. Síntoma de ello es, sin duda, la abundancia de disciplinas *imprácticas*, empezando por las "*divinidades*" y terminando por la formidable colección de materias clásicas, que todavía es posible estudiar en Cambridge. El *catedrático* de portugués se sorprendió mucho de que yo me sorprendiera cuando me contó, después de explicarme el programa de su cátedra, que este año sólo tenía un estudiante.

Hace unas semanas murió en Cambridge el legendario F. R. Leavis, que fue durante varias décadas el crítico literario más influyente en los países de lengua inglesa. En una polémica célebre con C. P. Snow en la que éste —literato y científico— defendió la tesis de que era preciso organizar la universidad de acuerdo a las necesidades científicas y tecnológicas de la nación, Leavis, en unos artículos de tanta vehemencia como brillo, sostuvo lo contrario. Formar los cuadros profesionales que la sociedad requiere, dijo, *debería encomendarse* a institutos y escuelas politécnicos. La función de la universidad no es utilitaria. Consiste en garantizar la perennidad de la cultura y, para ello, es indispensable preservarla como un enclave donde se estudie, se investigue y se especule *libremente*, con prescindencia del provecho tangible e inmediato que pueda resultar de ello para la sociedad. Un rumor que hacían correr, en los años de aquella polémica, los adversarios del doctor Leavis —el último crítico literario convencido de que la literatura podía mejorar el mundo— era que su universidad ideal sería aquélla donde el programa de estudios, de cualquier especialidad, tendría como *eje* los cursos de literatura y éstos, a su vez, girarían obligatoriamente en torno a la literatura inglesa.

Yo me refería a otra "irrealidad": la condición de privilegio en que *se halla* el universitario de Cambridge. Hay un profesor por cada seis alumnos y el estudiante, ahora como en el pasado, se halla inmerso en dos sistemas simultáneos e independientes: la Universidad y el *College*. La universidad le ofrece los cursos, las conferencias, las prácticas y le toma exámenes. En el *College*, que es donde vive, recibe clases individuales de "supervisores" —tantos como cursos lleva— que, a la vez que complementan su enseñanza, vigilan sus progresos. Son condiciones extraordinariamente favorables; la contrapartida es la severa exigencia: entiendo que *ser desaprobado* una vez equivale a ser expulsado.

¿Es esta exigencia la que ha mantenido apolítica a la universidad? ¿Es, simplemente, porque no tienen tiempo que los estudiantes no hacen política? Supongo que, al menos en parte, es la razón. Alguna vez *me he asomado* a los *paraninfos* donde hablaban luminarias políticas de paso. Nunca tuve dificultad en entrar y el desinterés de la gente era visible, lo que no ocurre cuando vienen estrellas intelectuales. (Por ejemplo, Karl Popper, a quien no pude escuchar porque las entradas para su charla se agotaron con dos meses de antelación.) Me dicen que incluso durante los sesenta, cuando la onda política que recorrió las universidades europeas también llegó (débilmente) a Gran Bretaña, aquí en Cambridge no se sintió y que la única vez que las organizaciones de estudiantes realizaron mítines callejeros, fue —en esos años— pidiendo más *cunas* maternales. He oído criticar el apoliticismo de Cambridge: una universidad así formaría ciudadanos incompletos. Quizá esto sea menos grave, más remediable, en todo caso, que el fenómeno contrario, el que se da en el Perú, por ejemplo, donde la universidad forma buenos militantes políticos y *nada más que eso*.

los escudos: *coats of arms*
catedrático: *tenured professor*
debería encomendarse: *should be the task of*
eje: *axis*
se halla: se encuentra
ser desaprobado: *to fail*
me he asomado: me he acercado
paraninfos: auditorios
cunas: *baby cradles*

Hay, de otro lado, el mundo de los ritos, esa tradición que, pese a todo —varios *colleges* aún se niegan a admitir mujeres—, se mantiene. Las críticas dicen que el tipo de vida que llevan aquí los estudiantes fomenta el esnobismo y el prejuicio social. ¿Es posible que, en 1978, a estos jóvenes todavía se les tienda las camas y se les sirva la comida como en un hotel de lujo? ¿Y esas togas, ceremonias y acciones de gracias en latín no son anacronismos? En una época estos ritos podían ser vistos como expresión formal de una sociedad de castas rígidamente separadas, una sola de las cuales tenía acceso a la universidad. Hoy no tienen el mismo sentido, pues Cambridge es "elitista" pero no clasista. Los estudiantes ingresan aquí por méritos intelectuales, no familiares ni sociales, y sus estudios y su vida están garantizados sea cual sea el nivel económico de sus familias. (El sistema universitario inglés es democrático; no lo es, en cambio, el escolar, donde las diferencias entre la escuela privada y la pública son profundas.) Esos ritos, aparte de tener un encanto teatral, son laicos, no tienen las implicaciones sombrías de los que acompañan a la vida *castrense* y a la religiosa, y pueden entenderse como una voluntad de ser fiel a la idea de cultura y civilización que Cambridge simboliza.

militar

Un peligro de transformar la universidad en fábrica de profesionales es que, con la desaparición de la vieja universidad se suele venir abajo una fuente de fermento y preservación de la cultura de un país, que ninguna otra institución reemplaza. En muchas partes, acabar con la universidad "elitista" *de antaño* no ha servido de gran cosa, pues la nueva sólo produce hasta ahora caos y frustración, además de títulos. Es sensato que los contribuyentes de un país acepten el sacrificio que significa una universidad como Cambridge, pues, como creía el impetuoso doctor Leavis, a la larga es el saber no utilitario, el que se adquiere y *forja* por curiosidad y placer, el más útil para un país. Un día que unos jóvenes me invitaron a cenar a Trinity College, luego de mostrarme, en el alto *refectorio,* los retratos del rollizo fundador, Enrique VIII, y de dos ex alumnos ilustres —Byron y Tennyson— distraídamente me informaron: "¿Sabía que este *College* tiene más premios Nobel que Francia?"

of the past

develops

cafetería

Después de la lectura

ACTIVIDADES

A. ¿Qué dice la lectura?

1. Explique la siguiente frase: "La idea de que el saber es algo desinteresado, que encuentra en su propio ejercicio su justificación, no figura en los escudos de Cambridge, pero parecería ser la concepción secreta que sostiene esta universidad".
2. ¿Cuáles serán las disciplinas imprácticas a las que se refiere el autor?

3. ¿Qué opina Ud. del sistema de evaluación? ¿Le parece justo que en esas condiciones de estudio el ser reprobado equivalga a ser expulsado?
4. En su opinión, ¿qué universidades norteamericanas pueden compararse con la de Cambridge?

B. Temas de reflexión

Escriba dos párrafos y coméntelos con la clase dando su opinión sobre el papel de universidades como la de Cambridge en momentos en los que la enseñanza circula por pasillos virtuales.

LECCIÓN 4

¿Cansado de pagar alquiler, o está buscando una casa nueva? Aquí en los clasificados hallará opciones.

CONDOMINIO

Cond. Suiza 118.000 $US

1 suite, 2 dormitorios, escritorio, sala-comedor, 3 baños, garaje. Hermoso condominio con seguridad y todas las comodidades.

127 Casas para la venta

Zona Trojes 290.000 $US

Área de construcción: 380 M². Área de parcela: 1.100 M². Hermosa casa de 2 plantas, consta de 1 suite, 3 dormitorios, escritorio, 3 baños, cocina empotrada, piso de cerámica, sala-comedor, amplio jardín. Garaje para 2 vehículos. Dependencia de empleada con baño independiente.

Ubicada en la calle principal de Trojes.

Av. Principal de Trojes

Colcapirhua 105.000 $US

3 dormitorios, living-comedor, 2 baños, cocina. Área de servicio, lavandería y

127 Casas para la venta

cuarto de empleada con baño incorporado. 2.500 M². Construcción de 300 M². Tiene vertiente de agua, piscina, churrasquero, 2 bombas de agua y una cancha de básquet pavimentada. Agua propia con pozo de 30 mts. de profundidad. Teléfono, persianas, lámparas y ventiladores. Corriente de 110 y 220 v.

Zona de Colcapirhua. Kilómetro 9 camino a Quillacollo.

Maryknoll "A"

Casa de dos pisos. Consta de 1 suite mas 4 dormitorios, living-comedor, comedor de diario. 3 baños. Teléfono. Escritorio. Estacionamiento para 2 autos. También tiene un departamento independiente en la parte posterior de la casa, que consta de 2 dormitorios, 1 baño, living-comedor y cocina. Dependencias de empleada con baño independiente.

Calle Jorge Washington, a media cuadra de la Plazuela Franz Tamayo

Zona de Sarco

Maryknoll "B" 115.000 $US

Casa de dos pisos. Consta de 1 suite mas 4 dormitorios, living-comedor, comedor de diario. 3 baños. Escritorio. Estacionamiento para 4 autos. También tiene un departamento independiente en la parte posterior de la casa, que consta de 2 dormitorios, 1 baño, living-comedor y cocina. Dependencias de empleada con baño independiente.

Calle Teófilo Vargas, detrás del Colegio Maryknoll

Zona Sarco 1 75.000 $US

Casa de dos plantas. 1 suite, 2 dormitorios mas servicio, sala de estar, living-comedor, comedor de diario, 2 baños, cocina con cajonería de lujo,

127 Casas para la venta

la planta alta alfombras de lujo. Garaje para 2 autos. Jardín con parrillero.

Depósito y dependencias de empleada con baño independiente.

Calle Tocopilla, entre la Melchor Pérez de Olguín y Avenida Juan de la Rosa.

Zona Sarco 2 87.000 $US

Hermosas casas de 4 habitaciones, 2 baños, escritorio, cocina empotrada con cocina, piso de cerámica, 2 puestos de estacionamiento, living-comedor, amplios jardines. Dependencia de empleada con baño independiente.

Entre calle Achumani y Araona

Zona Sarco 3 88.000 $US

2 dormitorios alfombrados y roperos empotrados, living-comedor, 1 baño, cocina. Área de servicio con lavandería y cuarto de empleada con baño incorporado. Incluye parqueo propio.

Av. Ramón Rivero, frente al Parque Ecológico.

Casa Simón López 170.000 $US

Área de construcción: 320 M². Área de parcela: 600 M², 1 suite, 3 dormitorios, 3 baños, cocina empotrada, piso de cerámica, sala-comedor, amplio jardín con piscina atemperada, parrillero y cabaña de Jatata. Garaje para 2 vehículos. Dependencia de empleada con baño independiente.

Calle Baptista, cerca a la Av. Melchor Pérez de Olguín y la Av. Simón López.

Zona Sarco 4 53.000 $US

Casa de una planta. 3 dormitorios, sala de estar, living-comedor, 1 baño, cocina. Garaje para 2 autos. Jardín. Depósito y dependencias de empleada con baño independiente. Depósito y tanque de agua de 500 litros, incluye bomba eléctrica. Lote de 330 M². Construcción de 150 M².

127 Casas para la venta

Calle Ayllu cerca al cruce de la Juan de la Rosa y la América Oeste.

Zona Vinto 140.000 $US

Área de 34.000 M². Incluye una casa de dos dormitorios, con baño, sala de estar, comedor y cocina. Tiene un galpón para cría de unos 500 chanchos con bebederos. Un corral para vacas. Un galpón cubierto con calaminas de aproximadamente 200 M². Estanque de agua de 200 M³. 4 pozos de agua semiprofundos. Uno de hierro de 60 metros de profundidad y 4' diámetro.

Hacienda San Rafael ubicada en el kilómetro 22 camino a Oruro, zona de Viloma. Entrando 100 metros de la carretera.

Casa Normal católica 140.000 $US

Hermosa casa de 3 plantas consta de una suite, 3 dormitorios, escritorio, 3 baños, cocina empotrada, piso de cerámica, sala-comedor. Altillo con amplia vista panorámica. Amplio jardín. Garaje para 3 vehículos.

Calle Baptista, cerca a la Av. Melchor Pérez de Olguín y la Av. Simón López.

Barrio Profesional 140.000 $US

Área terreno de 600 M². Área de construcción de 300 M². 1 Suite con baño y 3 dormitorios con roperos empotrados, Sala de estar en la planta alta. Living-comedor, 2 baños, 2 cocinas. Área de servicio con lavandería y cuarto de empleada con baño incorporado. Planta alta con piso de parquet y la planta baja en mármol. Churrasquero. Incluye parqueo cubierto para un auto y dos descubiertos.

Calle Nicasio Gutiérrez, a una cuadra al norte de la América Oeste. Zona Sarcobamba.

La Nación 12/99

En familia

Una de las diferencias más palpables entre la sociedad hispana y la norteamericana es la edad a la que se independizan los jóvenes. En los países hispanos lo más frecuente es que los hijos vivan en casa de sus padres hasta después de acabar la carrera universitaria. También, lo más común es que, dentro de las ciudades, las familias vivan en pisos o apartamentos. Las dimensiones de las viviendas varían mucho; una familia de tamaño medio (matrimonio y dos o tres hijos) tendrá un piso de dos o tres dormitorios, salón/comedor, dos baños, cocina, pequeño recibidor y terraza o galería a la calle.

Tradicionalmente, el mantenimiento de la casa corre a cargo de la madre de familia, y los hijos tienen relativamente pocas obligaciones dentro de la misma. A un norteamericano le sorprenderá saber que los hijos de estas familias, incluso en edad universitaria, reciben semanal o mensualmente su "paga" y no se espera que contribuyan a sufragar sus propios gastos económicos. Como disculpa para esta "cómoda" situación se puede alegar la elevadísima tasa de desempleo en los países hispanos. Pero quizá... esa no sea una buena disculpa.

ACTIVIDADES

A. Puntos de vista

Discuta con un(a) compañero(a) de clase las ventajas y desventajas de vivir en casa de los padres y de depender económicamente de ellos.

B. ¡Charlemos!

Imagine que va a pasar Ud. uno o dos años en Bolivia. Lea con atención los anuncios de alquiler de viviendas en la sección de "Anuncios clasificados" de la página a la izquierda, elija una que le guste e intente negociar las siguientes condiciones de alquiler con el dueño de la misma: precio mensual, fianza, animales domésticos en casa, gastos de agua, gas y luz, servicio de recogida de basura, estancia de invitados por un largo tiempo, subalquiler de la vivienda y renovación de contrato.

SITUACIÓN

Preguntas personales

Ud. desea alquilar una habitación y se encuentra delante del (de la) propietario(a) que, muy indiscreto(a), le hace muchísimas preguntas. Conteste sin miedo y decida si verdaderamente desea arrendar una habitación en la casa de una persona tan fastidiosa.

Prepárese a leer

VOCABULARIO

Para hablar de los problemas familiares

al fin y al cabo *in the end; after all*
el alquiler *the rent*
la conducta *behavior*
después de la tormenta viene el sol/la calma *after the storm the sun comes up/all is quiet*
los hijos *children*
- **alcanzar la edad** *to reach the age*
- **atreverse a** *to dare*
- **correr un peligro** *to run the risk, to be in danger*
- **derrochar; derrochador(a)** *to waste, to squander; squanderer, spendthrift*
- **desdeñar** *to disdain, to scorn*
- **detestar** *to detest, to hate*
- **irritarse por** *to become irritated by*
- **soportar** *to bear, to stand, to tolerate*
- **tender a** *to tend to*
- **trasnochar; trasnochador(a)** *to stay up all night; one who parties all night*

los padres *parents*
- **apoyar** *to support*
- **educar** *to raise, to bring up*
- **inquietarse/preocuparse** *to worry*
- **perder el sueño** *to lose sleep*

el sonido atronador *thundering sound*
uno de cada tres *one out of three*

ACTIVIDAD

¡Charlemos!

Pregúntele a su compañero(a).

1. ¿Cómo fueron las relaciones con tus padres mientras vivías con ellos? ¿Se irritaban si llegabas tarde? ¿Pensaban que eras ordenado(a) o desordenado(a)? ¿responsable o irresponsable? ¿ahorrativo(a) o derrochador(a)?
2. ¿Tenían tus padres muchas exigencias? ¿Cuáles? ¿Piensas que tenían razón?
3. ¿Cuál es para ti la familia ideal? ¿Qué admiras de la vida familiar de tus mejores amigos? ¿Qué piensas de las familias formadas con parejas homosexuales e hijos adoptados?

Estrategias para la lectura

Observe el tono medio resignado y medio crítico del siguiente artículo. Fíjese en cómo pasa del distanciamiento a la personalización: en el primer párrafo, el articulista atribuye las quejas a sus amigos, y en el segundo, se incluye a sí mismo como parte de un posesivo de primera persona pero en plural "me pregunto cómo serán *nuestros* hijos".

Vea cómo comienza cada uno de los párrafos: Nuestros hijos/Me pregunto/Imagino/La conducta de los hijos/Tal vez. Si Ud. cambiara "me pregunto/imagino/tal vez" por otros verbos y adverbios, el resultado sería diferente. ¡Inténtelo después de haber hecho la lectura!

¡A LEER!

El artículo "Gustos" apareció en el periódico *El País* de Madrid. Pertenece a una columna que presenta diariamente comentarios sobre la vida actual. El artículo que vamos a leer es sobre la conducta de los jóvenes de hoy.

Recuerde Ud. que:

Los padres *(parents)* se refiere al padre y a la madre.
Los hijos *(children)* se refiere a los niños y niñas de la familia.

Gustos Ignacio Carrión

Nuestros hijos —comentan mis amigos— se irritan si nos preocupamos por ellos. No soportan que perdamos el sueño cuando llegan al *amanecer*. Ni que nos inquieten los peligros que corren. Ni que anticipemos los problemas que, la mayoría de las veces, se van a producir. Detestan el valor práctico de la experiencia *ajena*. Al fin y al cabo observan con pesar que una de cada tres parejas es un *fracaso* matrimonial. Nos prefieren sumisos a una causa sin propósito definido y dispuestos a apoyar un estilo de vida común, exageradamente consumista.

Me pregunto cómo serán nuestros hijos cuando les toque ser padres y, más aún, cómo serán sus hijos cuando alcancen la edad que ahora tienen los nuestros. ¿Seguirán trasnochando hasta la madrugada? ¿Desdeñarán el sol y el ejercicio físico durante el verano si no los acompaña el sonido atronador de los grupos musicales?

Imagino que después de la tormenta vendrá la calma, y la generación siguiente reaccionará contra los gustos de hoy no porque sean malos, sino porque no son los que los promotores de gustos de moda consideran *vendibles*.

La conducta de los hijos tiende siempre a ser la opuesta a la conducta de los padres, quienes, *a su vez*, reaccionamos en su momento contra la de nuestros *progenitores*.

Tal vez los hijos de nuestros hijos serán ordenados. No perderán cosas. Amarán el silencio. Serán mas deportistas y menos derrochadores. Dormirán de noche y estarán despiertos de día. Y no *regañarán* a sus padres —aunque quizá la *emprendan* con sus abuelos— si éstos se atreven a dar una opinión adversa o a negarles algo cuando es imposible acceder a todo.

madrugada
de otra persona
failure
que se pueden vender
in turn
padres
discutirán
discutan

ACTIVIDADES

A. ¿Qué dice la lectura?

Conteste las siguientes preguntas.

1. En el primer párrafo del artículo "Gustos" el periodista nos da los comentarios de sus amigos sobre los hijos. ¿Cuáles son estos comentarios?
2. ¿Qué preguntas se hace a sí mismo el periodista en el segundo párrafo?
3. ¿Por qué piensa el columnista que después de la tormenta vendrá la calma? ¿Está Ud. de acuerdo con él? ¿Por qué sí? ¿Por qué no?
4. ¿Cuál es la esperanza final del columnista?

B. ¡Charlemos!

Pregúntele a su compañero(a).

1. ¿Cómo deseas que sean tus hijos cuando tú seas madre o padre? ¿Les permitirás que trasnochen hasta la madrugada o les exigirás que lleguen a la casa a una hora determinada? ¿Por qué?
2. Cuando tus hijos sean adolescentes, ¿te gustaría que trabajaran para que aprendieran lo que es ganarse la vida o preferirías que se dedicaran primero a sus estudios?
3. En tu opinión, ¿de qué manera podrían minimizarse los conflictos generacionales?
4. Además de las discrepancias familiares, si esta institución continúa existiendo por algo será. ¿Cuáles son los beneficios de vivir en familia?

SITUACIÓN

¡Ya es muy tarde!

Son las cinco de la mañana. Ud. ha trasnochado. Al entrar en su casa se encuentra con su padre, su madre o su esposo(a) que, esperando por Ud., ha perdido el sueño. Ahora quiere hablarle, pero Ud. no soporta que su padre (su madre, su esposo[a]) le diga lo que tiene que hacer. Con mucho dramatismo, inventen un buen diálogo. Y sobre todo, ¡que sea muy realista!

Humor

Un chiste de la revista *Selecciones.*

Traidora

Un adolescente, dirigiéndose a la empleada de su casa:

—¡Me prometió usted no decirle a mi mamá a qué hora llegué ayer!

—Yo no le dije nada, joven —replica la mujer—. Su mamá me lo preguntó y yo le contesté que estaba tan ocupada preparando el desayuno, que no me fijé en la hora.

Siguiendo el modelo del chiste, escriban en grupos de dos o tres una escena familiar para presentarla en clase. Recuerden que la familia hispana es muy grande. Padres, hijos, tíos, padrinos, compadres, todos están siempre dispuestos a intervenir en los asuntos familiares.

Prepárese a leer

VOCABULARIO

Para hablar del miedo maternal

la golondrina *swallow (bird)*
 bajar hasta la estera *to go down to the (door)mat*
 hacer el nido *to make a nest*
 volar en el cielo *to fly in the sky*
jugar *to play (a game or a sport)*
mecer(se) *to rock (in a chair)*
peinar(se) *to comb (oneself)*
la princesa *princess*
la reina *queen*
 ponerla en un trono *to put her on a throne*
los zapatos de oro *golden shoes*

LA AUTORA Y SU OBRA

Gabriela Mistral (1889–1957) fue una poeta chilena. En 1945 recibió el Premio Nóbel de Literatura. Su poesía posee un humanismo apasionado, un intenso poder emocional y una gran fuerza lírica. Su tema es el amor y todos sus poemas son variaciones de la misma idea: el amor universal a Dios, a la naturaleza, a los niños, a los pobres. Escribió los libros *Desolación* —su obra mas importante—, *Ternura, Tala* y *Lagar.*

En la selección que sigue, Ud. leerá un poema sobre las grandes preocupaciones de las madres.

Estrategias para la lectura

1. ¿Qué sugiere el título del poema?
2. Observe el uso de tiempos verbales (presente de indicativo/presente de subjuntivo) para expresar el temor a vivir en lo incierto (presente de subjuntivo) y el temor a perder lo que se conoce (presente de indicativo).
3. Fíjese en el uso de sustantivos pertenecientes al ámbito familiar (estera, alero, peinar, zapatitos, acostarse, mecer) y el contraste con los sustantivos referidos a lo alejado de este ámbito (princesa, reina, trono).

¡A LEER!

Miedo Gabriela Mistral

Yo no quiero que a mi niña
golondrina me la vuelvan.
Se hunde volando en el cielo
y no baja hasta mi estera;
en el *alero* hace nido
y mis manos no la peinan.
Yo no quiero que a mi niña
golondrina me la vuelvan.

Yo no quiero que a mi niña
la vayan a hacer princesa.
Con zapatitos de oro
¿cómo juega en las *praderas*?
Y cuando llegue la noche
a mi lado no se acuesta...
Yo no quiero que a mi niña
la vayan a hacer princesa.

Y menos quiero que un día
me la vayan a hacer reina.
La pondrían en un trono
a donde mis pies no llegan.
Cuando viniese la noche
yo no podría mecerla...
¡Yo no quiero que a mi niña
me la vayan a hacer reina!

Se mete
eaves
meadows

Después de la lectura

ACTIVIDADES

A. ¿Qué dice la lectura?

Conteste las siguientes preguntas.

1. ¿Quién habla en el poema? ¿Por qué dice que no quiere que a su hija la conviertan en golondrina?
2. ¿Qué piensa la madre que pasará si a su hija la hacen princesa? ¿Cómo interpreta Ud. los versos: "La pondrían en un trono a donde mis pies no llegan" (vv. 19–20)? ¿Qué nos dicen sobre la madre estos versos?
3. ¿Cuáles son las repeticiones que se encuentran en el poema? ¿Cree Ud. que el poema se parece a un rezo *(prayer)*? Explique su respuesta.
4. En cada estrofa, ¿qué es lo que la madre no podrá hacer o qué teme realmente?

B. Temas de reflexión

1. Imagínese el escenario del poema. ¿Dónde estarán madre e hija? ¿Qué sucesos habrán ocasionado estas palabras?
2. ¿Qué relación (o semejanza) hay entre los miedos expresados por la voz poética y los miedos de una madre en la realidad cotidiana?

Prepárese a leer

VOCABULARIO

Para hablar de la igualdad de los sexos

la conscripción *military draft*
prestar (un) servicio *to fulfill a need; to serve*
el cuartel *barracks*
combatir en el frente de guerra *to fight at the war front*
la custodia de los niños *custody of the children*
el embarazo *pregnancy*
dar trastornos *to cause trouble*
quedarse en cama *to stay in bed*
la hembra *female (mostly used for animals)*
travieso(a) *mischievous*
la igualdad ante la ley *legal equality*
la jubilación; jubilarse *retirement; to retire*
¡No faltaba más! *That's the limit! What an idea!*
por lo demás *as for the rest; besides*
por si acaso *just in case*
el privilegio *privilege*
comprobar *to prove*
sostener *to support (financially)*
el salario *wages*
el servicio militar *military service*
el varón *male*

ACTIVIDAD

Puntos de vista

Seleccione uno de los cinco temas y con tres o cuatro compañeros intercambien ideas. Después informen a la clase.

1. ¿Creen Uds. que todavía hay discriminación sexual en los Estados Unidos? Si piensan afirmativamente, ¿cómo se manifiesta esta discriminación? ¿En qué ocasiones?
2. ¿Piensan Uds. que, en caso de divorcio, el hombre tiene el mismo derecho que la mujer en la custodia de los hijos? ¿Por qué?
3. ¿Qué cualidades o defectos se atribuyen como típicos de los hombres y cuáles como típicos de las mujeres?
4. ¿Qué derechos consiguió la mujer o el hombre en el siglo XX?
5. En caso de guerra, ¿quiénes deben combatir en el frente, hombres o mujeres? ¿Por qué?

¿Sabía Ud. que... ?

La edad para casarse de la mujer y del hombre hispánicos difiere en unos cuatro a seis años. Se espera que el hombre al casarse tenga ya una posición económica estable para poder mantener el hogar, mientras que la mujer puede comenzar a pensar en el matrimonio al graduarse de la escuela secundaria.

En la mayoría de los países hispánicos, en casos de divorcio, la custodia de los hijos menores de seis o siete años la tiene la mujer. Si los niños son mayores de siete años, generalmente las jóvenes se quedan con la madre; el padre se hará cargo de los niños varones. Las leyes, sin embargo, están cambiando y en muchos casos son los ex-cónyuges los que deciden de mutuo acuerdo lo que mejor conviene a los hijos.

Estrategias para la lectura

El autor del siguiente artículo usa la exageración para que su artículo resulte cómico. El punto de vista es irónico pues, a pesar de que el artículo se titula "Viva la igualdad de los sexos", en realidad Daniel Samper lleva la situación a tal extremo que acaba defendiendo justamente lo contrario. Esta forma de jugar con las palabras y la formulación de ideas es muy útil en asuntos sociales y políticos.

¡A LEER!

«¡Viva la igualdad de los sexos!» apareció en el libro *A mí que me esculquen*[1] escrito por el periodista colombiano Daniel Samper. El libro recopila una serie de artículos satíricos y humorísticos sobre temas de actualidad en Colombia. Mientras Ud. lee, fíjese cómo exagera los hechos el periodista para lograr el humor.

[1]Idiomatic expression meaning *"You can search me (I'm innocent)."*

Cuando yo hablo de igualdad, hablo de igualdad-igualdad.

¡Viva la igualdad de los sexos!

Daniel Samper

Estoy totalmente de acuerdo con la igualdad del hombre y la mujer y me parece que hay que apoyar enérgicamente las ideas que en tal sentido vienen a exponer las feministas. Es más: yo creo que muchas de las liberacionistas femeninas se quedan cortas en sus peticiones de igualdad. Modestia aparte, yo no. Cuando yo hablo de igualdad hablo de... bueno, de igualdad-igualdad.

Y me parece que, para acabar con esa odiosa discriminación sexual que *consagran* la Constitución, las leyes y la sociedad, el primer paso hacia la igualdad de la mujer y del hombre es llevar a las mujeres al cuartel. Sí. Que presten servicio militar, como los hombres. Igualdad es igualdad. Además, la edad para casarse será la misma del hombre. Nada de que el hombre tenga que esperar más tiempo. Tampoco se le entregará a ella la custodia de los niños menores de siete años en caso de separación matrimonial: una semana el uno, una semana el otro. Igualdad es igualdad. Y, en el mismo evento, si ella está ganando mejor sueldo que el marido, será la mujer quien le pase dinero para alimentos y lo sostenga, lo mismo que a los hijos. Lo otro no sería igualdad.

autorizan

Y que se acaben los privilegios *motivo* embarazo. La ciencia ha comprobado que al futuro padre le dan trastornos y sufre, y se preocupa, y anda angustiado para ver cómo *se levanta la plata* para la clínica. Es justo que él también tenga sus descansos. O que ella trabaje como él. Y después de nacer el niño, nada de que la señora se quede en casa muy *sabroso* durante tres meses mientras uno *suda* en la oficina. Mes y medio para ella y mes y medio para él. Por otra parte, o la mujer se jubila a los cincuenta y cinco años, como lo hace el hombre según la ley, o se establecen los cincuenta años para todos. No faltaba más. Igualdad es igualdad.

por razones de

se consigue dinero

cozily / trabaja

Por lo demás, hay que extender la igualdad al deporte. Hasta ahora los *lanzamientos* femeninos de disco, *jabalina* y *bala* se practican con objetos más *livianos*. Ya no más. En adelante, o livianos para todos, o pesados para todos. Y ya es hora de que ellas empiecen a correr la maratón. Nada de que la mayor distancia para atletismo femenino sea los 1.500 metros. Y se acaba el *softball*, por si acaso, para que las mujeres se dediquen al béisbol como los hombres.

throwing / javelin / shot put

light

Además, punto final a esa discriminatoria costumbre de que en las ocasiones de peligro hay que salvar primero a mujeres y niños. Los niños, pase. Pero las mujeres tendrán que pelear por su vida como cualquier varón, lo mismo en un incendio que en *el puesto* de un bus. Igualdad es igualdad, ¿o no?

seat

Después de la lectura

ACTIVIDADES

A. ¿Qué dice la lectura?

Conteste las siguientes preguntas.

1. Según el escritor, ¿en qué se quedan cortas las liberacionistas femeninas?
2. ¿Qué cambios establecería el autor para acabar con la discriminación sexual en el mundo hispánico? ¿Cómo cambiaría el servicio militar en Colombia? ¿la edad para casarse? ¿la custodia de los hijos en caso de separación matrimonial?
3. ¿Por qué debe merecer el hombre un tratamiento igual durante y después del embarazo?
4. ¿Qué se debe hacer para extender la igualdad al deporte? ¿a las ocasiones de peligro?

B. Temas de reflexión

1. ¿Cómo describiría Ud. el tono del artículo de Samper? ¿Es serio? ¿travieso? ¿satírico? ¿Qué palabras o expresiones le hacen pensar así?
2. Si lográramos la igualdad absoluta entre los sexos, ¿qué otros cambios, además de los que menciona el autor, veríamos en la sociedad? ¿Cree Ud. que la igualdad absoluta es una meta hacia la cual debemos progresar?

C. Debate

Discuta con sus compañeros de clase los siguientes temas que han sido muy polémicos.

1. La mujer, al igual que el hombre, debe participar en la conscripción y combatir en el frente en caso de guerra.
2. El padre debe recibir la custodia de los niños en caso de divorcio.
3. Tanto hombres como mujeres deben tener privilegios durante el embarazo.
4. Las mujeres deben competir de igual a igual con los hombres en los deportes.

Prepárese a leer

VOCABULARIO

Para hablar de la casa

la alfombra *rug, carpet*
la azotea *flat roof*
el baño *bathroom*

el cajón *drawer*
acomodar/guardar la ropa *to put away the clothes*

la cocina *kitchen*
hornear pan *to bake bread*
el comedor *dining room*
el cuarto de lavar y planchar *laundry room*
la escalera de piedra *stone stairway*
de caracol *spiral stairway*
correr escaleras arriba/abajo *to run up/down the stairs*
de aquí para allá *all over the place*
rodar por las escaleras *to fall down the stairs*
subir/bajar *to go up/to go (come) down*
el garaje *garage*
el piso de mosaico *tile floor*
la recámara/el dormitorio *bedroom*
dormir *to sleep*
tenderse en la cama *to lay in bed*
la reja *railing; grille; gate*
la sala *living room*
el suceso *event, happening*
la tina/bañera *tub*
bañarse *to take a bath*
el ventanal *large window*
abrir/cerrar *to open/to close*
el vestidor *closet; dressing room*
colgar los vestidos *to hang up clothes*

ACTIVIDAD

¡Charlemos!

Cuéntele a su compañero(a) lo que recuerda de la casa de su infancia. ¿Le gustaba? ¿Estaba en el campo o en la ciudad? ¿Tenía un dormitorio para Ud. solo(a) o lo compartía con sus hermanos? Describa su habitación y cómo se sentía en ella.

LA AUTORA Y SU OBRA

Silvia Molina (1946–), mexicana, piensa que su quehacer literario parece estar marcado por las ausencias de su vida: *La mañana debe seguir gris* (1977), Premio Villaurrutia, es una historia de amor que culmina con la aceptación de una ausencia. La ausencia del mar y de la ciudad de Campeche en su vida la llevaron a escribir *Ascensión Tun* (1981).

Otro de sus libros, *Leyendo en la tortuga* (1981), es una recopilación de textos que presentan a este animal en el arte, la mitología, la cosmogonía, la religión, la magia y la literatura, entre otras disciplinas.

Estrategias para la lectura

La siguiente narración, en primera persona, relata la dramática decepción de una experiencia que tuvo en la infancia. Observe lo siguiente.

1. La apariencia autobiográfica del relato.
2. Los cambios de registro en la voz de la narradora: a veces habla como una mujer adulta y a veces habla como una pequeña colegiala.
3. Observe cómo se logra darle un tono dramático y cruel en las cuatro últimas líneas de la historia, particularmente con la última frase.

¿Sabía Ud. que... ?

Anzures es una colonia residencial (suburbio) de la Ciudad de México. Hay avenidas muy amplias y tiene calles que, al dar la vuelta, llegan a esas avenidas. Está llena de árboles y queda relativamente cerca de las zonas más céntricas de la ciudad.

¡A LEER!

La casa nueva Silvia Molina

Claro que no creo en la suerte, mamá. Ya está usted como mi papá. No me diga que fue un *soñador*; era un enfermo —con el perdón de usted. ¿Qué otra cosa? Para mí, la fortuna está ahí o de plano no está. Nada de que nos vamos a *sacar* la lotería. ¿Cuál lotería? No, mamá. La vida no es ninguna ilusión, es la vida *y se acabó.* Está bueno para los niños que creen en todo: "Te voy a comprar la camita", y de tanto esperar, pues se van olvidando. Aunque le diré, a veces, pasa el tiempo y uno se niega a olvidar ciertas promesas; como aquella tarde en que mi papá me llevó a ver la casa nueva de la colonia Anzures.

El *trayecto* en el *camión* desde la San Rafael me pareció diferente, mamá. Como si fuera otro... Me iba fijando en los árboles —se llaman *fresnos*, insistía él—, en los *camellones repletos* de flores anaranjadas y amarillas —son *girasoles* y *margaritas*— me instruía.

Miles de veces habíamos recorrido Melchor Ocampo, pero nunca hasta Gutenberg. La amplitud y la limpieza de las calles me gustaba cada vez más. No quería recordar la San Rafael, tan triste y tan vieja: "No está sucia, son los años", *repelaba* usted siempre, mamá. ¿Se acuerda? Tampoco quería pensar en nuestra *privada* sin intimidad y sin agua.

Mi papá se detuvo antes de entrar y me preguntó:

—¿Qué te parece? Un sueño, ¿verdad?

Tenía la reja blanca, recién pintada. A través de ella vi por primera vez la casa nueva... La cuidaba un hombre uniformado. *Se me hizo tan... igual* que cuando usted compra una *tela*: olor a nuevo, a fresco, *a ganas* de sentirla...

Abrí bien los ojos, mamá. Él me llevaba de aquí para allá de la mano. Cuando subimos me dijo: "Ésta va a ser tu recámara". *Había inflado el pecho* y hasta parecía que se le cortaba la voz por la emoción. Para mí solita, pensé. Ya no tendría que dormir con mis hermanos. Apenas abrí una puerta, él se apresuró: "Para que guardes la ropa". Y la verdad, la puse allí, muy *acomodadita* en las *tablas*, y mis tres vestidos colgados; y mis tesoros en aquellos cajones. *Me dieron ganas* de saltar en la cama del gusto, pero él me detuvo y abrió la otra puerta; "Mira", murmuró, "un baño". Y yo me tendí con el pensamiento en aquella tina inmensa, *suelto* mi cuerpo para que el agua lo *arrullara*.

Luego me enseñó su recámara, su baño, su vestidor. *Se enrollaba* el bigote como cuando estaba ansioso. Y yo, mamá, *la sospeché enlazada* a él en esa camota *—no se parecía* en nada a la suya—, en la que harían sus cosas, sin que sus hijos escucháramos. Después salió usted, recién bañada, *olorosa* a durazno,

- *dreamer*
- ganar
- es todo
- viaje / *bus*
- *ash trees*
- *beds* / llenos /
- *sunflowers* / *daisies*
- insistía
- barrio
- *It was so... / just like*
- material / con deseo de
- Se sentía orgulloso
- bien arreglada
- *boards*
- Tenía deseos
- libre / acariciara
- *He twisted*
- la imaginé unida
- no era similar
- con fragancia

a manzana, a limpio. Contenta, mamá, muy contenta de haberlo abrazado a solas, sin la perturbación ni los *lloridos* de mis hermanos.

Pasamos por el cuarto de las niñas, rosa como sus *cachetes* y las camitas *gemelas*; y luego, mamá, por el cuarto de los niños que "ya verás, acá van a poner los cochecitos y los soldados". Anduvimos por la sala porque tenía sala; y por el comedor y por la cocina y el cuarto de lavar y planchar. Me subió hasta la azotea y me bajó de prisa porque "tienes que ver el cuarto para mi *restirador*". Y lo *encerré* para que hiciera sus dibujos, sin gritos ni peleas, sin niños cállense que su papá está trabajando, que *se quema las pestañas* de dibujante para darnos de comer.

No quería irme de allí nunca, mamá. Aun encerrada viviría feliz. Esperaría a que llegaran ustedes, miraría las paredes *lisitas*, me sentaría en los pisos de mosaico, en las alfombras, en la sala *acojinada*; me bañaría en cada uno de los baños; subiría y bajaría cientos, miles de veces la escalera de piedra y la de caracol; hornearía muchos panes para *saborearlos* despacito, en el comedor. Allí esperaría la llegada de usted, mamá; la de Anita, de Rebe, de Gonza, del bebé. Y mientras, también, escribiría una composición para la escuela:

> *La casa nueva*
> **En esta casa, mi familia va a ser feliz. Mi mamá no se volverá a quejar de la *mugre* en que vivimos. Mi papá no irá a la cantina; llegará temprano a dibujar. Yo voy a tener mi cuarto, mío, para mí solita. Y mis hermanos...**

No sé *qué me dio por soltarme* de su mano, mamá. Corrí escaleras arriba, a mi recámara, a verla otra vez, a mirar bien los muebles y su gran ventanal; y toqué la cama para estar segura de que no era una de tantas promesas de mi papá, que allí estaba todo tan real como yo misma, cuando el hombre uniformado me ordenó:

—Bájate, vamos a cerrar.

Casi ruedo las escaleras, el corazón se me salía por la boca:

—¿Cómo que van a cerrar, papá? ¿No es ésa mi recámara?

Ni con el tiempo he podido olvidar: que iba a ser nuestra *cuando se hiciera la rifa*.

lloridos: gritos y lágrimas
cachetes: mejillas
gemelas: twin
restirador: mesa de trabajo
encerré: locked up
se quema las pestañas: trabaja mucho
lisitas: sencillas
acojinada: con almohadas
saborearlos: disfrutarlos
mugre: suciedad
qué me dio por soltarme: por qué me separé
cuando se hiciera la rifa: *at the time of the raffle*

Después de la lectura

ACTIVIDADES

A. ¿Qué dice la lectura?

Complete la oración de acuerdo con la lectura.

1. La persona que cuenta la historia...
   a. cree que la vida es una ilusión.
   b. cree en la lotería.
   c. no cree en promesas ilusorias.

2. Cuando era niña, la persona que relata el cuento...
   a. vivía en un barrio pobre, en la colonia San Rafael.
   b. vivía en la colonia Anzures.
   c. vivía en la calle Melchor Ocampo.
3. La niña vio que la casa nueva...
   a. no tenía intimidad.
   b. todavía no tenía una reja.
   c. tenía una reja blanca.
4. Cuando el padre le mostró a la niña su recámara, ella pensó que...
   a. era muy pequeña.
   b. ya no tendría que dormir con sus hermanos.
   c. su padre era un soñador.
5. La casa tenía...
   a. tres dormitorios.
   b. dos dormitorios.
   c. cuatro dormitorios.
6. La niña sintió una gran desilusión cuando...
   a. su padre la llevó de la mano a la azotea.
   b. un hombre uniformado le abrió la puerta.
   c. se dio cuenta de que la casa iba a ser de ellos sólo si el padre ganaba la rifa.

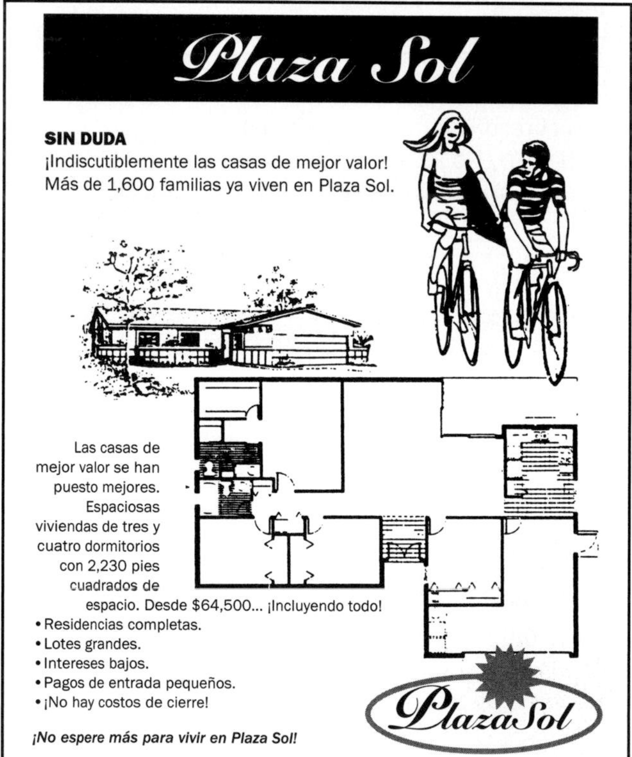

Plaza Sol
SIN DUDA
¡Indiscutiblemente las casas de mejor valor!
Más de 1,600 familias ya viven en Plaza Sol.
Las casas de mejor valor se han puesto mejores. Espaciosas viviendas de tres y cuatro dormitorios con 2,230 pies cuadrados de espacio. Desde $64,500... ¡Incluyendo todo!
• Residencias completas.
• Lotes grandes.
• Intereses bajos.
• Pagos de entrada pequeños.
• ¡No hay costos de cierre!
¡No espere más para vivir en Plaza Sol!
PlazaSol

B. La casa ideal

Con un(a) compañero(a), lea este aviso para casas de construcción nueva.

1. Observen con atención el plano y la descripción.
2. Copien el plano en otro papel y escriban los nombres de las habitaciones en el plano, según sus preferencias.
3. Ahora preparen el plano de una casa ideal y escriban un párrafo explicando cómo sería esa casa y qué facilidades tendría.

C. ¡Charlemos!

Todos recordamos las grandes ilusiones y desilusiones de nuestra infancia. Cuéntele a un(a) compañero(a) de clase alguna desilusión que haya tenido cuando era niño(a). Después, su compañero(a) informará a la clase.

HUMOR

Con un(a) compañero(a) de clase, observe el siguiente dibujo y juntos describan el aspecto físico de los padres y de los hijos, la ropa que llevan, la sorpresa de uno de los esposos, etc.

—Esta es la señora que ocupaba la cama contigua a la mía en la maternidad.

El mundo hispano

Entre todos los países de habla hispana, los únicos que no tienen costa son Paraguay y Bolivia. En Bolivia, las dos cadenas de montañas forman los bordes del segundo altiplano más alto del mundo con apreciables poblaciones después de Tibet. La Paz es la capital más alta del mundo. A través de los años, las altas cordilleras de Sudamérica se han visto como obstáculos a la comunicación y al transporte y sus volcanes activos siguen amenazando a los habitantes de las sierras y de los altiplanos. Sin embargo, sus grandes depósitos de oro, de plata, de cobre y de otros metales y minerales, hacen del continente una de las zonas mineras más importantes del mundo.

Población:	8.361.000 habitantes
Capital judicial:	Sucre
Capital administrativa:	La Paz
Moneda:	el bolívar o el boliviano

Algo sobre Bolivia

Bolivia es el único país latinoamericano con dos capitales: Sucre y La Paz. Otros datos que también hacen de Bolivia un país único son: su geografía, su población y su historia. El lago Titicaca, situado en el altiplano, es el lago navegable más alto del mundo y las minas de plata de Potosí fueron consideradas las más ricas del mundo. Casi la mitad de la población es de origen quechua (25%) y aymará (17%); aunque el español es la lengua oficial de Bolivia, ésta es hablada como lengua materna sólo por el 36% de la población. El aymará, el quechua y el guaraní son las tres lenguas amerindias habladas en Bolivia.

Puede llamar la atención el hecho de que Bolivia tenga una marina mercante a pesar de no ser un país costero, pero esto se explica por su constante pugna con Chile para conseguir una salida al Océano Pacífico. Simón Bolívar permitió al general Antonio José de Sucre la formación temporal de Bolivia, como país, separando este territorio del antiguo Perú. En la Guerra del Pacífico (o del salitre) contra Chile, 1879–83, Bolivia perdió su costa.

Las minas de plata y estaño fueron hasta hace poco una de las fuentes principales de ingreso para Bolivia, aunque su administración causó numerosas y violentas desavenencias políticas. En los años 80, sin embargo, la coca pasó a ser el producto de exportación más lucrativo.

¿Sabía Ud. que... ?

La fama de las minas de Potosí fue tal que, hasta hoy, cuando decimos que algo “vale un Potosí” queremos decir que ese objeto es valiosísimo o costosísimo.

Prepárese a leer

ACTIVIDAD

¡Charlemos!

Hable con un(a) compañero(a) de clase sobre el problema de la legalización de la droga. Escriban dos cartas al periódico de su universidad: una defendiendo su uso y otra prohibiéndolo.

EL AUTOR Y SU OBRA

Adolfo Cáceres Romero nació en 1937 en Oruro (Bolivia). Es profesor de la Universidad Mayor de San Simón en Cochabamba y autor de varias obras narrativas, entre ellas *La hora de los ángeles*. A esta obra pertenece el cuento que va a leer Ud. a continuación.

Estrategias para la lectura

En el siguiente cuento observará Ud. cómo la sucesión de acontecimientos es muy precipitada y el trágico final casi se puede anticipar desde las primeras líneas.

1. El autor nos transmite la angustia de los protagonistas a través de frases cortas, o frases cortadas bruscamente por uno de los interlocutores.
2. Los verbos expresan acciones extremas (aturdir *[to stun]*, chorrear *[to gush]*, jadear *[to pant]*, reventar *[to burst]*, restañar *[to staunch]*, estremecerse *[to quiver]*, sangrar *[to bleed]*) y adjetivos son muy vívidos (lodosa, resquebrajada, tortuosa).
3. Los diminutivos y el uso de la lengua nativa de Ranku contrasta con la rudeza del lenguaje y acciones militares.

¡A LEER!

Los ángeles de las tinieblas

Adolfo Cáceres Romero

"Vas a nacer, tienes que nacer, mi jisk'allita" (pequeñuelo), avanza la sombra de dos cabezas, bajo ese cielo nublado de estrellas. "No puedo más", *gime* la mujer, con las contracciones que la aturden de rato en rato. La sombra se divide, y el hombre, sudoroso, deposita a su mujer en el suelo húmedo del suburbio. Va a decirle que él tampoco puede, no después de la jornada de trabajo que tuvo, y que podían haber esperado hasta que amaneciera, pero el "jisk'allita" su "jisk'allita", ya quiere salir. "Ranku, nos hubiéramos ido al pueblo", jadea la mujer, como si ella cargara todo el peso de esa travesía. Él, con

wails

las manos *resquebrajadas por la argamasa* de sus días en la ciudad, saca unas cuantas hojas de coca y se las alcanza a su compañera. Las contracciones han cesado. En esa pausa, el hombre mide la distancia que les falta por recorrer. *La callejuela lodosa parpadea* en algunos trechos con las pocas bombillas de luz que le quedan. No falta mucho para llegar a la carretera donde podrán encontrar algún vehículo que los lleve a la maternidad. "Vamos", dice el hombre, mientras crece el bollo de coca en uno de sus carrillos. "Vamos", pasa el brazo de la mujer por su cuello y la carga, sintiendo otra vez el peso de la noche en sus espaldas. *Se hallan* como a seis cuadras de la carretera. El *toque de queda* ha enmudecido hasta a los perros. "Ya, ya", consuela a su mujer que ha empezado a quejarse. Piensa que en su pueblo la mamá Engracia les hubiera evitado todas esas molestias; en cambio, la ciudad, inmensa y extraña, sólo requería de su esfuerzo sin ofrecerle otras perspectivas que las de ser un buen albañil. "¡Ayau, mamitay!", la mujer vuelve a estremecerse. Algo tibio le chorrea al hombre por los talones. Se detiene junto a los *escombros* de una casa en construcción. La mujer se agita e intenta incorporarse, tratando de restañar la sangre que le corre por entre las piernas. "¡Es sangre!", farfulla aterrada. "¿Sangre?", el hombre que, al evidenciar la hemorragia, la hace recostar con los pies arriba. "Ya va a pasar, no te asustes", su gesto tranquilizador. Mira sus manos, viscosas, oscuras, recuerda cómo cargaron el cuerpo sangrante de un trabajador en la última manifestación de repudio al gobierno. La mujer gime por el hijo que puede perder. "Ya, ya, *la bolsa ha reventado* y nada más", dice él, procurando apaciguarla. "No es sólo eso". El hombre suspira, de pie, mientras advierte que la noche también se le revela con el *chirrido de los grillos*. "¿Crees poder seguir?", pregunta. La mujer, con un leve movimiento de cabeza, le dice que no. Se incorpora y taponea con unos trapos, quedando laxada e inmóvil por un instante. El hombre, no sin temor, le abre un párpado y se topa con la pupila que se vuelve hacia donde él está. "Santusita, ¿qué tienes?", parpadea. "No quiero perder a mi *wawa*", la mujer, que cierra los ojos para escurrir su amargura. "No pues, no pues, Santusa; nuestro jisk'allita va a estar bien", el hombre, decidido a buscar auxilio. "No te vas a mover de como estás, voy a conseguir un carro", dice, pensando que en la carretera podrá encontrar algún vehículo que los lleve al Hospital. "No te muevas", se echa a correr por esa *tortuosa callejuela*.

Sale a la iluminada carretera por la que no transita ningún vehículo. Cerca al puente, donde el río se estira silencioso y *verticilado*, cree advertir una tranca y la presencia de varios soldados, pero al llegar a ese lugar sólo se encuentra con un montón de basura y unos cuantos perros que *husmean* los desperdicios. Más allá, la avenida recibe sus pisadas como si estuviera cubierta por una campana de luz que le provocara esa sensación de vacío que percibía, vacío que, de pronto, era cortado por algún disparo o por el *tableteo* de una metralleta. Al cruzar una esquina, casi a la media cuadra, Ranku vio un camión del ejército. Pensando que ese enorme *caimán* sería su salvación, se dirigió al grupo armado que lo custodiaba. Algunos soldados reían y fumaban. Varios civiles, con traje de fiesta, salían de una casa con las manos sobre la cabeza.

—¡Alto, quién va! —una voz detuvo el paso confiado de Ranku, el mismo que al instante se vio *encañonado* por varios fusiles.

—Quiero... que me ayuden —dijo Ranku, indeciso.

—¿Sí? Bien, te vamos a dar un lugar donde dormir —el oficial le hizo una seña para que subiera al camión.

chipped by mortar
The muddy alley blinks
Están / *curfew*
debris
the water broke
hiss of the crickets
baby
winding alley
branching
sniff out
clapping sound
military vehicle
aimed at

—No, no me entienden...

—*¡Carajo!* ¿Crees que somos *tarados*? —el oficial le *propinó un puntapié*, haciendo que Ranku se desplomara al suelo.

—¡Súbanlo! —gritó.

—¡No, no! —Ranku intentó incorporarse.

—¡Súbanlo, carajo! —tronó el oficial.

Ranku de pronto se sintió suspendido al camión y arrojado a su interior, donde se hallaban unos músicos, cuidando sus instrumentos, junto a una pareja de novios que se abrazaba temerosa, en un rincón.

—No, pues, *patroncitos*. —suplicó Ranku, gateando.

—¡Quieto, o te vas a arrepentir! —le intimidó un guardia, encañonándolo para que volviera a *ubicarse* donde estaba. Los civiles se agruparon en torno a los novios como buscando protegerlos.

—¡A la salud de los novios! —el oficial se llevó a los labios el *gollete* de una botella de singani y luego invitó a sus soldados a hacer lo mismo. En medio de *risotadas* y sorbos, se vació la botella.

Cuando el camión iba a ponerse en marcha, con los soldados procurando acomodarse en la carrocería, Ranku, ágil como un felino, se precipitó por la portezuela hacia la calle.

—¡Eh, se escapa! —la aturdida voz de alerta.

—¡Dispárenle! —ordenó el oficial, saliendo de la cabina.

—¡Alto! —saltaron cuatro soldados, gatillando sus armas. De ahí en adelante, cuanta sombra se interpusiera en su camino estaría en riesgo de recibir sus disparos. Ranku, *trastabillando* dobló una esquina y se encontró frente a un parque. Los soldados *vociferaban*, enardecidos por el alcohol, seguros de que su presa no podría escapar. Su trote golpeaba *el vientre de la noche*. El camión, por la otra calle, intentaba interceptar a Ranku. Los cuatro soldados se detuvieron frente al parque; cautelosos, se miraron sonrientes, divertidos por la cacería que habían iniciado. Por el lado opuesto, no tardó en aparecer el camión.

—¿Dónde está?— gritó el oficial.

—Debe estar oculto entre las *jardineras*— respondió uno de los soldados, emprendiendo su *rastrillaje*, con paso de cazador. El reflector del caimán atravesaba los resquicios más oscuros del parque, recorriéndolo *palmo a palmo*.

—¡Carajo, pelotudos, se ha ido por otra calle!— chilló de pronto el oficial. Los soldados se volvieron y, recién, a la luz del *farol* de otra esquina, percibieron la silueta de Ranku que corría a todo dar. Los soldados se alegraron, y el camión, maniobrando bruscamente, *enfiló por* esa calle. Varios soldados se distribuyeron por las calles paralelas para cortarle el paso en cualquier otra esquina.

Ranku, *angustiado y sudoroso,* hubiese querido volar al infinito arrullo de ese cielo, lejos de la noche que parecía eternizarse en sus *zancadas*, en su *resuello,* desintegrado como estaba en los latidos que sacudían sus sienes, su pecho sin aire, oyendo en cada esquina la risa de los soldados y el zumbido del caimán que lo seguía, con sus disparos a cualquier parte, buscando amedrentarlo. Volar, libre al fin, donde su Santusa tal vez agonizaba, *desangrada*, con el hijo vaciado al mundo en un torrente de sangre. Sus pisadas, *ráfagas* de miedo, cruzaron una esquina, luego, vacilantes, se volvieron para meterse por otra oscura calleja, pero los soldados ya le salían al frente, emergiendo de las calles adyacentes. Ranku, pegado a las sombras, empujaba las puertas que permanecían herméticamente cerradas. Apenas algún *visillo* se apartaba, levemente, para ver la causa del

Damn! / mentally deficient / gave him a kick
my friends
to be located
neck
outbursts of laughter
stumbling
were making noise
middle of the night
planters
tracking
inch by inch
street light
headed towards
anguished and sweaty
long strides / hard breathing
bled to death
gusts
window panel

hissed · *beginning of the street* · *door frame* · *callous grooves*

alboroto. Los soldados, indecisos por un instante, permanecieron en la esquina, tratando de ver si por ahí se encontraba Ranku. Por fin, dos de ellos continuaron de largo y los otros dos se quedaron en la esquina, en tanto el camión *chirriaba* sus frenos para detenerse en la *bocacalle* por donde doblara Ranku. "Tiene que estar por aquí", gesticulaba el oficial. Ranku, bajo el *dintel* de un ancho portón, alcanzó a percibir un resquicio de luz, en la acera del frente, donde una cruz verde, semiiluminada, le indicaba que estaba ante un dispensario.

De un salto cruzó la calle y se puso junto a la puerta. Sus golpes, nerviosos y desesperados, fueron oídos por los soldados que se le acercaron por ambos extremos de la cuadra.

—¡Ábranme, por amor de Dios!— gritó Ranku. Tras la puerta latía el miedo. "Kuns k'asaski, Ranku." (¿Por qué lloras, Ranku?), súbitamente la voz del abuelo iluminó su noche, viéndose Ranku lejos, en otro tiempo y espacio, pastando entre las montañas, junto a su abuelo. Los golpes en la puerta habían cesado. "Amuki, Ranku, amuki." (Cállate, Ranku, cállate.) La noche podía más que la luz y recogía la angustia de ese instante en el *surco calloso* de los dedos de Ranku, que ahora recibía un violento culatazo en la espalda; luego, otro y muchos más, tiñiendo de rojo sus lágrimas. "Jani" (No), dijo Ranku, articulando de mucho tiempo la dulce lengua de su raza aymará "Jani naya k'asaskiti" (No, yo ya no lloro), perdiéndose en el misterio de una apacible sombra.

Después de la lectura

ACTIVIDADES

A. ¿Qué dice la lectura?

1. ¿Cómo se siente Ranku ante el inminente nacimiento de su hijo y qué siente hacia su esposa? Busque frases en el texto que justifiquen su respuesta.
2. ¿Qué sabemos de la esposa de Ranku?
3. ¿En qué momentos habla otra lengua Ranku?
4. ¿A qué personas de la familia recuerdan los protagonistas? ¿Cuándo?
5. ¿Qué opina Ud. del cuento? ¿Qué aspectos de la realidad refleja?
6. ¿Qué sugiere el título?

B. Más allá de la lectura

Trabaje con varios compañeros de clase. Imagine que lo que se cuenta en "Los ángeles de las tinieblas" hubiese ocurrido de verdad y que varios compañeros de clase fueron testigos de los hechos. Hágales una entrevista a estos compañeros e imaginen que la van a retransmitir por televisión. No se olvide de incluir a los personajes que no quisieron abrir la puerta cuando Ranku estaba pidiendo auxilio.

Última lectura

EL AUTOR Y SU OBRA

Ricardo Ocampo, escritor boliviano nacido en Potosí (1928–). Fue periodista y durante varios años dirigió el periódico *La Nación*. En "El indio Paulino", trata el tema de la marginación del indio por parte del sistema administrativo. El indio sólo encuentra refugio entre los suyos.

Estrategias para la lectura

Observe cómo las descripciones de los gestos sirven para crear suspenso y tensión dramática en los primeros párrafos del texto. Las diferencias de lengua crean confusión y misterio en este cuento. El brevísimo diálogo entre el indio Paulino y su mujer deja ver la resignación y la cruda realidad en que viven estos personajes.

¡A LEER!

El indio Paulino Ricardo Ocampo

A saltos por la pampa *desolada,* en medio de una nube de polvo, sobre un camino casi imaginario, avanzaba el camión hacia la ciudad. Era de mañana temprano y hacía mucho frío. El viento, soplando *a ras de tierra,* empujaba hacia arriba una *tenue cortina de vapor*, tendida durante la noche sobre el altiplano.

Apretado entre otros indios, sin hablar con nadie y haciendo esfuerzos por mantener el equilibrio; venía Paulino. Lo habían recogido en la mañana cuando empezaba a trabajar, *encorvado sobre el arado* de palo que un buey arrastraba con obstinación, y le habían ordenado subir, sin darle explicaciones. Sobre la carrocería, *hacinados*, con una expresión de incertidumbre y miedo en los ojos, venían otros como él. Todos trataban de alejarse de las compuertas, que *cedían* en las curvas y amenazaban romperse dejando caer su cargamento sobre la carretera. Sin nada firme a qué *asirse*, los indios mantenían su equilibrio y se movían solidariamente hacia un costado, en cada vuelta del camino, para compensar con su peso la inclinación excesiva del camión.

Atrás quedaban junto a los ranchos, sobre el minúsculo *pedazo de huerta*, las varas inertes del arado, el buey ocioso, la tierra estéril de la pampa. Los indios se veían sin mirarse y no hablaban. Sus ojos cruzaban velozmente entre el amontonamiento de caras duras y expresiones asustadas. Nadie parecía saber dónde iba ni quién lo llevaba. El polvo se acumulaba sobre las caras, entraba en la nariz, secaba la boca y lastimaba los ojos. Por sobre los sombreros y las cabezas polvorientas asomaban, apuntando hacia arriba, los caños de tres fusiles. "¿Será otra vez —pensó Paulino— la reforma agraria?" El camión seguía, *dando tumbos y crujiendo,* rumbo a la ciudad. Dolían los pies y la espalda por el esfuerzo de mantener el equilibrio y no caer contra la compuerta. Los hombres

desolada: *desolate*
a ras de tierra: *even with the earth*
tenue cortina de vapor: *light curtain of smog*
encorvado sobre el arado: *bent over the plow*
hacinados: *piled up*
cedían: *gave*
asirse: *to grasp*
pedazo de huerta: *piece of land*
dando tumbos y crujiendo: *tumbling and crackling*

armados, vestidos con ropa de la ciudad, corbatas y camisas de color indefinible, hablaban entre ellos en un idioma que Paulino no entendía.

Hacia adelante, el camino se metía por entre las *angostas* calles de un pueblito. Las casas uniformes, todas de barro, sin ventanas, con una sola puerta en el medio, con techos de paja oscura, se alineaban a lo largo de la calle mal *empedrada*. Mujeres sombrías, vestidas con *polleras* multicolores, cruzaban sigilosamente el pueblo medio desierto, con los hijos cargados en la espalda. Un hombre *arreaba* tres burros cargados de leña, en dirección a la ciudad. La mayoría de las puertas estaban cerradas.

El camión entró en una plaza y se detuvo con gran chirrido de frenos en la puerta de una *chichería*. El conductor y su ayudante bajaron primero y luego lo hicieron los tres hombres armados. Desde el suelo emitieron una lacónica *advertencia*.

—¡Nadie se baja, carajo!

Cuando los cinco se hubieron ido, los indios se miraron aliviados. Paulino aprovechó para preguntar a un hombre que pasaba junto al camión:

—¿Adónde nos están llevando?

—Es manifestación. Van a desfilar. El compañero jefe va a hablar.

—¿Es la reforma agraria?

—No es. Dice que la revolución ha fracasado.

—¿Y cuándo vamos a volver?

—No sé. Dice que en camiones los van a traer.

—¿Y qué cosa vamos a comer?

—A diez mil bolivianos dice que les van a dar.

—¿Y dónde vamos a subir a los camiones para volver?

—Eso les han de decir después de la manifestación.

La mención de los diez mil bolivianos encendió una lucecita en el corazón de Paulino. Los otros indios habían seguido la conversación y todos parecían contentos. La idea de ir a la ciudad les fascinaba, sobre todo ahora que sabían que sólo se trataba de un desfile por diez mil bolivianos. La tensión había desaparecido y hasta se oyeron risas sofocadas entre el murmullo de la conversación.

En la puerta de la chichería aparecieron uno tras otro los cinco hombres, y se dirigieron hacia el camión. Los tres armados subieron a la carrocería despidiendo un fuerte olor a alcohol. Otra vez a los saltos, por los caminos retorcidos del altiplano, seca la garganta y doloridos los pies, Paulino iba pensando en las cosas extrañas que habían ocurrido en los últimos años. El *tata* Bautista se había ido un día para no volver más. Poco tiempo después vinieron unos hombres de la ciudad, con banderas y cuadernos, y juntaron a todos los indios para hablarles de algo que nadie entendió. Les habían preguntado cómo se llamaban y les habían pintado los dedos que después les hicieron apretar sobre las hojas del cuaderno. En las noches, los más viejos y los que sabían algo de castellano se juntaban para tratar de acordarse de lo que habían dicho los hombres de la ciudad, pero era poco lo que se podía sacar en claro. Otra vez habían venido a la hacienda del tata Bautista unos hombres armados que hicieron muchas preguntas:

—¿Quién es tu patrón?

—Niño Bautista.

—¿Qué Bautista?

—Niño Bautista.

—¿Te pegaba tu patrón?

narrow · *paved / skirts* · *was urging on* · *tavern* · *warning* · *They said you'll be given 10,000 bolivianos.* · *old man*

—Tu patrón, niño Bautista.

—No entiendes. Te pregunto si tu patrón te pegaba.

—No entiendes.

—¿Era bueno tu patrón?

—Bueno era.

—Pero te pegaba.

—Te pegaba.

—Entonces era malo.

—Malo era.

A Paulino no le preguntaron más. Después que los hombres se fueron quiso saber lo que querían y le preguntó a Marcos Nina que sabía algo de castellano. Marcos le dijo que los preguntones querían saber si el tata Bautista era malo, porque la revolución había triunfado y el tata se había ocultado. Y dijo que el gobierno iba a entregar las tierras a los campesinos, y después les iba a dar escuelas, semillas, medicinas, herramientas y plata. "Es la reforma agraria", dijo Marcos Nina. Los hombres volvieron varias veces y, a la segunda, Marcos Nina se fue con ellos. Desde entonces era Marcos el que daba las explicaciones hablando en aymará. Su apariencia había cambiado. Ya no usaba poncho y había *trocado* las abarcas por zapatillas de tenis. Con el tiempo llegó a usar corbata y anteojos oscuros con aros blancos de carey. Había engordado y la vida en la ciudad le iba despojando de dureza en los rasgos; los callos desaparecieron de sus manos y, un día, Paulino le vio un anillo con una piedra azul que suscitó su envidia. Y con el cuerpo y la apariencia también había cambiado de alma y se había vuelto malo, tan malo como el tata Bautista. Al final, los hombres ya no venían. Marcos Nina aparecía de tarde en tarde, juntaba a los indios y les explicaba otra vez la reforma agraria. "La tierra —decía— debe ser para el que la trabaja. Y como la revolución ha triunfado, la tierra es ahora de los campesinos. Dentro de poco vamos a tener nuestros títulos de propiedad firmados por el compañero jefe que es el Presidente de la República. Y después vamos a tener escuelas y nos van a dar plata, semillas y máquinas para trabajar. Pero el gobierno no tiene dinero porque *la rosca se lo ha llevado* antes de la revolución, y nosotros tenemos que ayudar. A los que no ayuden, no les van a dar su título, ni les van a dar plata, ni sus hijos van a ir a la escuela."

exchanged

fraud left the government without any money

Paulino siempre contribuía porque Marcos Nina era su dirigente y él era el encargado de llevar el dinero a La Paz. Un día, después de explicar la reforma agraria, Marcos les había dicho que él era su dirigente, y esto nadie lo puso en duda. Por eso, cuando no había dinero, Paulino pedía prestado o vendía una oveja para ayudar a la reforma agraria, y cuando Marcos Nina lo llamaba para que pusiera su dedo pintado sobre el cuaderno, no se negaba. Escuelas, caminos, dinero, títulos, semillas y máquinas serían negados a los que no ayudaran. Paulino lo tenía muy, en cuenta. Al final, Marcos Nina ya no explicaba la reforma agraria sino que recibía el dinero y se iba otra vez.

El camión seguía su marcha mientras Paulino pensaba. *A la vuelta de una loma* apareció, de pronto, a lo lejos, la silueta de la ciudad. Unos edificios dispersos señalaban el lugar de donde los aviones salían. Más adelante había unas enormes bolas plateadas con escalerillas que subían en espiral. A la entrada de la ciudad, bajo un arco con letras grandes, había otros camiones, todos cargados con indios que iban a la manifestación. En cada camión había hombres armados; en algunos flameaba una bandera. De la entrada de la ciudad en adelante, el altiplano se partía y se abría *como si le hubieran dado un gran tajo*.

On the other side of a hill

as if cut with a knife

El camino descendía en curvas interminables, cruzaba barrios miserables y pasaba frente a las grandes fábricas con sus chimeneas erguidas vomitando humo. Paulino miraba todo con grandes ojos de curiosidad. El camión desembocó en una ancha avenida. De las calles laterales surgían camiones cargados de indios y de hombres armados que, de vez en cuando, disparaban sus armas al aire. Se percibía el olor de la pólvora quemada y el aire de fiesta. Grupos de gente, hombres y mujeres, llevando estandartes enrollados sobre su asta, algunos de ellos con el fusil a la espalda, iban en la misma dirección de los camiones.

Lejos se oía sonar una banda militar. Finalmente el camión se detuvo en la puerta de un edificio. Era el Ministerio de Asuntos Campesinos, ese mismo lugar donde años atrás había ido Paulino a recoger su título de propiedad firmado por el compañero jefe.

Después de una de las visitas de Marcos Nina, Paulino le había preguntado cuándo les entregarían los títulos de las tierras que eran del tata Bautista, y Marcos le había dicho que tenía que ir a La Paz y pedir el suyo en el Ministerio de Asuntos Campesinos. Para viajar había vendido cuatro ovejas y al llegar se había alojado en un *tambo* donde durmió sobre el suelo, de cara a las estrellas, junto a un cerro de naranjas y con el cinturón donde llevaba el dinero tan apretado que apenas podía respirar. Esa vez no le dieron su título pero le dijeron que pronto iría, por la hacienda del tata Bautista, el hombre que tenía los papeles firmados por el Presidente. De eso habían pasado muchos años.

inn

Desde entonces, Paulino había dado plata para la reforma agraria, para la revolución, para la escuela, para el *sindicato*, para la cooperativa y para el camino. Pero las cosas seguían igual que antes. El hombre que tenía los papeles no había aparecido jamás por las tierras del tata Bautista. No había escuela, ni camino, ni cooperativa, y el sindicato sólo se reunía cuando venía Marcos Nina *a cobrar*.

labor union

to collect

Frente a la puerta del Ministerio, los camiones descargaban indios. Miles de ellos. Todos se miraban tratando de infundirse tranquilidad y aparentando que no era la primera vez que estaban allí. Se hablaba en aymará y las palabras duras y secas, sin asomo de melodía, se juntaban en un solo rumor. Indios sentados en las veredas o apoyados contra los muros del Ministerio, mascaban coca pasando las hojas de un lado al otro de la boca.

De pronto, un automóvil se detuvo y de él salieron varios hombres de la ciudad. Hablaron rápidamente entre sí y finalmente subieron todos a un camión vacío. Los indios dejaron de hablar y se voltearon a mirarlos. Uno de ellos comenzó a hablar gritando. Paulino miraba sus ademanes, los bruscos movimientos de los brazos, la manera que tenía de gesticular, pero no entendía lo que estaba diciendo. Después de terminar subió un indio muy parecido a Marcos Nina y Paulino se alegró porque ahora sabría todo lo que estaba ocurriendo. Pero el nuevo discurso fue también en castellano. Cuando terminó, los hombres se bajaron del camión y se fueron en el automóvil. Paulino se acercó a un grupo que rodeaba a un indio alto y le hacía preguntas:

—¿Qué dice?

—Dice que la revolución ha fracasado.

—¿Entonces la reforma agraria ha terminado?

—No. Ésta era una *revolución de la rosca*.

fake revolution

—¿Entonces no vamos a desfilar por la reforma agraria?

—No. Vamos a desfilar por la revolución.

—¿Ya te han dado los diez mil bolivianos?

—No todavía. Dice que después del desfile.

—¿Quiénes están tirando tiros?

—Son los milicianos. Han venido los milicianos de las minas.

—¿A qué?

—A desfilar en la manifestación.

—¿En los milicianos también hay reforma agraria?

—No. Ellos tienen la nacionalización de las minas.

—¿Y ya le han dado su papel?

—Sí, pero no me preguntes más, compañero.

Una banda militar que llegó en un camión ayudó a interrumpir el diálogo. Paulino se acercó a una fila que empezaba a formarse y tomó su lugar. Llegaba la hora de desfilar en la manifestación. Aparecieron muchos indios como Marcos Nina y ayudaron a organizar la columna dando voces estentóreas. Por último comenzó el desfile. Paulino marchaba confundido entre otros indios a los que nunca había visto. En una esquina se detuvieron todos y, desde un camión, empezaron a bajar unos palos largos, que estaban unidos de a dos, por una faja de tela blanca donde había letras. A Paulino, que estaba *en un costado de la columna,* le dieron uno de los dos palos y a un indio que estaba al otro lado de la calle le dieron el otro. Sobre la tela blanca había algo escrito con grandes letras rojas. La columna volvió a avanzar. Delante de ellos, la banda militar tocaba una marcha, pero cada indio caminaba como quería. Sólo los que habían ido al cuartel marcaban el paso.

on one side of the column

El desfile duró mucho tiempo. Paulino anduvo por calles que no conocía tratando de recordar dónde quedaba el Ministerio, dónde, al terminar, le darían los diez mil bolivianos y un lugar en un camión para volver a su casa. Al pasar por una plaza grande, con iglesias y edificios altos, había muchos hombres en un balcón haciendo señas con las manos levantadas, y mucha gente delante del edificio mirando a los hombres.

Delante de la gente se iban quedando las bandas y atronaban el aire con sus compases. Los milicianos pasaban disparando al aire sus fusiles y sus ametralladoras, pero Paulino no tenía miedo. Al salir de la plaza, todos seguían marchando.

La columna siguió aún varias cuadras pero, de pronto, comenzó a disolverse. Unos volvían hacia la plaza donde estaban los hombres en el balcón, guiados por el ruido de las bandas. Otros tomaban las calles laterales. Paulino decidió volver al Ministerio y esperar el camión. *Calle abajo* iban muchos indios y decidió seguirlos. Finalmente llegó, pero, comprendiendo que el desfile no había terminado, buscó un lugar para esperar. A la sombra de un árbol raquítico, sobre el pasto, se sentó y sacando un puñado de hojas de coca comenzó a mascar parsimoniosamente. Lejos se oían las bandas militares. Hacía mucho rato que había pasado la hora de almorzar.

Down the street

Entre los indios que esperaban no había ninguno de la hacienda de tata Bautista, pero Paulino no tenía ganas de conversar. Se sentó a la sombra, con las piernas estiradas, con el jugo dulce de la coca aletargando sus intestinos. No tenía apuro. Ya empezaba a bajar más gente que pasaba en camiones llenos. La gente cruzaba frente al Ministerio y no se paraba a mirar a los indios que esperaban —unos sentados en el suelo, otros en los jardines, otros de pie solos o en grupos— que llegaran los camiones para regresar. Los milicianos volvían del desfile con aire cansado, el fusil en la mano, apuntando hacia abajo. Todas las puertas estaban cerradas, pero algunas tiendas no habían bajado las cortinas metálicas sobre sus vidrieras.

Pasaban las horas. Sobre la ciudad empezaba a bajar el viento frío del altiplano. Paulino pensaba en los problemas de siempre y trataba de entender. ¿Dónde estaría el tata Bautista?, ¿por qué seguía la reforma agraria si la revolución había fracasado?, ¿por qué los milicianos de las minas tenían sus papeles y los indios no los tenían?, ¿dónde andaría el hombre que tenía los papeles de la hacienda del tata Bautista que había firmado el Presidente?, ¿cuándo llegarían los camiones para volver?

by the fire

Pensó en su casa. Llegaría al anochecer a tiempo para comer, *junto al fogón*, sentado en su cama, dentro de la casita de una sola habitación protegida del frío del altiplano, donde vivía con su mujer y sus hijos. Al día siguiente comenzaría muy temprano la faena que había interrumpido hoy para concurrir a la manifestación.

Uno tras otro, los indios abandonaban la plaza frente al Ministerio. Paulino decidió seguir esperando el camión. Sobre su cabeza, de pronto, se encendió la luz de un farol y en la puerta de una tienda brilló una larga tira roja de letras luminosas. Los automóviles comenzaron a pasar con los faroles prendidos, las grandes tiras de luz rastreando el pavimento como antenas. Hacía, otra vez, mucho frío. Paulino se dio cuenta de que se había quedado solo en la plaza y comprendió que el camión ya no vendría. Pensó en el tambo donde había dormido la última vez y se acordó de que no tenía dinero.

started on the way home

Paso a paso, rehaciendo en sentido inverso el itinerario del camión *emprendió el camino de vuelta*. Andando reconoció las largas chimeneas, las calles sucias, las puertas y los letreros que había visto al llegar. De algunas casas salía música por las puertas abiertas, y los focos proyectaban manchas amarillentas sobre la calle. En el interior, hombres y mujeres bebían o bailaban. Cantando y llorando, preservando el equilibrio por milagro, se cruzaban dando tumbos los borrachos. Hacia abajo, la ciudad resplandecía.

Era ya de mañana cuando Paulino llegó a su casa. Los pies se le habían hinchado de tanto caminar. La cabeza y el estómago le dolían de hambre y de sed. Tenía la cara y las manos azules de frío. Había andado toda la noche a paso rítmico, por el camino que llevaba a su casa, cruzando pueblitos desiertos, donde no se veía brillar una luz, y largas extensiones que, de noche, parecían más tristes y más desoladas que nunca. No tenía siquiera cigarrillos y sus últimas hojas de coca las había masticado mientras esperaba el camión, frente a la puerta cerrada del Ministerio. A lo largo de la noche, más de un camión había pasado de largo, en la misma dirección que él seguía. Paulino no había hecho siquiera un ademán de detenerlos porque no tenía dinero para su pasaje. Levantando nubes de polvo, quebrando el silencio con el ruido de sus motores y sus carrocerías desvencijadas, los camiones le habían dado alcance, cargados hasta el tope con bultos, encima de los que iban sentados otros indios como él, y habían seguido sin detenerse.

En la puerta de su casa, lo esperaba su mujer con ojos de asombro. Junto a ella, de pie, un niño envuelto en harapos multicolores lo miraba en silencio. Nadie dijo nada cuando Paulino cruzó la puerta y se dejó caer pesadamente sobre la cama. Antes de hundirse en el sueño oyó que su mujer hablaba:

—¿Adónde te han llevado?
—A La Paz.
—¿Qué has hecho?
—He desfilado. Era manifestación.
—¿Y al Ministerio has ido?
—Sí.
—¿Y te han dado tu papel?
—No todavía.

Después de la lectura

ACTIVIDADES

A. Preguntas sobre el cuento

1. ¿Cómo y adónde van los indios?
2. ¿Cuánto debió durar el viaje de ida a la ciudad?
3. ¿Cómo pensaba Ud. que iba a terminar el cuento?
4. ¿Por qué usa coca Paulino?
5. ¿De qué vive la familia de Paulino?

B. ¡Charlemos!

Hable con su compañero(a).

1. Diga cómo se podría haber evitado la situación del indio protagonista.
2. Imagine qué pensaba Paulino cuando lo metieron en el camión.
3. Cómo habría reaccionado Ud. ante una situación semejante en este país.

LECCIÓN 5

EL BANCO PARA LOS JOVENES.

El Banco Hispano Americano ha creado el primer banco en el mundo, pensado exclusivamente para los jóvenes: El Hispano 20.

El proyecto más ambicioso de la banca es ya una realidad. Los jóvenes tienen un banco propio.

NO QUEREMOS MOSTRADORES

¿Quién ha dicho que los jóvenes no saben lo que quieren? Lo saben muy bien, y lo dicen sin contemplaciones. Sólo hay que preguntarles. Eso ha hecho el Banco Hispano Americano, y el resultado ha sido contundente: los jóvenes quieren un banco que funcione. Humano y divertido. Eficaz y colaborador. No les gustan los mostradores. No les gustan los trámites complejos. No les gustan las caras serias. Quieren música. Quieren amabilidad. Quieren eficacia. Quieren corazón en los asuntos de dinero. Por eso, el Hispano 20 nace como un banco de espíritu joven, donde todo es nuevo y diferente. Las oficinas son producto de los arquitectos y artistas más actuales, como Rodrigo y Mariscal.

Hispano 20

Con espacios amplios, salas de reuniones, máquinas de café y refrescos, música ambiental, monitores de video. Salas de exposiciones para artistas que empiezan, boutique, ordenador para uso de los jóvenes, que lo utilizan como tablón de anuncios, luz, plantas, y nada parecido a un banco tradicional. Un ambiente donde los jóvenes clientes se mueven con total desenvoltura.

"TRIUNFA EL BANCO DEL ROCK'N'ROLL", DICE "FINANCIAL TIMES"

Rock 'n roll bank a success

La experiencia del Hispano 20 se sigue con un especial interés en el resto del mundo. La prensa económica internacional ha dedicado artículos a este proyecto bancario. Y expertos españoles y de más allá de nuestras fronteras, han querido conocer de cerca las oficinas. Realmente, el éxito del Hispano 20 no se ha hecho esperar.

COMPAÑEROS DE ILUSIONES

Los empleados del Hispano 20 son tan jóvenes como sus clientes. Profesionales que unen a su juventud una brillante experiencia bancaria. Y los productos y servicios que ofrecen, han buscado armonizar eficacia y novedad.

El **Crédito Pequeño** permite obtener con facilidad esas pequeñas cantidades tan importantes algunas veces. Para pagar una cena, o comprarse una radio nueva.

Tarjetas para poder operar a cualquier hora del día o de la noche.

Cuenta Financiera de alta remuneración para las que no hay que disponer de tantos recursos como se pide a los mayores. Y con el mismo tipo de interés.

Cheques Gasolina especiales para moto.

Créditos-Beca de fácil concesión, para financiar los gastos de matriculación, residencia y material, tanto en España como en el extranjero.

Hispano 20 es, desde el mes de Mayo, una brillante realidad. A través de las dos oficinas iniciales, más de 5.000 jóvenes clientes han accedido a su primer banco. Otros muchos, ya, estudian en universidades españolas y extranjeras con becas financiadas por el Hispano 20.

Consultas de médicos, bufetes, nuevos negocios han nacido con el apoyo de este banco. Barcelona y Bilbao son las ciudades que siguen a Madrid, Granada y Zaragoza en la implantación de la primera red bancaria para jóvenes. Está surgiendo una nueva generación de empresarios cuyos proyectos han pasado o van a pasar a ser una realidad a través del Hispano 20. Ya no es un sueño. Ahora el espíritu de los 20 son hechos concretos. Los jóvenes están en el Hispano 20; el Hispano 20 está con ellos.

La oferta y la demanda

Primeros pasos

ACTIVIDADES

A. Puntos de vista

Observe con atención el anuncio de la página 96 y, con un(a) compañero(a) de clase, échenle un vistazo y luego comenten qué ven y qué les llama la atención. Después, intercambien opiniones sobre: (a) el ambicioso proyecto del Banco Hispano Americano, (b) la manera de funcionar del banco, (c) los servicios que lcs ofrece a los jóvenes y (d) las posibilidades de formar un banco para jóvenes en los Estados Unidos.

B. ¡Charlemos!

Pregúntele a su compañero(a).

1. ¿Tienes una cuenta corriente en un banco? ¿Te acuerdas por qué seleccionaste el banco que tienes? ¿Piensas que en tu banco te atienden con eficacia? ¿Cómo son los empleados? ¿eficientes? ¿corteses? ¿arrogantes?
2. ¿Cuál es la tasa *(rate)* de interés que recibes en tu cuenta corriente?
3. ¿Has solicitado alguna vez un préstamo? Si no lo has hecho, ¿piensas hacerlo algún día? ¿Con qué propósito?
4. ¿Te gustaría tener un banco sólo para la gente joven? ¿Cómo tendría que ser ese banco? ¿los empleados? ¿los clientes? ¿el ambiente?
5 ¿Piensas que sería una ventaja para el cliente tener en el banco un ambiente divertido como el que hay en el Banco Hispano 20? ¿Crees que podrías concentrarte con música, máquinas de café y refrescos y monitores de video? Explica por qué sí o por qué no.

¿Sabía Ud. que... ?

Con la excepción de la peseta española, todos los nombres de las monedas nacionales de los países hispanos son masculinos.

Argentina	el peso (argentino)
Bolivia	el boliviano
Chile	el peso (chileno)
Colombia	el peso (colombiano)
Costa Rica	el colón
Cuba	el peso (cubano)
Ecuador	el sucre
El Salvador	el colón
España	la peseta, el euro
Guatemala	el quetzal
Honduras	el lempira
México	el peso (mexicano)
Nicaragua	el córdoba
Panamá	el balboa
Paraguay	el guaraní
Perú	el inti, el sol
Puerto Rico	el dólar
República Dominicana	el peso (dominicano)
Uruguay	el peso nuevo
Venezuela	el bolívar

Algunos nombres de monedas se crearon en homenaje a grupos indígenas, a sus dioses o símbolos; o a descubridores, exploradores y héroes de la independencia. Por ejemplo:

El guaraní es el nombre de la tribu y de la lengua de los indígenas de Paraguay.

El inti quiere decir **sol** en la lengua quechua de los incas. El sol (inti) era el dios del imperio incaico.

El lempira fue un cacique hondureño que luchó contra los españoles y murió asesinado por orden del conquistador Alonso de Cáceres.

El quetzal tiene su origen en el nombre que los mayas dieron a un pájaro tropical de hermosas plumas. En la cultura guatemalteca, el quetzal es un símbolo muy antiguo de la libertad.

¿Saben Uds. quiénes fueron las siguientes personas y por qué la moneda del país lleva su nombre? Si no lo saben, busquen la información en un diccionario o en una enciclopedia.

Simón Bolívar	el boliviano, el bolívar
Cristóbal Colón	el colón
José Antonio de Sucre	el sucre
Francisco Fernández de Córdoba	el córdoba
Vasco Núñez de Balboa	el balboa

SITUACIÓN

En las oficinas de las tiendas ZARA

En la ciudad donde Ud. vive se acaba de inaugurar una de las tiendas ZARA que tiene una variedad enorme de ropa para jóvenes. Formen grupos de seis estudiantes: el (la) gerente del banco, el (la) empleado(a) y cuatro clientes que solicitan tarjeta de crédito.

1. Lean el siguiente formulario con cuidado.
2. Los cuatro clientes deben completar la información solicitada.
3. Preséntenla al (a la) empleado(a) y pidan información adicional.
4. El (La) empleado(a) informará al (a la) gerente del estado financiero de cada uno de los cuatro clientes.

DATOS A CUMPLIMENTAR POR EL BANCO

Código grupo comercial | 6 | 0 | 0 | 0 | 2 | 0 |
Nombre Banco ______ Código ______
Dirección Sucursal ______ Clave ______
No. de cuenta domiciliación ______
Titular (Nombre y apellidos) ______
Límite concedido ______ Límite máximo ______ Ingresos brutos justificados: Sí ❑ No ❑

DATOS TITULAR TARJETA PRINCIPAL

Nombre y apellidos ______
Nombre y apellidos (para Tarjeta) ______ Nacionalidad
D.N.I. / Tarj. Resid. (*) ______ Fecha nacimiento ______ Teléfono ______ Sexo ❑
Domicilio Particular ______ Población ______
Provincia ______ C.P. ______ Es empleado del Grupo Zara: Sí ❑ No ❑

Estado Civil	Importe ingresos brutos anuales unidad familiar (en millones)	Antigüedad en la empresa	Tipo de empresa	Situación vivienda habitual
1.- Soltero ❑	1.– Hasta 1,6 ❑	1.– Menos de 6 meses ❑	Privada ❑	1.- Propia ❑
2.- Separado ❑	2.– de 1,6 a 2 ❑	2.– Entre 6 m. y 1 año ❑	Pública ❑	2.- Alquilada ❑
3.- Divorciado ❑	3.– de 2 a 3 ❑	3.– Entre 1 y 2 años ❑	Cuenta propia ❑	3.- Otras ❑
4.- Viudo ❑	4.– de 3 a 4 ❑	4.– Más de 2 años ❑	Cargo ______	
5.- Casado Sep. bienes ❑	5.– de 4 a 6 ❑	Referencias Bancarias (Bco./Caja, Dirección, Suc. y Cta.)	Empresa ______	
6.- Casado gananciales ❑	6.– Más de 6 ❑	______	Teléfono ______	
		______	Tarjetas que posee: ______	

Prepárese a leer

VOCABULARIO

Para hablar de las cosas sencillas

el alpiste *bird seed*
el crepúsculo *twilight*
la jaula *cage*
la liebre *hare*
la luciérnaga *firefly*
el mirlo *blackbird*
la oveja *sheep*
el pastor *shepherd*
la selva *jungle*
tejer calcetines *to knit socks*
  con hebras *with threads*
  meter los pies *to put (one's) feet inside*
  suaves *soft*
el venado *deer*

EL AUTOR Y SU OBRA

Pablo Neruda (Chile, 1904–1973), Premio Nobel, es uno de los más altos valores de la lírica hispana. En su obra poética canta con pasión a la América india y en sus versos realistas a su ideal político. Entre sus obras se incluyen *Crepusculario, Veinte poemas de amor y una canción desesperada, Canto general, Residencia en la tierra, Odas elementales* y *España en el corazón.*

Oda a los calcetines Pablo Neruda

Me trajo Maru Mori
un par
de calcetines
que tejió con sus manos
de pastora,
dos calcetines suaves
como liebres.
En ellos
metí los pies
como en
dos
estuches   cajas elegantes
tejidos
con hebras del
crepúsculo
y *pellejo* de ovejas.   piel

Eran
tan hermosos
que por primera vez
mis pies me parecieron
inaceptables
como dos decrépitos
bomberos,   *firemen*
indignos
de aquel fuego
bordado,   *embroidered*
de aquellos luminosos
calcetines.

Sin embargo
resistí
la tentación aguda
de guardarlos
como los *colegiales*   estudiantes
preservan
las luciérnagas,
como los eruditos
coleccionan
documentos sagrados,
resistí
el impulso furioso
de ponerlos
en una *jaula*   *cage*
de oro
y darles cada día
alpiste
y pulpa de melón rosado.
Como descubridores
que en la selva
entregan el rarísimo
venado verde
al *asador*   *spit*
y se lo comen
con *remordimiento*,   *remorse*
estiré   *I stretched out*
los pies
y *me enfunde*   me puse
los
bellos
calcetines
y
luego los zapatos.

Violentos calcetines,
mis pies fueron
dos pescados
de lana,
dos largos *tiburones*   *sharks*
de azul ultramarino

crossed
braid
honored

atravesados
por una *trenza* de oro,
dos gigantescos mirlos,
dos cañones:
mis pies
fueron *honrados*
de este modo
por
estos
celestiales
calcetines.

Y es ésta
la moral de mi oda:
dos veces es belleza
la belleza
y lo que es bueno es doblemente
bueno
cuando se trata de dos calcetines
de lana
en el invierno.

Después de la lectura

ACTIVIDADES

A. ¿Qué dice la lectura?

Conteste las siguientes preguntas.

1. ¿Qué le trajo Maru Mori al poeta? Describa el regalo.
2. ¿Con qué adjetivos y con qué comparaciones describe el poeta los calcetines? Mencione tres por lo menos.
3. ¿Cómo aparecen los pies ante las cualidades de los calcetines?
4. ¿Por qué se compara el poeta a los colegiales, a los eruditos y a los descubridores de la selva?
5. ¿De qué están hechos los calcetines? Compare los versos 8–16 con los versos 86–87. ¿Cuáles de estos versos dicen la verdad?
6. ¿Por qué son tan valiosos para el poeta esos calcetines? ¿Por qué son cómodos? ¿Por qué son bellos? ¿Qué piensa Ud. y que generalización podría hacer sobre las cosas bellas que nos dan comodidad?

B. Temas de reflexión

1. En su libro *Odas elementales,* Pablo Neruda habla de los elementos naturales como la madera, la piedra, el tomate y la alcachofa *(artichoke).* ¿Se podría decir que *Oda a los calcetines* es un canto a la lana? ¿Por qué?
2. Vuelva a leer el poema poniendo atención a las comparaciones que usa el poeta para cantar los calcetines: "suaves como liebres" (vv. 6–7); "como… dos estuches tejidos con hebras del crepúsculo" (vv. 10–15); "mis pies fueron dos pescados de lana, dos largos tiburones de azul ultramarino" (vv. 63–67); "dos gigantescos mirlos, dos cañones" (vv. 70–71). Haga sus comentarios al respecto.

Prepárese a leer

VOCABULARIO

Para hablar de la pintura

adquirir una obra de arte *to acquire a work of art*
el autorretrato *self-portrait*
cotizar *to quote (prices)*
la exposición de pintura *art exhibit*
la inversión *investment*
la mercadería *commodity*
el mercado *market*
el óleo *oil painting*
el (la) pintor(a); pintar *painter; to paint*
la subasta *auction*

ACTIVIDADES

A. ¡Charlemos!

Pregúntele a su compañero(a).

1. ¿Te gusta el arte clásico o el moderno? ¿Podrías decir por qué? ¿Cuál es tu pintor(a) favorito(a)? ¿tu cuadro favorito?
2. ¿Has oído hablar de algún artista latinoamericano que se ha destacado en la pintura? ¿Cuáles? ¿Qué sabes de ellos?

B. Puntos de vista

Con un(a) compañero(a) de clase, observe los siguientes cuadros y diga (a) si conoce alguno de ellos, (b) si conoce el artista, (c) si los estilos le parecen interesantes, (d) si representan un momento histórico, (e) si le llama la atención algún detalle y cuáles.

Estrategias para la lectura

1. Observe el tono financiero del artículo. En él se habla de obras de arte pero desde el título *Más de un millón de dólares,* dominan las palabras que aluden a la economía de mercado: candente, cotizar, ingresar en el círculo, nueva marca, inversión segura, debilidad económica, etcétera.
2. Fíjese en la función que cumple el escándalo (aventura amorosa) dentro del relato. Piense si realmente se quiere ayudar a entender el cuadro aludido o se usa con otra intención.
3. Observe la pintura de Frida Kahlo (pág. 104) y piense en algunas razones que tuvo para llamarla *Diego y yo.*
4. Explique lo que es un autorretrato. ¿Cuál sería el elemento en *Diego y yo* que no pertenece a la pintura del rostro? Describa ese elemento y diga por qué cree que está en la pintura.

arriba: "La costurera", Fernando Botero
a la derecha: "La danza de la alegría", Rufino Tamayo
abajo: "Guernica", Pablo Picasso

Más de un millón de dólares Henry Goethals

Acaso las pinturas de los impresionistas franceses constituyan una mercadería *candente*, pero en los últimos tiempos las obras de arte latinoamericanas se han convertido en *rubro* altamente cotizado. Las obras de los mexicanos Diego Rivera y Rufino Tamayo, del colombiano Fernando Botero, del chileno Roberto Matta y del cubano Wilfredo Lam son algunas de las que han ingresado al círculo de las elegidas.

apasionante
categoría

Diego y yo, de la mexicana Frida Kahlo, esposa de Diego Rivera, *superó la barrera* del millón de dólares durante una subasta en una galería de Nueva York y se vendió por 1.430.000 dólares, estableciendo una nueva *marca* mundial para las obras de arte latinoamericanas vendidas en esas condiciones.

pasó el limite
récord

La comerciante de arte neoyorquina Mary Anne Martin, que adquirió *Diego y yo,* dijo que tenía la esperanza de adquirir la pintura por un millón de dólares pero se encontró con la enérgica competencia de un comprador europeo. El óleo sobre madera es un autorretrato de Frida, pintado en 1946, que muestra a la artista *derramando lágrimas* y con la imagen de Diego sobreimpresa en su frente. En la época en que se pintó el autorretrato, se atribuía a Diego Rivera una aventura amorosa —una de las muchas que tuvo en su vida— con la actriz cinematográfica mexicana María Félix. Frida murió en 1954 y Diego tres años más tarde. Los propietarios de galerías y otros observadores del mercado de pinturas señalan que una razón importante para el aumento espectacular de los precios de las obras de arte latinoamericanas se debe a la relativa debilidad económica de la región, que lleva a considerar que la compra de obras de arte constituye una inversión segura.

llorando

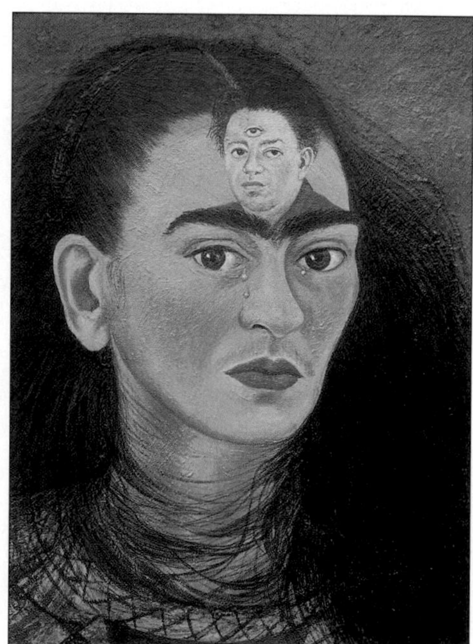

"Diego y yo", Frida Kahlo

Después de la lectura

ACTIVIDADES

A. ¿Qué dice la lectura?

Empareje las frases de la columna **A** con las de la columna **B** según la lectura.

A

1. La obra *Diego y yo* fue pintada por…
2. La artista Frida Kahlo fue esposa del…
3. En una subasta de Nueva York se pagó…
4. *Diego y yo* es un autorretrato que muestra a la artista…
5. Se dice que Diego Rivera tuvo una aventura amorosa…
6. Los observadores del mercado de pinturas creen que el aumento de precios de las obras latinoamericanas…

B

a. con la actriz mexicana María Félix.
b. se debe a la debilidad económica de la región.
c. la artista mexicana Frida Kahlo.
d. más de un millón de dólares por el óleo *Diego y yo.*
e. pintor mexicano Diego Rivera.
f. con la imagen de Diego Rivera en la frente.

B. Informe

En grupos de cuatro estudiantes preparen un informe sobre la pintura de Frida Kahlo (México), Diego Rivera (México), Rufino Tamayo (México), Fernando Botero (Colombia), Roberto Matta (Chile) o Wilfredo Lam (Cuba). El grupo presentará un resumen de la vida y la obra del (de la) artista y después cada estudiante hablará de una de sus obras.

C. Puntos de vista

Probablemente algunos de Uds. han estado en México y han tenido la oportunidad de admirar los murales del pintor Diego Rivera, esposo de Frida Kahlo, que se encuentran en la Universidad Nacional Autónoma de México (UNAM) y en el Palacio Nacional. Si Ud. los ha visto o los conoce por sus estudios de arte, comente con sus compañeros de clase sus impresiones sobre estas magníficas obras de arte.

Prepárese a leer

VOCABULARIO

Para hablar de la historia del chocolate

la almendra molida *ground almonds*
moler *to grind*
el bombón de chocolate *chocolate-covered candy with cream, nuts*
el cacao; el cacaotero *cacao; cacao tree*
la chocolatería *chocolate shop*
obsequiar chocolates *to give chocolate (as a gift)*
el desayuno; desayunar *breakfast; to eat breakfast*
los granos *grains*
la harina de maíz *corn meal*
cocer *to cook, to boil*
secar *to dry*
el jarro *pitcher, jug*
la miel *honey*
las semillas *seeds*
la tableta de chocolate *chocolate bar*

Expresiones

debido a *due to*
dejar paso a *to give way to*
en vista de que *since*
muy de mañana *early in the morning*

ACTIVIDAD

Puntos de vista

¿Sabían Uds. que cada año en los Estados Unidos se consumen más de cinco billones de dólares en chocolate, o sea un promedio de once libras por persona?

Con un(a) compañero(a) de clase, intercambie ideas sobre el consumo de chocolate, teniendo en cuenta las siguientes preguntas.

1. ¿Es Ud. chocohólico(a)? ¿Cuánto chocolate consume por día? ¿por semana? ¿Prefiere la tableta de chocolate, el bombón o el chocolate en alguna otra forma? ¿Cuál?
2. El día de su compleaños, ¿qué tipo de torta prefiere? ¿de chocolate? ¿de almendras? ¿de otro tipo?
3. ¿Cuántos postres de chocolate conoce Ud.? ¿Cómo se preparan? ¿Cuál es su postre favorito? ¿Podría traer la receta (escrita en español) a la clase?
4. ¿Sabe Ud. cuál es el país europeo más famoso por la calidad de su chocolate? ¿Cuál cree Ud. que es la marca más conocida de chocolates en los Estados Unidos? ¿y la mejor?

¿Sabía Ud. que... ?

Hernán Cortés (1485–1547) fue el conquistador de México. En 1519 desembarcó en Cozumel y fundó el puerto de Veracruz. Algunos de sus compañeros querían volver a Cuba, pero Cortés quemó sus barcos para evitar el regreso.

Cristóbal Colón fue el almirante que "descubrió" a las Américas.

Los Reyes Católicos fueron Isabel I, reina de Castilla, y Fernando V, rey de Aragón. Con su matrimonio unificaron los dos reinos españoles y fueron los que le dieron a Colón el dinero para el viaje a América.

Quiahuixtlán era una región del México antiguo, habitada por indios totouaques. En ella Hernán Cortés hizo prender a los cobradores de tributos mexicanos y declaró que, en el futuro, los totouaques no pagarían impuestos a los aztecas.

Moctezuma (1466–1520) fue el noveno monarca de los aztecas. La fuerza del imperio azteca alcanzó su máximo poder con él. Su territorio se extendía desde la costa del Pacífico hasta la del Atlántico. Se dice que le preocupaba la predicción de que su imperio acabaría con la llegada de hombres blancos y barbudos.

Las cartas de relación las escribió Cortés al rey de España. Contaban la grandeza de la civilización azteca.

Carlos I (1500–1558) en la historia fue conocido como Carlos V y fue rey de España y emperador de Alemania.

Los aztecas fueron los indígenas que en los siglos XV y XVI habitaron en lo que es ahora el centro y el sur de México. Su capital, Tenochtitlán, fue conquistada por los españoles bajo Cortés.

Los mayas eran los indios que ocuparon territorio en el norte de lo que es ahora Centroamérica. Tenían una de las civilizaciones más grandes del hemisferio occidental antes de la conquista. Su escritura, en bellos jeroglíficos, ya ha sido descifrada. Desaparecieron a mediados del siglo XV.

Bernal Díaz del Castillo (1492–1584) fue un conquistador español, compañero de Cortés y autor de la *Historia verdadera de la conquista de la Nueva España*, la más completa de las crónicas de la conquista de México.

Las Islas Canarias son un conjunto de islas españolas, cerca de la costa noroeste de África.

Estrategias para la lectura

A continuación, Ud. leerá un artículo histórico. Mientras lee, tenga presente lo siguiente.

1. ¿Qué es el cacao y qué sugiere el título?
2. La cronología de los acontecimientos históricos
3. El vocabulario que se relaciona con la cronología:

la primera vez	en la actualidad	durante	hacia (el año)
a partir de	ahora (mismo)	después	

4. Hágase las preguntas importantes al leer un artículo de carácter histórico: ¿Quién? ¿Qué? ¿Cómo? ¿Cuándo? y ¿(A)dónde?

El cacao vino de América Guillermo Soreda Molina

La historia nos dice que Hernán Cortés y los suyos se encontraron en México con el chocolate. Pero si bien es verdad que fueron ellos los primeros europeos en tomar el cacao preparado y mezclado con otras muchas cosas, las semillas del cacaotero fueron ya conocidas por la gente de Colón en su cuarto viaje. Incluso algunos historiadores afirman que el *Almirante* trajo a España varias de esas semillas y las ofreció a los Reyes Católicos.

Es posible que la primera vez que Cortés y sus soldados vieran el chocolate fuera en Quiahuixtlán. Allí, un *cacique* llamado Gordo recibía a los *recaudadores* de Moctezuma y les obsequiaba con ricos platos y jarras de chocolate. Por otra parte, las semillas del cacaotero eran utilizadas por los indios mexicanos como moneda. En la segunda de las *Cartas de relación* que Cortés dirigió a Carlos I, dice lo siguiente: "Es una fruta como almendras, que ellos venden molida, y *ténenla... por* moneda en toda la tierra, y con ella se compran todas las cosas necesarias en los mercados y otras partes".

El chocolate que bebía Moctezuma se lograba mezclando granos de cacao molidos y cocidos con agua, miel, harina de maíz, *especias* muy diversas y otras sustancias excitantes. Es decir, aquel chocolate tenía poco o nada que ver con el que generalmente se toma en la actualidad en el mundo entero. Etimológicamente, la palabra chocolate tiene, según unos, origen azteca: "tchoco", que significa ruido, y "latte", que quiere decir bebida. Según otros, viene del *vocablo* maya "xocoalt".

El chocolate tenía fama de ser una bebida afrodisíaca. Bernal Díaz del Castillo, que siguió a Cortés en sus conquistas, escribe lo siguiente: "Traían en *unas como a maneras de* copas de oro fino cierta bebida hecha del mismo cacao: decían que era para tener acceso a las mujeres..." Tal vez fue ésta la mejor publicidad que entre los españoles pudiera tener el chocolate.

Debido precisamente al azúcar que los españoles llevaron de Canarias a México, el chocolate fue todavía más popular y su consumo se extendió rápidamente en todo el imperio español americano. Las mujeres lo llegaron a tomar a todas horas, incluso dentro de las iglesias durante los *rezos*. Fue tanto el abuso que se hizo de esa bebida en el interior de los templos, que un obispo mexicano, en vista de que no lograba *desterrar* esa costumbre mediante ruegos, *decretó* la excomunión para aquellas mujeres que tomaran chocolate durante los rezos. No sólo no obedecieron a su obispo, sino que lo *envenenaron* con una *pócima* introducida en una *jícara* de chocolate. De ahí la frase *"dar un jicarazo".*

Parece ser que el chocolate llegó a España un año después de la conquista de México por Cortés; es decir, en 1520. Hacia 1650 el chocolate ya es una bebida popular y corriente en casi toda Europa. Deleito Piñuela, en su libro *La mujer, la casa y la moda (En la España del Rey poeta),* dice lo siguiente: "El chocolate, que se empezó a generalizar desde el descubrimiento de América... fue objeto en el siglo XVII de una verdadera pasión... Se tomaba chocolate no sólo para desayunar, sino a cada paso durante el día y en gran cantidad... Sólo por la mañana consumíanse cinco o seis onzas de chocolate para desayunar".

Durante todo el siglo XIX se sigue tomando chocolate en España. Un historiador dice que "el chocolate es para el español lo que es el té para el inglés y el café para el francés".

- *Admiral* (Colón)
- jefe indio / cobradores
- la tienen como
- *spices*
- palabra
- algo así como
- *prayers*
- acabar con / declaró
- *poisoned / potion*
- taza / envenenar a una persona

tipo de *doughnut*

bar

El chocolate empieza su decadencia en España a partir de la primera Guerra Mundial. Las muy famosas chocolaterías van dejando paso a unos nuevos locales llamados cafés y el clásico "chocolate con *churros*" —que todavía se toma— se va sustituyendo lentamente por el café con leche con media tostada. Ahora mismo es muy posible que no llegue al dos por mil el número de personas que en España desayunan chocolate. El café con leche, el simple café o el mismo té, lo han vencido. Nos quedan, en cambio, la *tableta* de chocolate, el chocolate duro y el bombón de chocolate. Dios nos los conserve durante muchos años.

Después de la lectura

ACTIVIDADES

A. ¿Qué dice la lectura?

Indique la oración que no corresponde a la lectura anterior.

1. La historia del chocolate en Europa empieza con…
   a. Colón, que ya conocía las semillas del cacaotero en su cuarto viaje.
   b. Cortés y sus soldados, que vieron al cacique Gordo obsequiar a los recaudadores de Moctezuma con jarras de chocolate.
   c. los indios mexicanos que usaban las semillas de cacao como moneda.
2. La historia del chocolate en América nos dice…
   a. que Moctezuma bebía una mezcla de granos de cacao con miel y harina de maíz.
   b. que lo que tomaba Moctezuma era muy parecido al chocolate que se toma hoy.
   c. que la palabra chocolate tiene origen azteca o maya.
3. La popularidad del chocolate en México y en todo el imperio español americano…
   a. se debía a su fama de ser una bebida afrodisíaca.
   b. creció con la introducción del azúcar en México.
   c. se veía en el abuso de la bebida por las mujeres que lo tomaban en las iglesias.
   d. disminuyó con el envenenamiento del obispo de Chiapas.
4. El consumo de chocolate empezó su decadencia en España…
   a. después de la primera Guerra Mundial.
   b. cuando el chocolate con churros se fue sustituyendo por el café con leche con media tostada.
   c. cuando desaparecieron la tableta de chocolate, el chocolate duro y el bombón de chocolate.

B. Todos los datos

Complete el siguiente cuadro de acuerdo con los acontecimientos de la lectura.

¿Quién?	¿Qué?	¿Cuándo?	¿(A)dónde?
Colón	llevó semillas de cacao	en su cuarto viaje	a España
Cortés		en 1520	
Moctezuma			en México
	el cacao	en 1650	
		en el siglo XVII	
		en el siglo XIX	
		desde 1920	
		ahora	

C. La planta del cacao

Observe el mural de Diego Rivera, *La planta del cacao,* que se encuentra en el Palacio Nacional de México. En éste se observa a un indígena con una vara *(stick, pole)* de bambú tirando las bayas *(berries)* del cacao; abajo, otro las recoge *(pick, gather)* con un cesto *(basket)* para después desgranarlas *(to shake out the grains)* y secarlas. En la parte central se ven dos indígenas: la de la derecha está tostando el grano de cacao en un comal de barro *(flat earthenware pan)* y la de la izquierda lo muele en un metate *(grinding stone).* En la parte baja del metate hay fuego, para conservar la piedra caliente y en esa forma hacer el chocolate, llamado "bebida de los dioses". En la parte inferior del mural se ve a un comerciante que paga a otros indígenas con granos de cacao. ¿Qué sugiere el mural sobre la importancia del cacao para estos indígenas?

"La planta del cacao", Diego Rivera

Prepárese a leer

VOCABULARIO

Para hablar del campo

el atardecer *nightfall, end of the afternoon*
la colina *small hill*
la gallina *hen*
el girasol *sunflower*
recorrer *to travel over, to go over*
el terreno *plot, land*
la tierra *earth, soil*
trasladarse *to move*
el valle *valley*

Para hablar de la propiedad

alquilar un piso *to rent an apartment*
el catastro *real estate tax assessor*
la escritura *deed of sale*
la firma; firmar *signature; to sign*
el impuesto *tax*
el (la) notario(a) *notary public*
la propiedad *property*
el (la) propietario(a), el (la) dueño(a) *owner*
el rascacielos *skyscraper*
la superficie *surface*

Para hablar de las inversiones

animarse a *to be encouraged to, to decide*
la cifra *figure, number*
desanimarse de *to get discouraged*
el petróleo *oil*
el pozo *water well*
subir a razón de *to rise at the rate of*

Expresiones

al cabo de *at the end of, within*
apenas *as soon as*
de cuando en cuando *from time to time*

PRÁCTICA

Familia de palabras

Elimine la palabra que no corresponde al mismo grupo.

1. la noticia, el sol, el atardecer, la noche
2. el maíz, la risa, la alfalfa, el girasol
3. el campo, la colina, el valle, la cifra
4. la firma, la escritura, el notario, el pozo
5. el rascacielos, el hotel, el diario, la casa
6. el turista, el emisario, el dormitorio, el ingeniero, el propietario

ACTIVIDAD

Puntos de vista

Con un(a) compañero(a) de clase, intercambie ideas sobre la importancia del petróleo en el mundo entero, teniendo en cuenta las siguientes y otras preguntas.

1. Al petróleo se le ha llamado el "oro negro". ¿Podrían Uds. explicar por qué? ¿Qué piensan Uds. que sería más conveniente para un país, tener oro o tener petróleo? ¿Podrían explicar su respuesta?
2. ¿En qué países o regiones del mundo hay petróleo? ¿Creen Uds. que la economía mundial depende de la producción de petróleo? ¿Por qué? ¿Qué problemas relacionados con el petróleo que amenazan la paz del mundo entero hemos visto en los últimos años?

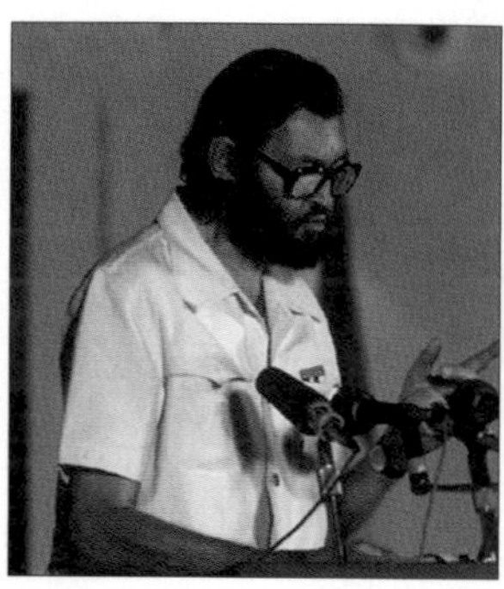

EL AUTOR Y SU OBRA

Julio Cortázar (1914–1984), escritor argentino, se distinguió por sus relatos cortos: *Bestiario, Las armas secretas, Final de juego, Un tal Lucas, Todos los fuegos el fuego, Octaedro, La vuelta al día en ochenta mundos, Último round, Viaje alrededor de una mesa* y *Queremos tanto a Glenda.* Escribió también novelas: *Los premios, 62, modelo para armar, El libro de Manuel* y la más famosa, *Rayuela,* que fue llevada al cine inglés como *Hopscotch.* Dos de sus cuentos fueron la base de otras dos películas *Blow Up* y *Spider's Stratagem.*

Estrategias para la lectura

Mientras Ud. lee el cuento...

1. piense en las situaciones que se presentan en él. ¿Son o no son irónicas? ¿Cuáles de las situaciones resultan cómicas? ¿Por qué? ¿Cuáles son posibles en nuestra vida cotidiana? ¿Cuáles son imposibles?
2. imagínese a Gómez, el hombre modesto, y a Literio, el dueño de terrenos, que le vende a Gómez un metro cuadrado de tierra.

¿Sabía Ud. que... ?

El choclo es el nombre que se da en algunos países sudamericanos al maíz fresco y tierno. En México lo llaman *elote.* El maíz es un producto de América. Al regresar de una exploración a Cuba, los mensajeros de Colón declararon haber visto "una clase de grano, que llaman maíz, de buen sabor cocinado, seco y en harina". El escritor guatemalteco Miguel Ángel Asturias, en su famoso libro *Hombres de maíz* (1949), nos ofrece relatos de la lucha entre los indígenas guatemaltecos que quieren que se siembre el maíz sólo para alimentarse y no para negocio.

¡A LEER!

Las buenas inversiones Julio Cortázar

Gómez es un hombre modesto y *borroso,* que sólo le pide a la vida un pedacito bajo el sol, el diario con noticias exaltantes y un choclo hervido con poca sal pero eso sí con bastante *manteca.* A nadie le puede extrañar entonces que, apenas haya reunido la edad y el dinero suficientes, este *sujeto* se traslade al campo, busque una región de colinas agradables y pueblecitos inocentes y se compre un metro cuadrado de tierra para estar *lo que se dice* en su casa.

Esto del metro cuadrado puede parecer raro y lo sería en circunstancias ordinarias, es decir, sin Gómez y sin Literio. Como a Gómez no le interesa más que un pedacito de tierra donde instalar su *reposera* verde y sentarse a leer el diario y a hervir su choclo con ayuda de un *calentador primus,* sería difícil que alguien le vendiera un metro cuadrado, porque en realidad nadie tiene un metro cuadrado sino muchísimos metros cuadrados, y vender un metro cuadrado en mitad o al extremo de los otros metros cuadrados plantea problemas de catastro, de *convivencia,* de impuestos y además es ridículo y no se hace, *qué tonto.* Y cuando Gómez, llevando la reposera con el primus y los choclos, empieza a desanimarse después de haber recorrido gran parte de los valles y las colinas, se descubre que Literio tiene entre dos terrenos un rincón que mide justamente un metro cuadrado y que por *hallarse sito* entre dos *solares* comprados en épocas diferentes posee una especie de personalidad propia aunque en apariencia no sea más que un *montón de pastos* con un *cardo* apuntando hacia el norte. El notario y Literio se mueren de risa durante la firma de la escritura, pero dos días después Gómez ya está instalado en su terreno en el que pasa todo el día leyendo y comiendo, hasta que al atardecer regresa al hotel del pueblo donde tiene alquilada una buena habitación, porque Gómez será loco pero nada idiota, y eso hasta Literio y el notario están prontos a reconocerlo.

Con lo cual el verano en los valles va pasando agradablemente, aunque de cuando en cuando hay turistas que han oído hablar del asunto y se asoman para mirar a Gómez leyendo en su reposera. Una noche, un turista venezolano se anima a preguntarle a Gómez por qué ha comprado solamente un metro cuadrado de tierra y para qué puede servir esa tierra aparte de poner la reposera, y tanto el turista venezolano como los otros *estupefactos contertulios* escuchan esta respuesta: "Usted parece ignorar que la propiedad de un terreno se extiende desde la superficie hasta el centro de la tierra. Calcule, entonces". Nadie calcula, pero todos tienen como la visión de un pozo cuadrado que baja y baja y baja hasta no se sabe dónde, y de alguna manera eso parece más importante que cuando se tienen tres *hectáreas* y hay que imaginar *un agujero de semejante* superficie que baje y baje y baje. Por eso cuando los ingenieros llegan tres semanas después, todo el mundo se da cuenta de que el venezolano *no se ha tragado la píldora* y ha sospechado el secreto de Gómez, o sea que en esa zona debe haber petróleo. Literio es el primero en permitir que le arruinen sus campos de alfalfa y girasol con *insensatas* perforaciones que llenan la atmósfera de *malsanos* humos; los demás propietarios perforan noche y día en todas partes, y hasta *se da* el caso de una

- borroso: poco interesante
- manteca: mantequilla (Arg.)
- sujeto: hombre
- lo que se dice: como
- reposera: *folding chair* (Arg.)
- calentador primus: *portable furnace*
- convivencia / qué tonto: vida en común / *how silly*
- hallarse sito / solares: encontrarse / terrenos
- montón de pastos / cardo: *pile of grass / thistle*
- estupefactos contertulios: sorprendidos compañeros
- hectáreas / un agujero de semejante: 10.000 m² / *a hole of such a*
- no se ha tragado la píldora: *he wasn't taken in*
- insensatas / malsanos: ridículas / malos
- se da: hay

pobre señora que entre grandes lágrimas tiene que *correr* la cama de tres generaciones de honestos *labriegos* porque los ingenieros han localizado una zona neurálgica en el mismo medio del dormitorio. Gómez observa de lejos las operaciones sin preocuparse gran cosa, aunque el ruido de las máquinas lo distrae de las noticias del diario; por supuesto nadie le ha dicho nada sobre su terreno, y él no es hombre curioso y sólo contesta cuando le hablan. Por eso contesta que no cuando el emisario del *consorcio* petrolero venezolano se confiesa vencido y va a verlo para que le venda el metro cuadrado. El emisario tiene órdenes de comprar a cualquier precio y empieza a mencionar cifras que suben a razón de cinco mil dólares por minuto, con lo cual al cabo de tres horas Gómez *pliega* la reposera, guarda el primus y el choclo en la *valijita* y firma un papel que lo convierte en el hombre más rico del país siempre y cuando se encuentre petróleo en su terreno, cosa que ocurre exactamente una semana más tarde bajo la forma de un *chorro* que deja *empapada* a la familia de Literio y a todas las gallinas de la zona.

Gómez, que está muy sorprendido, se vuelve a la ciudad donde empezó su existencia y se compra un departamento en el piso más alto de un rascacielos, pues ahí hay una terraza, a pleno sol para leer el diario y *hervir* el choclo sin que vengan a distraerlo venezolanos *aviesos* y gallinas *teñidas* de negro que corren de un lado a otro con la indignación que siempre manifiestan estos animales cuando se los *rocía* con petróleo *bruto.*

mover
campesinos
compañía
folds up
maleta
spurt
mojada
boil
mischievous / dyed
spray / crude

Después de la lectura

ACTIVIDADES

A. ¿Qué dice la lectura?

Ordene las siguientes oraciones siguiendo el orden de los sucesos en el cuento.

1. ___ Gómez le compra el terreno a Literio y se instala en su metro cuadrado muy contento.
2. ___ Gómez vuelve a la ciudad de donde vino y se compra un departamento en un edificio muy alto que tiene una terraza donde puede leer el diario y comer su choclo tranquilamente.
3. ___ Gómez es un hombre sencillo que se traslada al campo con el deseo de comprar un metro cuadrado de tierra para poner su reposera verde, leer el diario y poder cocinar su choclo.
4. ___ Un turista venezolano llega al valle y le pregunta a Gómez por qué tiene un terreno de sólo un metro cuadrado.
5. ___ Literio y todos los propietarios del lugar permiten que perforen la tierra para ver si hay petróleo.
6. ___ Como el emisario de la firma petrolera empieza a ofrecer más y más dinero por el metro cuadrado de terreno, Gómez decide venderlo.
7. ___ Gómez observa de lejos las operaciones de perforación sin preocuparse mucho, aunque el ruido de las máquinas lo distrae.
8. ___ Cuando el enviado de la firma petrolera le pide a Gómez que le venda el metro cuadrado de terreno, primero éste le dice que no.

B. Más allá de la lectura

Conteste las siguientes preguntas.

1. ¿Quién es el protagonista del cuento? ¿Cómo se lo describe?
2. ¿Cuál es el sueño de Gómez? ¿Qué le interesa comprar y para qué?
3. ¿Por qué su deseo de comprar un metro cuadrado de terreno es tan difícil de realizar? ¿Por qué cree Ud. que se mueren de risa el notario y Literio durante la firma de la escritura?
4. ¿Para qué le sirve a Gómez su pedacito de tierra? ¿Cómo le explica al turista venezolano su compra de un metro cuadrado?
5. Tres semanas más tarde, ¿en busca de qué llegan los ingenieros? ¿Cuál parece ser la actitud de Gómez hacia toda la actividad que lo rodea?
6. Describa Ud. la escena entre el emisario del consorcio petrolero y Gómez. ¿Cómo son los términos de la venta? ¿Favorables? ¿desfavorables? ¿Para quién?
7. ¿Sabía Gómez que había petróleo en su pedacito de tierra? ¿Cómo lo sabemos?
8. ¿Puede Gómez finalmente vivir como desea? Según el cuento, ¿dónde se puede vivir más tranquilo, en la ciudad o en el campo? ¿Qué piensa Ud. al respecto?

C. Temas de reflexión

¿Por qué cree Ud. que Cortázar se refiere a la búsqueda de petróleo como "... insensatas perforaciones que llenan la atmósfera de malsanos humos..." (ll. 42)? ¿Sabe Ud. cómo se explota el petróleo? ¿Cuáles son algunos de los peligros de la explotación de petróleo? ¿Piensa Ud. que se debe controlar la explotación de petróleo? ¿Cómo? Explique su respuesta.

El mundo hispano

Mucho de lo que hoy es el oeste de los Estados Unidos fue alguna vez tierra española y luego mexicana. Basta tan sólo pensar en los topónimos *(place names)* del oeste para vislumbrar su herencia hispana: Colorado, Arizona, Texas, Nuevo México, Nevada, California, Mesa, San Antonio, Santa Fé, Las Vegas, Sacramento... Parecido es el caso del sureste del país. De hecho, San Agustín, en la Florida, está entre los asentamientos europeos más antiguos del continente. Trabajando en grupos de dos o tres, miren un mapa detallado de Estados Unidos y escriban una lista de todos los nombres hispanos de estados, ciudades, ríos, montañas, etcétera. Luego, comparen su lista con la de otros compañeros.

Población: 98.555.000
Capital: Ciudad de México
Moneda: el peso mexicano

Algo sobre México

Mayas, Olmecas, Chichimecas, Aztecas y Toltecas son algunas de las grandes civilizaciones precolombinas que se desarrollaron en el territorio que hoy corresponde a México. Tras su independencia de España, México sufrió la pérdida de casi la mitad de su territorio en la lucha contra los Estados Unidos (tratado de Guadalupe Hidalgo, 1848). Años más tarde, el general Santa Anna vendió la región de la Mesilla a los Estados Unidos (Gadsden Purchase) en 1853 y sólo un año depués, Baja California intentó la secesión.

La historia mexicana cuenta también con la desafortunada intervención francesa: Napoleón III de Francia impuso a Maximiliano de Habsburgo como emperador; Benito Juárez y sus seguidores derrotarían a Maximiliano. El siguiente acontecimiento bélico que marcó la historia de México fue la larga etapa de la revolución (la lucha armada duró de 1911 a 1920; la denominada etapa organizadora duraría de 1920 a 1940 y a ésta le sigue la llamada etapa conservadora). En las elecciones presidenciales del 2000 se produjo un acontecimiento inusitado: después de más de setenta años en el poder, el PRI (Partido Revolucionario Institucional) perdió las elecciones.

¿Sabía Ud. que... ?

La grafía "x" en las palabras: *México, Texas* y *Quixote* se pronuncia como la "j" del español actual. Las pocas palabras que aún mantienen esta grafía con tal pronunciación son las que no se incorporaron al ajuste de las consonantes sibilantes en el español del siglo XVII. Pueden considerarse "arcaísmos ortográficos" que alternan con las formas *Méjico, Tejas* y *Quijote*. Tal es el caso también con los siguientes nombres: *Ximena/Jimena, Xavier/Javier.*

Última lectura

VOCABULARIO

Para hablar de los zapatos y de otras prendas

las aristas *edges*
las costuras *seams*
la hechura *craftsmanship*
las huellas *signs, marks*
las suelas *shoe soles*
el tope *bump*
cumplido *reliable*
esmero *great care*
mezquino *stingy*
el reproche *reproach*
el resentimiento *resentment*
siniestra *sinister*
suscitar *to provoke*
el vicio *bad habit*

EL AUTOR Y SU OBRA

Juan José Arreola (Ciudad Guzmán, México, 1918–) maestro del humor, la sátira y la fantasía es autor de varias colecciones de narraciones cortas que rompen con las formas tradicionales: *Varia invención* (1949), *Confabulario* (1952), *Palindroma* (1971) y *Bestiario* (1972).

Estrategias para la lectura

En la siguiente lectura observará usted una tremenda desproporción entre los hechos ocurridos y la reacción que éstos provocan en el autor de la carta. En consecuencia, el lector tendrá que decidir si va a interpretar la carta como un texto irónico o si, por el contrario, va a considerar que el autor de la carta se toma el asunto en serio y que el punto de vista del personaje es lo que conviene analizar.

¡A LEER!

Carta a un zapatero que compuso mal unos zapatos Juan José Arreola

Estimable señor:

Como he pagado a usted tranquilamente el dinero que me cobró por reparar mis zapatos, le va a extrañar sin duda la carta que me veo precisado a dirigirle.

En un principio no me di cuenta del desastre ocurrido. Recibí mis zapatos muy contento, augurándoles una larga vida, satisfecho por la economía que acababa de realizar: por unos cuantos pesos un nuevo par de calzado. (Estas fueron precisamente sus palabras y puedo repetirlas.)

Pero mi entusiasmo se acabó muy pronto. Llegado a casa examiné detenidamente mis zapatos. Los encontré un poco deformes, un tanto duros y *resecos*. No quise conceder mayor importancia a esa metamorfosis. Soy razonable. Unos zapatos remontados tienen algo de extraño, ofrecen una nueva fisonomía, casi siempre deprimente.

stiff

Aquí es preciso recordar que mis zapatos no se hallaban completamente arruinados. Usted mismo les dedicó frases elogiosas por la calidad de sus materiales y por su perfecta hechura. Hasta puso muy alto su marca de fábrica. Me prometió en suma, un calzado *flamante*.

looking brand new

Pues bien: no pude esperar hasta el día siguiente y me descalcé para comprobar sus promesas. Y aquí estoy, con los pies doloridos, dirigiendo a usted una carta en lugar de transferirle las palabras violentas que suscitaron mis esfuerzos infructuosos.

Mis pies no pudieron entrar en los zapatos. Como los de todas las personas, mis pies están hechos de una materia blanda y sensible. Me encontré ante unos zapatos de hierro. No sé cómo ni *con qué artes se las arregló usted* para dejar mis zapatos inservibles. Allí están, en un rincón, guiñándome burlonamente con sus puntas torcidas.

how did you manage

Cuando todos mis esfuerzos fallaron, me puse a considerar cuidadosamente el trabajo que usted había realizado. Debo advertir a usted que carezco de toda instrucción en materia de calzado. Lo único que sé es que hay zapatos que me han hecho sufrir, y otros, en cambio, que recuerdo con ternura: así de suaves y flexibles eran.

Los que le di a componer eran unos zapatos admirables que me habían servido fielmente durante muchos meses. Mis pies se hallaban en ellos como pez en el agua. Más que zapatos parecían ser parte de mi propio cuerpo, una especie de *envoltura protectora* que daba a mi paso firmeza y seguridad. Su piel era en realidad una piel mía, saludable y resistente. Sólo que daban ya muestras de fatiga. Las suelas sobre todo: unos amplios y profundos adelgazamientos me hicieron ver que los zapatos se iban haciendo extraños a mi persona, que se acababan. Cuando se los llevé a usted, iban ya a dejar ver los calcetines.

protective cover

También habría que decir algo acerca de los tacones: piso defectuosamente, y los tacones mostraban huellas demasiado claras de este antiguo vicio que no he podido corregir.

Quise, con espíritu ambicioso, prolongar la vida de mis zapatos. Esa ambición no me parece censurable: al contrario es señal de modestia y entraña una cierta humildad. En vez de tirar mis zapatos, estuve dispuesto a usarlos durante una segunda época, menos brillante y lujosa que la primera. Además esta costumbre que tenemos las personas modestas de renovar el calzado es, si no me equivoco, el *modus vivendi* de las personas como usted.

manera de vivir

Debo decir que del examen que practiqué a su trabajo de reparación he sacado muy feas conclusiones. Por ejemplo, la de que usted no ama su oficio. Si usted, dejando aparte todo resentemiento, viene a mi casa, y se pone a contemplar mis zapatos, ha de darme toda la razón. Mire usted qué costuras: ni un ciego podría haberlas hecho tan mal. La piel está cortada con inexplicable descuido: los bordes de las suelas son irregulares y ofrecen peligrosas aristas. Con toda seguridad usted carece de *hormas* en su taller, pues mis zapatos ofrecen un aspecto indefinible. Recuerde usted, gastados y todo, conservaban ciertas líneas estéticas. Y ahora ...

shoe tree

obstacle

Pero introduzca usted su mano dentro de ellos. Palpará usted una caverna siniestra. El pie tendrá que transformarse en reptil para entrar. Y de pronto un tope; algo así como un *quicio* de cemento poco antes de llegar a la punta. ¿Es posible? Mis pies, señor zapatero, tienen forma de pies, son como los suyos, si es que acaso tiene usted extremidades humanas.

Pero basta ya. Le decía que usted no tiene amor a su oficio y es cierto. Es también muy triste para usted y peligroso para sus clientes, que por cierto no tienen dinero para derrochar.

mean

A propósito: no hablo movido por el interés. Soy pobre pero no soy *mezquino.* Esta carta no intenta abonarse la cantidad que yo le pagué por su obra de destrucción. Nada de eso. Le escribo sencillamente para exhortarle a amar su propio trabajo. Le cuento la tragedia de mis zapatos para infundirle respeto por ese oficio que la vida ha puesto en sus manos; por ese oficio que usted aprendió con alegría en un día de juventud... Perdón; usted es todavía joven. Cuando menos tiene tiempo para volver a comenzar, si es que ya olvidó cómo se repara un par de calzado.

Nos hacen falta buenos artesanos, que vuelvan a ser los de antes, que no trabajen solamente para obtener el dinero de los clientes, sino para poner en práctica las sagradas leyes del trabajo. Esas leyes que han quedado irremisiblemente burladas en mis zapatos.

indoctrinate

Quisiera hablarle del artesano de mi pueblo, que remendó con dedicación y esmero mis zapatos infantiles. Pero esta carta no debe *catequizar* a usted con ejemplos.

criticism

Sólo quiero decirle una cosa: si usted en vez de irritarse, siente que algo nace en su corazón y llega como un *reproche* hasta sus manos, venga a mi casa y recoja mis zapatos, intente en ellos una segunda operación, y todas las cosas quedarán en su sitio.

Yo le prometo que si mis pies logran entrar en los zapatos, le escribiré una hermosa carta de gratitud, presentándolo en ella como hombre cumplido y modelo de artesanos.

Soy sinceramente su servidor.

Después de la lectura

ACTIVIDADES

A. ¡Charlemos!

1. ¿Qué opina Ud. del autor de la carta?
2. ¿Cuál habría sido su reacción ante una situación similar?
3. ¿Cree Ud. que vale la pena llevar los zapatos a arreglar?
4. ¿Hay algún zapatero remendón cerca de su casa?
5. ¿Cree Ud. que los oficios artesanales desaparecerán un día?

B. Creación

Asuma Ud. el papel del zapatero de la historia y responda a la carta del cliente insatisfecho.

LECCIÓN 6

para vivir mejor:
comer sano y si bebe, que sea con moderación

El exceso en el comer causa la obesidad, que deteriora la salud y acorta la vida.

ASOCIACIÓN NACIONAL DE FABRICANTES DE CERVEZA

Con la asesoría técnica del INSTITUTO NACIONAL DE LA NUTRICIÓN SALVADOR ZUBIRÁN

¡Viva la vida!

Primeros pasos

ACTIVIDADES

A. Puntos de vista

Observe con atención la ilustración. Se trata de un anuncio que apareció en el periódico *El Excélsior* de México. Con un(a) compañero(a) de clase, comente qué ve, qué le llama la atención y si hay anuncios similares en los periódicos norteamericanos. Luego diga qué le sugiere el título e intercambie ideas sobre las razones que pueda tener la Asociación Nacional de Fabricantes de Cerveza para publicar en el periódico este tipo de anuncio.

B. ¡Charlemos!

Pregúntele a su compañero(a).

1. ¿Dónde comes? ¿Qué te gusta comer? ¿Comes con moderación? ¿Te preocupas por lo que comes? ¿Cuántas veces a la semana comes carne? ¿pescado? ¿verduras? ¿Controlas el número de calorías de las comidas y las bebidas?
2. ¿Qué bebes cuando estás en una fiesta? ¿Te gustan los refrescos o la cerveza? En general, ¿qué bebidas toman los estudiantes? ¿En qué ocasiones?
3. ¿Qué haría Ud. para evitar que la moda dicte las normas sobre el peso ideal? ¿Considera Ud. que las modelos profesionales deberían tener algo más de peso?
4. Si Ud. conoce ideales de belleza y salud en otras culturas que le parezcan exóticos, coméntelos con sus compañeros.
5. ¿Piensa Ud. que se habla demasiado del peso y de la dieta en la cultura occidental?

Prepárese a leer

VOCABULARIO

Para hablar de los médicos y de la salud

el (la) cirujano(a) *surgeon*
atender a un(a) enfermo(a) *to see a patient*
recetar; la receta *to prescribe; prescription*
el consultorio *(doctor's) office*
el equipo de medicina *medical equipment*
el malestar *malaise, indisposition*
el medicamento/la medicina *medication, medicine*
el (la) paciente/el (la) enfermo(a) *patient*
aguantar un dolor fuerte *to bear acute pain*
de cabeza *in the head*
de estómago *stomach*
contraer una enfermedad *to contract (catch) an illness*
enfermo(a) *sick*
saludable *healthy*
la píldora *pill*
el resfrío/resfriado(a) *cold*
la sala de espera *waiting room*

Expresión

¡No es para menos! *With good reason!*

ACTIVIDADES

A. ¡Charlemos!

Pregúntele a su compañero(a) las siguientes preguntas.

1. Cuando te sientes enfermo(a), ¿vas de inmediato al médico, te metes en cama o esperas que tu malestar pase poco a poco? ¿Por qué?
2. Cuando vas al consultorio de un(a) médico, ¿le haces muchas preguntas o prefieres que él o ella te diga lo que tienes? ¿Sigues exactamente sus instrucciones o prefieres seguir los consejos de tus padres o tus amigos? ¿Por qué?
3. ¿Crees que se justifica el alto costo de las cuentas médicas? ¿Por qué?

B. Puntos de vista

La vida de estudiantes se va haciendo cada día más difícil. Surgen nuevas obligaciones y las tensiones, a veces, llevan a pensar si vale la pena seguir estudiando. No es extraño, entonces, que Uds. se despierten a las dos de la mañana pensando si podrán terminar el trabajo que tienen pendiente. Con un(a) compañero(a) de clase, hable sobre las grandes tensiones que sufren los estudiantes, teniendo en cuenta las siguientes y otras preguntas.

1. ¿Les sucede a veces a Uds. que a pesar del trabajo que tienen no pueden concentrarse en sus tareas o en lo que están leyendo? ¿Qué hacen en esos casos? ¿Cómo eliminan las tensiones del estudio? ¿Las comparten con alguien? ¿Se concentran en lo más inmediato? ¿Dejan las cosas menos urgentes para el día siguiente? ¿Se sienten tan angustiados que prefieren olvidar sus problemas y se ponen a ver la tele?

2. ¿Hay maneras de conseguir lo que uno quiere sin permitir que las tensiones afecten nuestra salud? ¿Cuáles? ¿De qué manera la práctica de ejercicios físicos suele aliviar la tensión mental?

Estrategias para la lectura

En el siguiente artículo se habla de distintos tipos de personalidad médica. La autora describe la situación inicial de modo caricaturesco. Observe cómo es el comienzo de los cuatro primeros párrafos.

1. Desde la primera línea del primer párrafo percibimos su antagonismo por los médicos en la frase "No es para menos".
2. En "Hay médicos y hay médicos" anuncia una ligera concesión.
3. Con "He tenido unas cuantas experiencias con médicos que preferiría olvidar" anuncia al lector que lo que sigue es una crítica negativa.
4. "Reconozco que he tenido mala suerte" sirve casi como disculpa. Quizá la autora haya exagerado y quiere ganarse la simpatía del lector.
5. Finalmente la falta de confianza en los médicos está patente en las descripciones de las personalidades médicas.

¡A LEER!

Ud. leerá un artículo sobre los médicos que apareció en la revista *Cosmopolitan* de México. Según este artículo, hay muchísimas variedades de médicos. Los hay gentiles, humanos, comerciantes, ineptos y competentes. Mientras lee, piense en los médicos que Ud. ha consultado y en el parecido que tienen con los descritos en la siguiente lectura.

Usted vs. su médico: Cómo salir ganando

Marilou Cross de Narbona

La mayoría de la gente detesta ir al médico. ¡Y no es para menos! Casi siempre hay que esperar una eternidad en la salita de espera —donde todas las revistas son del año pasado—, y luego pagar una cuenta que nos deja sin dinero por el resto del mes. En algunas personas la fobia a los médicos es tan *aguda* que prefieren pasar una semana en cama aguantando un fuerte dolor antes de ceder a las *súplicas* de sus familiares y hacer acto de presencia en el consultorio del doctor. Por supuesto, esto no es *sensato* y puede resultar peligroso, especialmente cuando no se sabe qué está causando el dolor. *No obstante*, para la persona saludable, cuyos únicos malestares son un resfriado o una indigestión ocasional, los médicos *suelen* ser seres desconocidos a los que sólo ve cuando va a visitar a un amigo al hospital.

Ahora bien, hay médicos... y hay médicos. Algunos son *encantadores*, profesionales y humanos. Otros son *pedantes*, comerciantes, ineptos y *antipáticos*. A veces hay que pasar por tres o cuatro antes de encontrar al médico que nos hace sentir bien, no sólo físicamente, sino emocionalmente.

acute
ruegos
razonable
Sin embargo
acostumbran
charming
arrogantes
no simpáticos

Como mucha gente, yo he tenido unas cuantas experiencias con médicos que preferiría olvidar. Por ejemplo, aquel médico que me mandó a operar urgentemente de apendicitis, cuando lo que tenía en realidad era un caso agudo de gastroenteritis. ¿Qué cómo lo sé? Es muy sencillo: a las dos horas de salir de la sala de operaciones, ya sin apéndice, volví a tener los mismos síntomas que me llevaron al médico en un comienzo. Al verme así, el cirujano me presentó esta increíble historia: de alguna forma *insospechada*, yo había contraído la gastroenteritis durante las 24 horas que llevaba en el hospital.

desconocida

Reconozco que he tenido mala suerte y que hay personas que nunca tienen problemas con sus doctores. Aun así, sospecho que todo el mundo podría reconocer al suyo en alguno de los médicos que describo a continuación.

(Aunque me refiero a ellos en sexo masculino, se entiende que los médicos podrían ser de tantos hombres como mujeres.)

El Dr. Misterio

Este médico tiene una actitud de superioridad y desea intimidar al paciente. Él quiere que Ud. lo considere *sabio*, casi un Dios, y que confíe ciegamente en lo que le receta. ¡Cuidado con hacerle una pregunta! Si alguien *se atreve* a decirle: "Doctor, ¿qué contiene esta píldora?" lo mirará con reproche y le dirá: "No se preocupe, sólo tómesela y hágame caso". El Dr. Misterio no desea revelar sus secretos de medicina a los pacientes. Para él, es más fácil curar cuando el enfermo no sabe qué contienen las medicinas.

a wise man

dares

El Dr. Optimista

Al Dr. Optimista le gusta la gente y sus pacientes lo estiman mucho. Su frase favorita es: "¡Ya verá qué bien se siente para mañana!" Con su optimismo y alegría, Ud. sale de su consultorio sintiéndose mucho mejor aun antes de tomar la medicina. Todo esto está muy bien, pero el Dr. Optimista a veces no presta atención a los síntomas que Ud. menciona. Por eso es necesario explicarle con claridad si Ud. cree tener algo más complicado que un simple dolor de estómago.

El Dr. Bonachón

Éste es como un padre o un abuelo para sus pacientes. Tiene cara de bueno y, en realidad, lo es. Si Ud. no tiene dinero para pagar su cuenta, él le permite pagar poco a poco. El problema del Dr. Bonachón es que tiende a ser *anticuado* con sus métodos. En su consultorio no tiene un equipo de medicina moderno y, en vez de recetar los nuevos medicamentos que hay en el mercado, prefiere seguir con las viejas recetas.

poco moderno

El Dr. Billetes

¡Cuántos de éstos hay en el mundo! El Dr. Billetes es todo un comerciante. Su única preocupación es ganar dinero. Por eso trata de recibir la mayor cantidad de pacientes en un día. Por supuesto sólo dedica unos minutos a cada paciente y en ese breve tiempo no muestra mucho interés por el enfermo. El Dr. Billetes nunca recuerda el nombre de sus pacientes. Él trata a la gente como enfermos sin caras que pasan por su consultorio para dejar muchos *billetes*.

dólares

El Dr. Perfecto

Es profesional en todo momento. Cuando lo atiende por primera vez, lo trata con cortesía. Siempre se acuerda de Ud. y le pregunta por su familia. Cuando está bajo su tratamiento por alguna enfermedad, lo llama a su casa para saber cómo está su salud. No cobra mucho y, sobre todo, no le hace exámenes innecesarios. Si Ud. lo necesita en un domingo, puede estar seguro que va a ir a su casa. Y lo más importante de todo: sus tratamientos médicos son excelentes.

Después de la lectura

ACTIVIDADES

A. ¿Qué dice la lectura?

Empareje la columna **A** con la columna **B** según la lectura. Algunos números se repiten.

A	*B*
1. El Dr. Misterio	a. nunca recuerda el nombre de sus pacientes.
2. El Dr. Optimista	b. lo llama a su casa para saber cómo está su salud.
3. El Dr. Bonachón	c. es el que dice: "¡Ya verá que bien está mañana!"
4. El Dr. Billetes	d. tiende a ser anticuado en sus métodos.
5. El Dr. Perfecto	e. es como un padre o un abuelo para los pacientes.
	f. es el que dice: "No se preocupe, sólo tómese la píldora y hágame caso".
	g. trata de recibir la mayor cantidad de pacientes en un día.
	h. a veces no presta atención a los síntomas que Ud. menciona.

B. Más allá de la lectura

1. ¿Qué hace Ud. si se enferma durante sus vacaciones en otro país?
2. ¿Qué piensa Ud. de las críticas y los numerosos juicios contra médicos en Estados Unidos? ¿Cree Ud. que se debe proteger más a los médicos? ¿Cuáles son los peores casos de negligencia médica *(malpractice)* que Ud. conoce?

SITUACIÓN

Imagine que en una sala de urgencias hay un borracho delirante, un herido de bala *(gunshot)* grave, un drogadicto con una fuerte reacción respiratoria y un paciente con SIDA. Diga a quién atendería primero y qué medidas tomaría antes y después de atender a cada uno de los pacientes.

¿Sabía Ud. que... ?

En español, a veces, la repetición de un sustantivo tiene el valor de un adjetivo o incluso de una frase: "Hay médicos y hay médicos" significa que unos médicos son malos profesionales y otros buenos; "es un médico médico" significa que es un médico modelo. También el adverbio "todo" en frases como "es todo un médico" significa que la persona o la cosa aludida son "excepcionales" por ejemplo "es todo un caballero" o "es toda una mujer".

HUMOR

Con un(a) compañero(a) de clase, observe y lea la siguiente tira cómica. Después...

1. describan a las personas.
2. comenten los aspectos humorísticos.
3. escriban un pequeño párrafo sobre las características que tendría el Dr. Maravilloso.
4. lean el párrafo a la clase.

Pacienta complacida...

Prepárese a leer

VOCABULARIO

Para hablar de las comidas rápidas

adelgazar *to get thin, to lose weight*
amenazar con *to threaten with*
las cadenas empresariales *commercial chains*
cebar *to fatten*
correr el riesgo de *to run the risk of*
la dieta sana *healthy diet*
la hamburguesa *hamburger*
luchar a brazo partido por *to fight fiercely*
la marca *brand (name)*
las patatas/papas fritas *French fries*
la pizza (de molde) *pizza (pie)*

ACTIVIDADES

A. ¡Charlemos!

Hágale las siguientes preguntas a un(a) compañero(a) de clase.

1. ¿Cómo es tu alimentación? ¿Comes a horas regulares? ¿Qué te gusta comer para el desayuno? ¿para el almuerzo? ¿para la cena? ¿Cuáles son tus frutas y vegetales favoritos?
2. ¿Has estado alguna vez a dieta? ¿Cómo era tu dieta? ¿Adelgazaste?
3. ¿Qué valor nutritivo crees que tienen las hamburguesas? ¿los perros calientes? ¿la pizza? ¿Crees que la comida rápida y fácil es buena para la salud? ¿Por qué?

B. Asociaciones

¿Con qué asocia Ud. lo siguiente?

1. las papas/patatas fritas
2. las palomitas de maíz *(popcorn)*
3. la sopa de pollo
4. la cerveza
5. el café
6. los tacos

Estrategias para la lectura

El siguiente artículo nos da una idea de cómo han cambiado los gustos alimenticios de los españoles en las últimas décadas.

Observe las metáforas utilizadas: línea 4 "largos y devoradores tentáculos"; las expresiones coloquiales: línea 6 "lucha a brazo partido"; los verbos que expresan acciones violentas: línea 8 "amenazan con arrasar" y lo mismo en las líneas 12 y 15 "se engullen" y "reyes de la comida basura". Estos recursos le sirven a su autor para criticar abiertamente la comida de la que habla.

¿Sabía Ud. que... ?

La comida (El almuerzo) En España es entre las dos y tres de la tarde y consiste en un primer plato (la sopa), un segundo plato (generalmente carne o pescado con patatas) y el postre (fruta).

La sobremesa Después de comer y antes de la siesta, la familia se queda alrededor de la mesa conversando sobre los acontecimientos del día.

Las tapas y los bocadillos Antes de ir a casa, es costumbre española tomar el aperitivo acompañado de pequeñas porciones de comida: jamón, chorizo, calamares, tortilla española o algún otro platillo de pescado o marisco.

Pizzas, perritos y hamburguesas ceban la dieta española Fernando Álvarez

protegen
sufrir / *lacks, gaps*

En todas las ciudades florecen los negocios que *amparan* la cultura de comer con las manos. Los jóvenes son la principal clientela y su dieta corre el riesgo de *padecer* fuertes *carencias* peligrosas para la salud.

La sagrada y tradicional ceremonia de la comida familiar española se encuentra en peligro de extinción por culpa de las poderosas compañías multinacionales de la *fast food* (comidas rápidas): grandes cadenas empresariales que han extendido sus largos y devoradores tentáculos comerciales a todos y cada uno de los rincones del mundo moderno.

populares / destruir
acostumbrada

Después de una década de lucha a brazo partido por la conquista del público español, las marcas de *McDonald's, Burger King, Wendy's* y otras igualmente *sonoras*, amenazan con *arrasar* las costumbres culinarias típicamente ibéricas basadas en un primer plato hondo, un segundo plato llano, postre, sobremesa y, si hay tiempo para ello, la *consabida* siesta.

devoran
establishments

El número de locales en donde se sirven hamburguesas y patatas fritas en menos de tres minutos, y se *engullen* en menos de quince, se multiplicó casi por dieciséis durante la década pasada. De seis establecimientos que existían en 1979, se calculaba que para fines de 1990 llegarían a 200 *locales* en todo el país.

ha terminado
ganaron mucho dinero

Pero la ofensiva de los reyes de la comida basura no *ha quedado* ahí. Si en la década pasada estas empresas *hicieron su agosto*, el turno es ahora para las compañías de la comida italiana, versión americana: la pizza de molde.

aumento en popularidad
líderes

En los últimos años se ha registrado en España un *auge* sin precedentes de la llamada "pizza americana". La filial de *Pepsi Co., Pizza Management Inc., Pizza Hut* y el grupo francés *Accor* son los *abanderados* de esta introducción en el mercado del país de las tapas y los bocadillos.

precooked

Los representantes de las multinacionales afirman que no se le puede declarar la guerra a las hamburguesas o a las pizzas porque los españoles que cocinan en casa cada vez más utilizan los alimentos *precocinados* y preparados, lo cual significa, según ellos, un problema de necesidad y no de moda.

La directora de publicidad de *McDonald's* considera que no es cierto que se esté rompiendo con la tradicional ceremonia de familia a la hora de sentarse a la mesa, porque "los establecimientos en donde se vende este tipo de comida tienen un carácter eminentemente familiar", tal como demuestran sus últimas campañas publicitarias.

demanda
ominous
tiene

Mientras los empresarios de la *fast food* argumentan que cubren una *exigencia* del mundo moderno, recientemente se ha constituido en España el movimiento *slow food,* cuyo presidente afirma que "la comida rápida es un *nefasto* producto de la sociedad hiperproductiva" y que se vende gracias a la presión que *ejerce* la publicidad sobre los jóvenes, que hace que la asocien con los pantalones vaqueros, la Coca-Cola y, en general, con todo lo que tiene que ver con la forma de vida americana, símbolo de modernidad.

Equilibrio nutritivo

Lo preocupante, afirma Consuelo López, *encargada* de educación nutricional del Ministerio de Salud, no es la grasa que tenga la comida rápida, sino la frecuencia con que se consume este tipo de alimentos. "No se *combaten* las hamburguesas o las pizzas, lo que hacemos es estimular la diversificación, que es lo único que permite una dieta sana. Hay comidas rápidas que son sanísimas y hay comidas no rápidas que contienen excesivas grasas, pero *la clave* está en el equilibrio", sostiene la experta en nutrición del ministerio.

Alguna buena razón deben tener los enemigos de la *fast food* cuando la propia firma *McDonald's* de los Estados Unidos anunció que ha comenzado a probar aceites vegetales en 500 de los 8.000 restaurantes que tiene en aquel país. Esta medida ha sido interpretada como la respuesta a la campaña publicitaria que empezó en abril de 1990 Phil Sokolof, un rico industrial de Omaha (Nebraska), contra lo que él llama el *envenenamiento* de América.

encargada: *responsable*
se combaten: se lucha contra
la clave: lo esencial
envenenamiento: *poisoning*

Un restaurante de comida rápida

ACTIVIDADES

A. ¿Qué dice la lectura?

Conteste las siguientes preguntas.

1. ¿Por qué se encuentra en peligro la tradición española de comer en familia? ¿Qué compañías amenazan esta tradición?
2. ¿Cuáles son las costumbres españolas a la hora de la comida?
3. ¿Cuántos establecimientos de comida rápida se calculaba que existirían para fines de 1990?
4. ¿Por qué los representantes de la comida rápida afirman que no se puede luchar contra las hamburguesas o las pizzas?
5. ¿Qué función tiene en España el movimiento *slow food* y qué afirma su presidente?
6. ¿Contra qué luchó un rico industrial de Omaha? ¿Por qué?

B. Puntos de vista

Con un(a) compañero(a) de clase, intercambie opiniones sobre la comida rápida, teniendo en cuenta las siguientes preguntas y comentarios.

1. ¿Piensan Uds. que "la comida rápida es un nefasto producto de la sociedad hiperproductiva" (ll. 33–34)? ¿Se deja llevar la mayoría del público por la publicidad? Den algunas razones en favor y en contra de la comida rápida.
2. Den su opinión sobre la afirmación de la directora de publicidad de *McDonald's* en España, que dice que su empresa no está rompiendo con la tradición de comer en familia porque "los establecimientos en donde se vende este tipo de comida tienen un carácter eminentemente familiar" (ll. 28–29).
3. ¿Cómo se imaginan que sería la vida norteamericana si tuviéramos, como en España, una tradicional comida (un almuerzo) de un primer plato hondo, un segundo plato llano, postre, sobremesa y siesta?
4. ¿Podrían dar algunas razones por las que en otros países la vida americana es considerada como un símbolo de modernidad? ¿Por qué creen Uds., por ejemplo, que los pantalones vaqueros se han hecho tan populares en todo el mundo?

C. Comentarios sobre las vitaminas

Con un(a) compañero(a) de clase, lea el anuncio "¿Por qué pierden vitaminas los alimentos?" Éste, como muchos otros anuncios, ofrece a la venta productos químicos para compensar la falta de vitaminas en la alimentación. Después, hagan una lista de unas cinco maneras cómo, según el anuncio, se pierden las vitaminas de los alimentos al cocinar. Comenten por qué están o no están de acuerdo con este anuncio.

¿Por qué pierden vitaminas los alimentos?

Las necesidades de vitaminas y sales minerales varían en función de la edad y el estilo de vida. Y son especialmente importantes durante la etapa de crecimiento y desarollo.

La vitamina que se perdió en la cocina

Se ha calculado que un ama de casa puede desestimar diariamente en la preparación de los alimentos de una familia, hasta un 60% de vitamina C; 30% de vitamina B, y un 40% de vitamina B.

Manejando el cuchillo con excesivo entusiasmo, pela y desecha gran proporción de las vitaminas existentes en los alimentos. Tostar el pan blanco durante 30 a 70 segundos destruye entre el 10 y 30% de la vitamina B. Hervir las comidas comporta pérdidas notables de las vitaminas del grupo B y en especial la B_1. El procedimiento de guisar la carne es relativamente suave; se ha calculado que determina pérdidas de entre el 15 y 40% mientras que friendo se pierde el 40% y 50% y tostando, entre 30% y 60%.

Otras pérdidas

Las vitaminas que hayan sobrevivido a procedimientos de almacenaje y preparación podrán correr nuevos riesgos cuando se deja pasar un tiempo entre cocinar y servir una comida.

Mantener calientes las comidas parece constituir un problema especial ya que hay pérdidas considerables de vitamina C.

Afortunadamente, existen en el mercado productos como VITALTER capaces de compensar esta falta de vitaminas en la alimentación. VITALTER contiene 11 vitaminas y 4 minerales, incluido el flúor. VITALTER además es instantáneo y gusta a los niños por su agradable sabor a naranja.

VITALTER

Aporte completo: 11 vitaminas y 4 minerales.

SITUACIÓN

En la cola

Es la hora del almuerzo. Tres estudiantes trabajan en una cadena de comida rápida. Los demás estudiantes están haciendo cola, una larga cola. Muchos parecen tener un hambre feroz. Otros están de muy mal humor porque no les gusta esperar. Cada cliente, al llegar al mostrador, debe pedir la comida rápida que más le guste: hamburguesa, pizza, perrito caliente, patatas fritas, Coca-Cola, etcétera. Los empleados (algunos estudiantes de la clase) le atenderán y le cobrarán por el consumo. A veces, como Ud. bien sabe, los empleados cometen errores y le cobran más (menos) de lo que deben. Reaccione ante cualquier incidente.

Prepárese a leer

VOCABULARIO

Para hablar del cuerpo y de los ejercicios físicos

el corazón *heart*
la espalda *back*
estirar los músculos *to stretch the muscles*
el hígado *liver*
los huesos *bones*

inclinarse hacia adelante *to bend forward*
hacia atrás *backward*
a la derecha *to the right*
a la izquierda *to the left*
mantener recto *to keep straight*
los pulmones *lungs*
relajar *to relax*
los riñones *kidneys*
la sangre *blood*
las venas *veins*

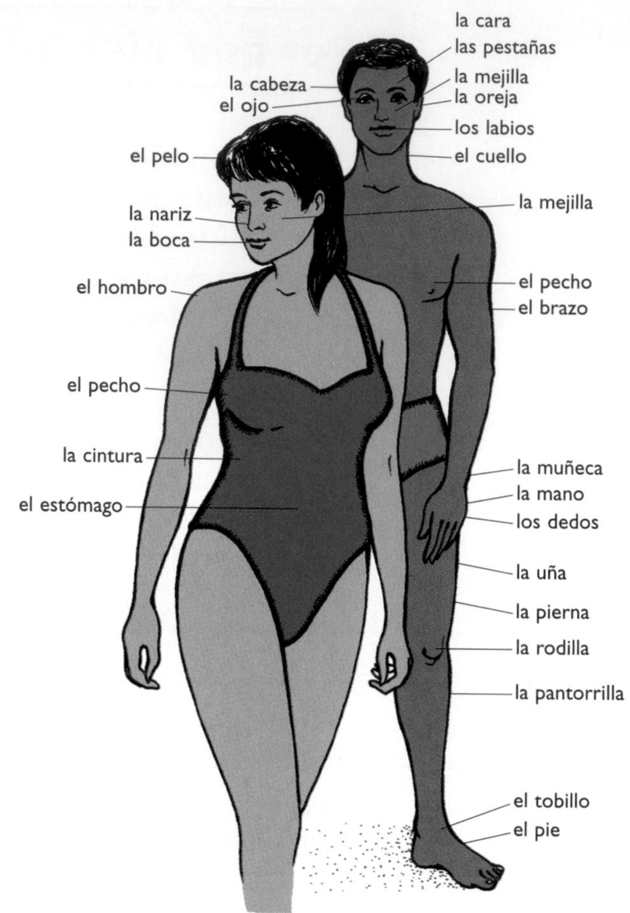

ACTIVIDAD

¡Charlemos!

Pregúntele a su compañero(a).

1. Cuando estás muy nervioso(a), ¿qué tomas? ¿Cuántas tazas de café o té tomas al día? ¿Crees que estas bebidas te ponen más nervioso(a) o te relajan?
2. ¿Qué ejercicios físicos haces? ¿Podrías explicarme cómo son los ejercicios que haces? ¿Piensas que los ejercicios físicos son buenos para liberarse del estrés? ¿Por qué?

Estrategias para la lectura

En el siguiente artículo, observe la precisión de las frases; todas son muy cortas, transmiten mensajes claros y directos. Es importante que el lector perciba las instrucciones con claridad.

La siguiente lectura apareció en la revista *Buena Salud,* que se publica en San Juan, Puerto Rico. Mientras lee, piense en los ejercicios que Ud. practica.

Libérese del estrés del trabajo

Pour / sink

flow

Vierta esa quinta taza de café en el *fregadero* de la cafetería cuando sienta la tensión a mitad de un día de trabajo. Un ejercicio de estiramiento será mucho más efectivo, aunque lo haga sentado en su escritorio. El *flujo* de sangre que llegará a su cerebro lo relajará.

Haga los siguientes ejercicios. Su cuerpo se lo agradecerá.

- Estire los músculos cansados del cuello. Relaje los hombros y mantenga la espalda recta. Incline la cabeza hacia la derecha, hacia adelante y hacia la izquierda. Mantenga cada posición por espacio de cinco a diez segundos mientras estira suavemente el cuello. Repita de cinco a diez veces.

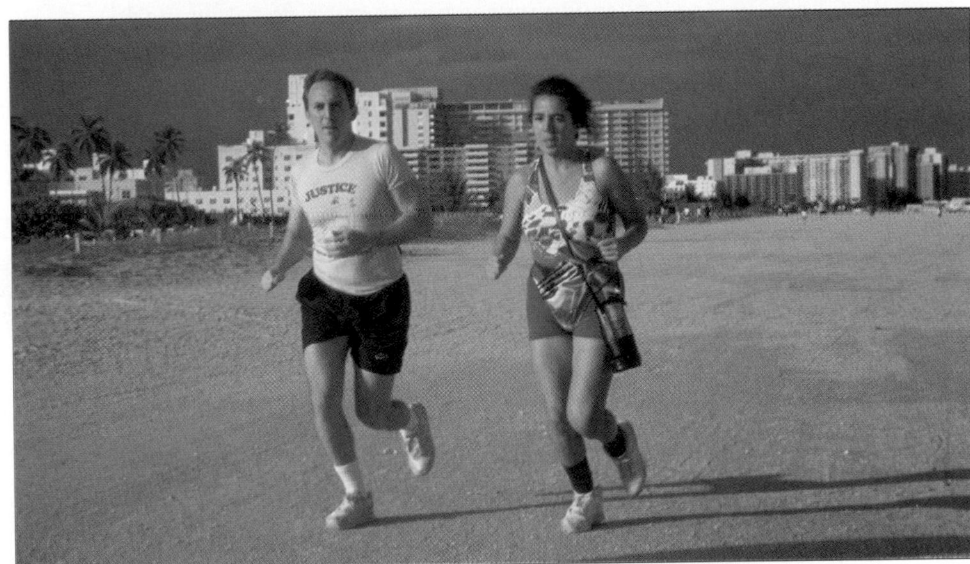

Esta pareja disfruta de hacer ejercicio en la playa.

scratch / push

- Estire los hombros. Ponga las manos detrás de la cabeza: levante los codos hasta que sienta una leve presión en los brazos, los hombros y el pecho. Mantenga la posición por treinta segundos.
- Estire la cabeza. Coloque el brazo izquierdo detrás de la cabeza, como si fuera a *rascarse* la espalda. Con la mano derecha, suavemente *empuje* su codo izquierdo hacia el lado derecho hasta que sienta una leve presión.
- Alterne los brazos y repita, manteniendo cada posición por treinta segundos.

Después de la lectura

ACTIVIDADES

A. ¡Maneras de combatir el estrés!

Todos vivimos, de una manera u otra, bajo el estrés de los estudios, el trabajo y la vida diaria. Para combatirlo hay que aprender a relajarse. Con un(a) compañero(a) de clase, prepare un nuevo método de relajamiento que comprenda cinco ejercicios físicos. Use el imperativo formal.

B. Me siento nervioso(a)

Hace un mes que Ud. ha comprado una máquina para reducir el estrés del trabajo, pensando que este nuevo método lo ayudaría. Al cabo de un mes Ud. siente que el tratamiento que ha seguido no le ha dado resultados y se siente mucho más nervioso(a). Cuéntele su problema a un(a) compañero(a) y busquen juntos una manera de solucionarlo.

C. Practiquen

Pónganse todos los alumnos en un círculo e intenten seguir las instrucciones de la lectura.

Prepárese a leer

ACTIVIDADES

A. Puntos de vista

La salud mental es tan importante como la física. Con frecuencia nos vemos asediados por anuncios publicitarios y artículos de revistas como los que vemos en las páginas 135–136.

1. Léalos con atención y diga qué opina sobre la goma de mascar *Brain Gum*.
2. ¿Presta Ud. mucha atención a la propaganda comercial?
3. ¿Cuál es su reacción frente a la propaganda telefónica *(telemarketing)*? ¿Ha tenido Ud. alguna experiencia memorable con agentes de este tipo de propaganda?
4. ¿Qué diferencias ve entre los anuncios a través del Internet y los anuncios televisivos y periodísticos? ¿Cuáles le parecen más eficaces?

B. ¿Y Ud.?

1. Dé su opinión sobre la validez de los consejos que aparecen en "No los vayas a perdonar".

2. Escriba Ud. dos situaciones más para ese mismo artículo y recomiende cuándo se debe y cuándo no se debe perdonar.
3. ¿Qué opina sobre la explicación para la pérdida de la memoria? ¿Qué hace Ud. cuando se le olvida algún nombre? ¿Cuántos números de teléfono, números de identificación, de correo electrónico y códigos secretos para tarjetas bancarias tiene Ud.? ¿Se acuerda de todos?

¡A LEER!

¿Una goma de mascar que te hace más inteligente?

Eso afirman de su producto los fabricantes de *Brain Gum* (goma de mascar para el cerebro). Se supone que si masticas el chicle durante unas semanas, tu memoria debe mejorar. ¿Cómo? La goma, con sabor a menta, contiene serina de fosfatidil, una sustancia que se encuentra en las células sanas del cerebro y que contribuye al buen flujo de información. "A medida que envejecemos empezamos a perder serina de fosfatidil, incluso a partir de los veinte años", explica Brian English Reichenberg, creador de la goma. Aunque los estudios clínicos demuestran que dicho ingrediente podría estimular la memoria, no se han realizado pruebas con *Brain Gum,* así que nosotras mismas en *Glamour* decidimos probar las gomas. Después de dos semanas, algunas pudimos completar un juego de memoria con un poco más de rapidez. ¿Cuál fue nuestro único problema? ¡No olvidarnos de masticar el chicle tres veces al día! *—Por Laura Asmundsson*

PORQUE A VECES ES BUENO GUARDAR RENCOR

No los vayas a perdonar

Durante años los sicólogos han coincidido: perdonar es divino. Pero en su libro *Forgiving and Not Forgiving: A New Approach to Resolving Intimate Betrayal* (Perdonar y no perdonar: nuevo enfoque para resolver una traición; Avon), la doctora en sicología Jeanne Safer señala que si alguien cruza la línea de la crueldad o la imprudencia, y la relación tiene más aspectos negativos que positivos, quizás lo mejor sea olvidar a esa persona. "El o ella tiene que merecerse tu amor", dice la Dra. Safer. "Sólo perdona si cambia y la relación vale la pena". *Glamour* te ofrece estas guías, pero eres tú quien debe decidir.

—Por Jessica Branch

Situación	Perdona, si...	No perdones, si...
Descubres que tu novio te ha engañado con una vieja amiga de la escuela.	**Lo confiesa, te ruega perdón y jura que no volverá a suceder. Basada en su tradición de honestidad, le crees.**	**Lo niega hasta que lo confrontas con las pruebas, y sólo entonces te dice que lo lamenta. Te hace preguntarte: ¿Fue ésta la primera vez?**
Una amiga te pide dinero prestado y se olvida de pagártelo.	**Tu sabes que lo necesitaba para algo importante, y en otras cosas ella te ha recompensado.**	**Unos meses más tarde te vuelve a pedir prestado, sin mencionar el hecho de que todavía te debe.**
Tu padre abandonó a la familia cuando eras niña, y ahora te llama inesperadamente.	**Siempre te ha prestado ayuda financiera en el pasado, y te das cuenta de lo mucho que has perdido al no tenerlo en tu vida.**	**Te dice que vendrá a visitarte, y luego no aparece, o pasa todo el tiempo justificando su ausencia y hablando mal de tu madre.**

¿Por qué se me olvidan los nombres de las personas? Creo que tengo Alzheimer, ¡y no llego a los 30 años!

Relájate. Un momento de confusión no es síntoma de Alzheimer prematuro. Tal vez sea tu reacción al exceso de información, dice la doctora en sicología Cynthia R. Green, autora de *Total Memory Workout* (Ejercicios completos para la memoria; Bantam). Con el timbre del teléfono, el parpadeo de tu *e-mail* y todas tus ocupaciones, ¿cómo vas a recordar el nombre de tu tintorería? "La memoria a corto plazo, que es responsable del nuevo aprendizaje, almacena una cantidad de información limitada", explica la Dra. Green. Si te quedas en blanco, revisa el alfabeto para ver si alguna letra estimula tu memoria. Lo más importante es no ponerte nerviosa. "El estrés hará más difícil recordar algo", dice la doctora Green.

Después de la lectura

ACTIVIDAD

Expansión

Observe las recetas de cocina que aparecen a continuación. Diga Ud.:

1. cuál de ellas le parece más nutritiva
2. si le parece fácil prepararla
3. para quién y con qué motivo la prepararía
4. qué bebida y qué postre elegiría con ese plato

SALPICÓN DE CAMARONES

2 paquetes de camarones congelados
480 g (1 lb) de tomates maduros
2 pimientos dulces (ajíes) rojos
2 pimientos dulces (ajíes) amarillos o verdes
1 hinojo (anís dulce)
Sal
6 cdas de jugo de limón
Pimienta
Una pisca de azúcar
7 cdas de aceite de oliva
1/2 lechuga de tipo romano
1 manojo de perejil y otro de albahaca

Descongele los camarones siguiendo las instrucciones del paquete. Monde y lave las verduras y córtelas menudito. Cueza los camarones unos tres minutos en agua con sal; escúrralos y refrésquelos. Revuelva el jugo de limón con el aceite y sazone esta mezcla con sal, pimienta y una pizca de azúcar; bátala hasta obtener una salsa cremosa y ajuste la sazón. Viértala en un recipiente junto con la verdura.

Monde, lave la lechuga y escúrrala bien. Córtela en porciones de bocados. Lave las yerbas de olor, sacúdalas, deshójelas y corte las hojas bien finito. Quíteles los caparazones a los camarones y desvénelos. Mezcle todos los ingredientes.

CHULETAS DE SARDINAS AL LIMÓN

12	sardinas frescas grandes
2	limones
2	huevos
	Un poco de harina
	Bastante pan rallado
	Unas ramitas de tomillo
4	tomates pequeños
	Bastante aceite de oliva
	Sal y pimienta

Abra por la mitad las sardinas y sáqueles las espinas, pero dejando las colas. Rocíelas con un poco de limón y déjelas reposar por media hora. Corte los tomates a la mitad, espolvoréelos con tomillo y pan rallado, rocíelos con un poco de aceite y ponga al horno precalentado a 200°C (400°F) durante 15 minutos.

Mezcle en una taza el pan rallado, la cáscara rallada de un limón, y una pizca de pimienta. Escurra bien las sardinas, páselas por harina, después por huevo batido y, finalmente, por la mezcla anterior. Dórelas en aceite bien caliente y escúrralas. Añádales un poco de sal.

ENSALADA DE PERAS Y TOMATES CON QUESO

60	g (2 oz) de semillas de calabaza
1	lechuga con corazón firme
420	g (14 oz) de tomates
3	peras maduras
2	cdas de jugo de limón
150	g (5 oz) de queso pecorino
4	cdas de aceite de semillas de calabaza
4	cdas de vinagre balsámico
	Sal y pimienta

Tueste las semillas en una plancha sin sal. Monde y lave la lechuga, y extráigale las hojas verde pálido del centro; sacúdalas. Corte los tomates en rebanadas finas; colóquelos sobre papel toalla para que escurran el jugo. Corte las peras sin pelar en cuartos, retíreles las semillas y córtelas en rebanadas finas; rocíelas con el jugo de limón. Corte el queso en tiras grandes. Mezcle el aceite, el vinagre balsámico y la sal. Acomode todos los ingredientes con la vinagreta en un platón. Espolvoréelos con pimienta y sirva la ensalada de inmediato.

El mundo hispano

Muchos de los países de Sudamérica gozan de una muy variada geografía, la cual les brinda grandes oportunidades de aprovechar diversos recursos naturales. Los países que se extiendan entre los Andes y el Océano Pacífico son especialmente afortunados. Al sur del ecuador, las estaciones del año están "invertidas" desde la perspectiva norteamericana y europea. Es decir que cuando es invierno en el hemisferio norte, es verano en el hemisferio sur. Este fenómeno natural resulta en un rico mercado norteamericano y europeo para los productos agrícolas de Sudamérica. La próxima vez que Ud. vaya al supermercado, fíjese en la cantidad de productos procedentes de Sudamérica, por ejemplo las manzanas o las uvas de Chile. Además de recursos agrícolas, estos países tienen ricos yacimientos minerales y metales debajo de las ásperas y rocosas montañas. Fue el encuentro de plata y de oro —basta recordar la leyenda de "El Dorado"— uno de los importantes motivos de colonización tras el descubrimiento de este nuevo y desconocido continente por parte de los exploradores europeos del siglo XVI.

Población: 14.788.000
Capital: Santiago de Chile
Moneda: el peso

Algo sobre Chile

Chile tiene una geografía inconfundible y exótica: este país es treinta veces más largo que ancho y la cordillera de los Andes lo cruza de Norte a Sur como si fuera su espina dorsal. La costa chilena casi alcanza las 3.000 millas y en el Norte del país se encuentran los desiertos más secos del mundo; la isla de la Tierra del Fuego y Rapa Nui *(Easter Island)* también pertenecen a Chile. Este país produce el 47% mundial de yodo *(iodine)* y es el tercer productor mundial de cobre *(copper)*. Durante años el famosísimo nitrato de Chile fue uno de los fertilizantes más preciados del mundo y el producto básico para la fabricación de pólvora.

Estos escuetos datos bastan para situar a Chile entre los países latinoamericanos más desarrollados. La transición política del siglo XX al XXI ha marcado también un hito dentro de la historia política mundial; por primera vez en la historia contemporánea de la humanidad un ex jefe de gobierno, el general Augusto Pinochet, perdió su inmunidad política y el juez Baltasar Garzón pidió su extradición de Inglaterra a España a fin de juzgarlo por delitos de genocidio, terrorismo y tortura. La acusación y pedido de extradición comenzó en 1998 y todavía en enero de 2000 no se había resuelto el conflicto entre quienes defienden al ex dictador y quienes quieren que sea juzgado en España.

Prepárese a leer

VOCABULARIO

las alegaciones *allegations*
el delito *crime*
las dolencias orgánicas *physical illnesses*
eludir *to avoid*
enjuiciado *tried, judged*
el epitafio *epitaph*
el proceso penal *criminal proceeding*
sentenciado *sentenced*
soltarse el pelo (Colloquial) *to speak up, let loose* (Lit. *let's his/her hair down*)
tomar declaraciones *to take a deposition*

Estrategias para la lectura

El siguiente artículo, del 15 de enero de 2000, es uno de los muchísmos publicados por *El País* en torno al llamado "caso Pinochet". Léalo con atención y observe el uso de términos jurídicos y el orden de los argumentos presentados. Fíjese también el uso coloquial del lenguaje que hace el periodista —"El juez Garzón se suelta el pelo"— para darle más fuerza expresiva a su artículo.

¡A LEER!

Es repugnante la mención de razones humanitarias

El escrito de alegaciones que el juez Baltasar Garzón envió ayer al ministro del Interior británico, Jack Straw, en el que solicita al Reino Unido poder viajar a Londres para tomar declaración al general, recuerda varios casos internacionales análogos al de Pinochet.

"No debe olvidarse", dice el escrito, "que no han sido ni son infrecuentes los procesos seguidos contra personas octogenarias, que fueron enjuiciadas y sentenciadas: Maurice Papon, Paul Touvier y Klaus Barbie".

El escrito razona que, en todos estos casos, "los afectados tenían dolencias orgánicas y, sin embargo, se satisfizo el interés de la justicia".

Llegado a este punto del razonamiento, el juez Garzón se suelta el pelo. "Interés de la justicia que, desde luego, incluye el de las víctimas y excluye por repugnante la mención de razones humanitarias como argumento para eludir la responsabilidad penal por los delitos que se imputan al presunto autor".

El juez añade que "constituye un precedente negativo —a nivel universal— el hecho de que se evite un proceso penal por razones médicas desconocidas o conocidas después de la liberación del reclamado y, por tanto, sin posibilidad de reponer la situación creada".

A manera de epitafio, el juez Garzón asume la primera persona al final del escrito: "Expreso mi confianza y mi deseo de que tanto por el gobierno español como por el Home Office se valoren la trascendencia de los hechos imputados y la necesidad de su enjuiciamiento como medio de hacer efectivo el principio de justicia universal, mediante el sometimiento del procesado a un juicio justo, con todas las garantías procesales, incluidas las médicas, pero que también satisfagan el interés legítimo de justicia de las víctimas".

Después de la lectura

ACTIVIDADES

A. ¿Qué dice la lectura?

1. ¿Quién es Augusto Pinochet?
2. ¿Quién quiere proteger a Pinochet? ¿Por qué?
3. ¿Por qué dice Garzón que las razones humanitarias citadas en este caso son repugnantes?
4. ¿Qué es un epitafio?
5. ¿A qué otros personajes con altos cargos políticos se menciona? ¿Qué sabe Ud. de ellos?

B. Debate

Dividan a la clase en tres grupos. Un tercio de los estudiantes deberá presentar argumentos a favor del perdón de Pinochet; otro tercio defenderá la idea opuesta y el tercer grupo actuará como jurado. Cada uno de estos grupos debe tener su portavoz.

C. Puntos de vista

1. ¿Es justo que los ex jefes de gobierno tengan inmunidad?
2. ¿Qué opina de la intervención de España en los asuntos chilenos? ¿Ve Ud. algún paralelo entre esta intervención y otras llevadas a cabo por otros países en la historia contemporánea? ¿Sabe Ud. algo sobre la guerra de las Malvinas? ¿y sobre la invasión de Granada?
3. ¿A qué otros ex jefes de gobierno se debería llamar a juicio? ¿Quién debería poner la demanda?
4. ¿Qué consecuencias puede tener este proceso contra Pinochet? ¿Quién cree Ud. que se beneficiará?

Última lectura

VOCABULARIO

las pesadillas *nightmares*
exorcizar *exorcize*
a la deriva *adrift*
el casco *hull*
persistente *persistent*
deambulando *strolling*
el agua dulce *fresh (river) water*
corroído *rotten*
al alcance *within reach*
los/las indigentes *the needy*
la agonía *the agony*
el discernimiento *good judgement*
prodigar *to squander*
desteñido *discolored*
el velador *bedside table*
correr el riesgo *to run the risk*

LA AUTORA Y SU OBRA

Isabel Allende (1942–)
Novelista chilena cuya novela *La casa de los espíritus,* relato melodramático de un patriarcado chileno en la que destaca la independencia de los personajes femeninos y sus compromisos políticos se hizo película en Hollywood. Otra de sus obras, *De amor y de sombra,* es una denuncia del regimen militar chileno. El cuento que figura a continuación pertenece a su libro, *Cuentos de Eva Luna;* Eva Luna es el personaje principal de su tercera novela (1988).

Estrategias para la lectura

Fíjese en el título de la lectura y observe cómo el relato va pasando por diferentes estados vitales y actitudes hacia la vida, la enfermedad y la muerte. En este cuento el amor de los protagonistas opaca la problemática existencial del ser humano. Lea con cuidado y fíjese cómo la protagonista femenina, Ana, parece renunciar felizmente a casi todo a fin de dedicarse a vivir plácidamente junto a su esposo.

¡A LEER!

Vida interminable Isabel Allende

hardly

Hay toda clase de historias. Algunas nacen al ser contadas, su substancia es el lenguaje y antes de que alguien las ponga en palabras son *apenas* una emoción, un capricho de la mente, una imagen o una intangible reminiscencia. Otras vienen completas, como manzanas, y pueden repetirse hasta el infinito sin riesgo de alterar su sentido. Existen unas tomadas de la realidad y procesadas mediante la inspiración, y otras que surgen en un instante de inspiración y después de ser contadas suceden en la realidad. Y hay historias secretas que permanecen ocultas en las sombras de la memoria, son como organismos vivos, les salen raíces, tentáculos, se llenan de adherencias y parásitos, y con el tiempo se transforman en materia de pesadillas. A veces para exorcizar los demonios de un recuerdo es necesario contarlo como un cuento.

Ana y Roberto Blaum envejecieron juntos, tan unidos que con los años llegaron a parecer hermanos; ambos tenían la misma expresión de benevolente sorpresa, iguales arrugas, gestos de las manos, inclinación de los hombros; los dos estaban marcados por costumbres y *anhelos* similares. Habían compartido cada día durante la mayor parte de sus vidas y de tanto andar de la mano y dormir abrazados podían ponerse de acuerdo para encontrarse en el mismo sueño. No se habían separado nunca desde que se conocieron, medio siglo atrás. En esa época Roberto estudiaba medicina y ya tenía la pasión que determinó su existencia de lavar al mundo y redimir al prójimo, y Ana era una de esas jóvenes virginales capaces de embellecerlo todo con su candor. Se descubrieron a través de la música. Ella era violinista de una orquesta de cámara y él, que provenía de una familia de virtuosos y le gustaba tocar el piano, no se perdía ni un concierto. Distinguió sobre el escenario a esa muchacha vestida de terciopelo negro y cuello de encaje que tocaba su instrumento con los ojos cerrados y se enamaró de ella a la distancia. Pasaron meses, antes de que se atreviera a hablarle y cuando lo hizo *bastaron cuatro frases* para que ambos comprendieran que estaban destinados al vínculo perfecto. La guerra los sorprendió antes que alcanzaran a casarse y, como millares de judíos alucinados por el espanto de las persecuciones, tuvieron que escapar de Europa. Se embarcaron en un puerto de Holanda, sin más equipaje que la ropa puesta, algunos libros de Roberto y el violín de Ana. El buque anduvo dos años *a la deriva*, sin poder *atracar* en ningún muelle, porque las naciones del hemisferio no quisieron aceptar su cargamento de refugiados. Después de dar vueltas por varios mares, arribó al fin a las costas del Caribe. Para entonces tenía el casco como una coliflor *de conchas y líquenes*, la humedad rezumaba de su interior en un moquilleo persistente, sus máquinas se habían vuelto verdes y todos los tripulantes y pasajeros —menos Ana y Roberto, defendidos de la desesperanza por la ilusión del amor— habían envejecido doscientos años. El capitán, resignado a la idea de seguir deambulando eternamente, hizo un alto con su carcasa de transatlántico en un recodo de la bahía, frente a una playa de arenas fosforescentes y esbeltas palmeras coronadas de plumas, para que los marineros descendieran en la noche a cargar agua dulce para los depósitos. Pero hasta allí no más llegaron. Al amanecer del día siguiente fue imposible echar a andar las máquinas, corroídas por el esfuerzo de moverse con una mezcla de agua salada y pólvora, a falta de combustibles mejores. A media mañana aparecieron en una lancha las autoridades del puerto más cercano, un puñado de mulatos alegres con el uniforme desabrochado y la mejor voluntad, que de acuerdo al reglamento les ordenaron salir de sus aguas territoriales, pero al saber la triste suerte de los navegantes y el deplorable estado del buque le sugirieron al capitán que se quedaran unos días allí tomando el sol, a ver si de tanto darles rienda los inconvenientes se arreglaban solos, como casi siempre ocurre. Durante la noche todos los habitantes de esa nave desdichada descendieron en los botes, pisaron las arenas cálidas de aquel país cuyo nombre apenas podían pronunciar, y se

deseos

just a few words were enough

wandering / to dock

shells and lichens

take off their rags
had hardened their souls
precariousness
messy hair
mother's tender loving care

perdieron tierra adentro en la voluptuosa vegetación, dispuestos a cortarse las barbas, *despojarse de sus trapos mohosos* y sacudirse los vientos oceánicos que *les habían curtido el alma*. Así comenzaron Ana y Roberto Blaum sus destinos de inmigrantes, primero trabajando de obreros para subsistir y más tarde, cuando aprendieron las reglas de esa sociedad voluble, echaron raíces y él pudo terminar los estudios de medicina interrumpidos por la guerra. Se alimentaban de banana y café y vivían en una pensión humilde, en un cuarto de dimensiones escasas, cuya ventana enmarcaba un farol de la calle. Por las noches Roberto aprovechaba esa luz para estudiar y Ana para coser. Al terminar el trabajo él se sentaba a mirar las estrellas sobre los techos vecinos y ella le tocaba en su violín antiguas melodías, costumbre que conservaron siempre como una forma de cerrar el día. Años después, cuando el nombre de Blaum fue célebre, esos tiempos de pobreza se mencionaban como referencia romántica en los prólogos de los libros o en las entrevistas de los periódicos. La suerte les cambió, pero ellos mantuvieron su actitud de extrema modestia, porque no lograron borrar las huellas de los sufrimientos pasados ni pudieron librarse de la sensación de *precariedad* propia del exilio. Eran los dos de la misma estatura, de pupilas claras y huesos fuertes. Roberto tenía aspecto de sabio, *una melena desordenada* le coronaba las orejas, llevaba gruesos lentes con marcos redondos de carey, usaba siempre un traje gris, que reemplazaba por otro igual cuando Ana renunciaba a seguir zurciendo los puños, y se apoyaba en un bastón de bambú que un amigo le trajo de la India. Era hombre de pocas palabras, preciso al hablar como en todo lo demás, pero con un delicado sentido del humor que suavizaba el peso de sus conocimientos. Sus alumnos habrían de recordarlo como el más bondadoso de los profesores. Ana poseía un temperamento alegre y confiado, era incapaz de imaginar la maldad ajena y por eso resultaba inmune a ella. Roberto reconocía que su mujer estaba dotada de un admirable sentido práctico y desde el principio delegó en ella las decisiones importantes y la administración del dinero. Ana cuidaba a su marido con *mimos de madre*, le cortaba el cabello y las uñas, vigilaba su salud, su comida y su sueño, estaba siempre al alcance de su llamado. Tan indispensable les resultaba a ambos la compañía del otro, que Ana renunció a su vocación musical, porque la habría obligado a viajar con frecuencia, y sólo tocaba el violín en la intimidad de la casa. Tomó la costumbre de ir con Roberto en las noches a la morgue o a la biblioteca de la universidad, donde él se quedaba investigando durante largas horas. A los dos les gustaba la soledad y el silencio de los edificios cerrados. Después, regresaban caminando por las calles vacías hasta el barrio de pobres donde se encontraba su casa. Con el crecimiento descontrolado de la ciudad ese sector se convirtió en un nido de traficantes, prostitutas y ladrones, donde ni los carros de la policía se atrevían a circular después de la puesta del sol, pero ellos lo cruzaban de madrugada sin ser molestados. Todo el mundo los conocía. No había dolencia ni problema que no fueran consultados con Roberto y ningún niño había crecido allí sin probar las galletas de Ana. A los extraños alguien se encargaba de explicarles desde un principio que por razones de sentimiento los viejos eran intocables. Agregaban que los Blaum constituían un orgullo para la Nación, que el Presidente en destruyendo

persona había condecorado a Roberto y que eran tan respetables, que ni siquiera la Guardia los molestaba cuando entraba al vecindario con sus máquinas de guerra, *allanando* las casas una por una.

in spurts

they treated me very well

Yo los conocí al final de la década de los sesenta, cuando en su locura mi Madrina se abrió el cuello con una navaja. La llevamos al hospital desangrándose *a borbotones,* sin que nadie alentara esperanza real de salvarla, pero tuvimos la buena suerte de que Roberto Blaum estuviera y procediera tranquilamente a coserle la cabeza en su lugar. Ante el asombro de los otros médicos, mi Madrina se repuso. Pasé muchas horas sentada junto a su cama durante las semanas de convalecencia, y hubo varias ocasiones de conversar con Roberto. Poco a poco iniciamos una sólida amistad. Los Blaum no tenían hijos y creo que les hacían falta, porque con el tiempo llegaron a tratarme como si yo lo fuera. Iba a verlos a menudo, rara vez de noche para no aventurarme sola en ese vecindario, *ellos me agasajaban* con algún plato especial para el almuerzo. Me gustaba ayudar a Roberto en el jardín y a Ana en la cocina. A veces ella cogía su violín y me regalaba un par de horas de música. Me entregaron la llave de su casa y cuando viajaban yo les cuidaba al perro y les regaba las plantas.

salas de operaciones

Los éxitos de Roberto Blaum habían empezado temprano, a pesar del atraso que la guerra le impuso a su carrera. A una edad en que otros médicos se inician en los *quirófanos,* él ya había publicado algunos ensayos de mérito, pero su notoriedad comenzó con la publicación de su libro sobre el derecho a una muerte apacible. No le tentaba la medicina privada, salvo cuando se trataba de algún amigo o vecino, y prefería practicar su oficio en los hospitales de indigentes, donde podía atender a un número mayor de enfermos y aprender cada día algo nuevo. Largos turnos en los pabellones de moribundos le inspiraron una gran compasión por esos cuerpos frágiles encadenados a las máquinas de vivir, con el suplicio de agujas y mangueras, a quienes la ciencia les negaba un final digno con el pretexto de que se debe mantener el aliento a cualquier costo. Le dolía no poder ayudarlos a dejar este mundo y estar obligado, en cambio, a retenerlos contra su voluntad en sus camas de agonizantes. En algunas ocasiones el tormento impuesto a uno de sus enfermos se le hacía tan insoportable que no lograba apartarlo ni un instante de su mente. Ana debía despertarlo, porque gritaba dormido. En el refugio de las sábanas él se abrazaba a su mujer, la cara hundida en sus senos, desesperado.

—¿Por qué no desconectas los tubos y le alivias los padecimientos a ese pobre infeliz? Es lo más piadoso que puedes hacer. Se va a morir de todos modos, tarde o temprano...

—No puedo, Ana. La ley es muy clara, nadie tiene derecho a la vida de otro pero para mí esto es un asunto de conciencia.

—Ya hemos pasado antes por esto y cada vez vuelves a sufrir los mismos remordimientos. Nadie lo sabrá, será cosa de un par de minutos.

Si en alguna oportunidad Roberto lo hizo, sólo Ana lo supo. Su libro proponía que la muerte, con su ancestral carga de terrores, es sólo el abandono de una cáscara inservible, mientras el espíritu se reintegra a la energía única del cosmos. La agonía, como el nacimiento, es una etapa del viaje y merece la misma misericordia. No hay la menor virtud en prolongar los latidos y temblores *embarrassing*

de un cuerpo más allá del fin natural, y la labor del médico debe ser facilitar el deceso, en vez de contribuir a la *engorrosa* burocracia de la muerte. Pero tal decisión no podía depender sólo del discernimiento de los profesionales o la misericordia de los parientes, era necesario que la ley señalara un criterio.

La proposición de Blaum provocó un alboroto de sacerdotes, abogados y doctores. Pronto el asunto trascendió de los círculos científicos e invadió la calle, dividiendo las opiniones. Por primera vez alguien hablaba de ese tema, hasta entonces la muerte era un asunto silenciado, se apostaba a la inmortalidad, cada uno con la secreta esperanza de vivir para siempre. Mientras la discusión se mantuvo a un nivel filosófico, Roberto Blaum se presentó en todos los foros para sostener su alegato, pero cuando se convirtió en otra diversión de las masas, él se refugió en su trabajo, escandalizado ante la desvergüenza con que explotaron su teoría con fines comerciales. La muerte pasó a primer plano, despojada de toda realidad y convertida en alegre motivo de moda.

not a bit of

Una parte de la prensa acusó a Blaum de promover la eutanasia y comparó sus ideas con las de los nazis, mientras otra parte lo aclamó como a un santo. Él ignoró el revuelo y continuó sus investigaciones y su labor en el hospital. Su libro se tradujo a varias lenguas y se difundió en otros países, donde el tema también provocó reacciones apasionadas. Su fotografía salía con frecuencia en las revistas de ciencia. Ese año le ofrecieron una cátedra en la Facultad de Medicina y pronto se convirtió en el profesor más solicitado por los estudiantes. No había *ni asomo de* arrogancia en Roberto Blaum, tampoco el fanatismo exultante de los administradores de las revelaciones divinas, sólo la apacible certeza de los hombres estudiosos. Mientras mayor era la fama de Roberto, más recluída era la vida de los Blaum. El impacto de esa breve celebridad los asustó y acabaron por admitir a muy pocos en su círculo más íntimo.

big waste

La teoría de Roberto fue olvidada por el público con la misma rapidez con que se puso de moda. La ley no fue cambiada, ni siquiera se discutió el problema en el Congreso, pero en el ámbito académico y científico el prestigio del médico aumentó. En los siguientes treinta años Blaum formó varias generaciones de cirujanos, descubrió nuevas drogas y técnicas quirúrgicas y organizó un sistema de consultorios ambulantes, carromatos, barcos y avionetas equipados con todo lo necesario para atender desde partos hasta epidemias diversas, que recorrían el territorio nacional llevando socorro hasta las zonas más remotas, allá donde antes sólo los misioneros habían puesto los pies. Obtuvo incontables premios, fue Rector de la Universidad durante una década y Ministro de Salud durante dos semanas, tiempo que demoró en juntar las pruebas de la corrupción administrativa y el *despilfarro* de los recursos y presentarlas al Presidente, quien no tuvo más alternativa que destituirlo, porque no se trataba de sacudir los cimientos del gobierno para darle gusto a un idealista. En esas décadas Blaum continuó sus investigaciones con moribundos. Publicó varios artículos sobre la obligación de decir la verdad a los enfermos graves, para que tuvieran tiempo de acomodar el alma y no se fueran pasmados por la sorpresa de morirse, y sobre el respeto debido a los suicidas y las formas de poner fin a la propia vida sin dolores ni estridencias inútiles.

El nombre de Blaum volvió a pronunciarse por las calles cuando fue publicado su último libro, que no sólo *remeció* a la ciencia tradicional, sino que provocó una avalancha de ilusiones en todo el país. En su larga experiencia en hospitales, Roberto había tratado a innumerables pacientes de cáncer y observó que mientras algunos eran derrotados por la muerte, con el mismo tratamiento otros sobrevivían.

En su libro, Roberto intentaba demostrar la relación entre el cáncer y el *estado de ánimo,* y aseguraba que la tristeza y la soledad facilitan la multiplicación de las células fatídicas, porque cuando el enfermo está deprimido bajan las defensas del cuerpo, en cambio si tiene buenas razones para vivir su organismo lucha *sin tregua* contra el mal. Explicaba que la cura, por lo tanto, no puede limitarse a la cirugía, la química o recursos de boticario, que atacan sólo las manifestaciones físicas, sino que debe contemplar sobre todo la condición del espíritu. El último capítulo sugería que la mejor disposición se encuentra entre aquellos que cuentan con una buena pareja o alguna otra forma de cariño, porque el amor tiene un efecto benéfico que ni las drogas más poderosas pueden superar.

La prensa captó de inmediato las fantásticas posibilidades de esta teoría y puso en boca de Blaum cosas que él jamás había dicho. Si antes la muerte causó un alboroto inusitado, en esta ocasión algo igualmente natural fue tratado como novedad. Le atribuyeron al amor virtudes de *Piedra Filosofal* y dijeron que podía curar todos los males. Todos hablaban del libro, pero muy pocos lo leyeron. La sencilla suposición de que el afecto puede ser bueno para la salud se complicó en la medida en que todo el mundo quiso agregarle o quitarle algo, hasta que la idea original de Blaum *se perdió en una maraña de absurdos,* creando una confusión colosal en el público. No faltaron los pícaros que intentaron sacarle provecho al asunto, apoderándose del amor como si fuera un invento propio. Proliferaron nuevas sectas esotéricas, escuelas de psicología, cursos para principiantes, clubes para solitarios, píldoras de la atracción infalible, perfumes devastadores y un sinfín de *adivinos de pacotilla* que usaron sus barajas y sus bolas de vidrio para vender sentimientos de cuatro centavos. Apenas descubrieron que Ana y Roberto Blaum eran una pareja de ancianos conmovedores, que habían estado juntos mucho tiempo y que conservaban intactas la fortaleza del cuerpo, las facultades de la mente y la calidad de su amor, los convirtieron en ejemplos vivientes. Aparte de los científicos que analizaron el libro *hasta la extenuación,* los únicos que lo leyeron sin propósitos sensacionalistas fueron los enfermos de cáncer; sin embargo, para ellos la esperanza de una curación definitiva se convirtió en una burla atroz, porque en verdad nadie podía indicarles dónde hallar el amor, cómo obtenerlo y mucho menos la forma de preservarlo. Aunque tal vez la idea de Blaum no carecía de lógica, en la práctica resultaba inaplicable.

Roberto estaba consternado ante el tamaño del escándalo, pero Ana le recordó lo ocurrido antes y lo convenció de que era cuestión de sentarse a esperar un poco, porque la bulla no duraría mucho. Así ocurrió. Los Blaum no estaban en la ciudad cuando el clamor se desinfló. Roberto se había retirado de

shook up · *mood* · *without a break* · *Philosopher's Stone* · *got distorted* · *fortune tellers* · *to the limit* su trabajo en el hospital y en la universidad, pretextando que estaba cansado y que ya tenía edad para hacer una vida más tranquila. Pero no logró mantenerse ajeno a su propia celebridad, su casa se veía invadida por enfermos suplicantes, periodistas, estudiantes, profesores y curiosos que llegaban a toda hora. Me dijo que necesitaba silencio, porque pensaba escribir otro libro, y lo ayudé a buscar un lugar apartado donde refugiarse. Encontramos una vivienda en La Colonia, una extraña aldea incrustada en un cerro tropical, réplica de algún *villorrio* bávaro del siglo diecinueve, un desvarío arquitectónico de casas de madera pintada, relojes cucú, macetas de geranios y avisos con letras góticas, habitado por una raza de gente rubia con los mismos trajes tiroleses y mejillas rubicundas que sus bisabuelos trajeron al emigrar de la Selva Negra. Aunque ya entonces La Colonia era la atracción turística que hoy es, Roberto pudo alquilar una propiedad aislada donde no llegaba el tráfico de los fines de semana. Me pidieron que me hiciera cargo de sus asuntos en la capital; yo colectaba el dinero de su jubilación, las cuentas y el correo. Al principio los visité con cierta frecuencia, pero pronto me di cuenta de que en mi presencia mantenían una cordialidad algo forzada, muy diferente a la bienvenida calurosa que antes me prodigaban. No pensé que se tratara de algo contra mí, ni mucho menos, siempre conté con su confianza y su estima; simplemente deduje que deseaban estar solos y preferí comunicarme con ellos por teléfono y por carta.

villorrio: pequeño pueblo

Cuando Roberto Blaum me llamó por última vez, hacía un año que no los veía. Hablaba muy poco con él, pero mantenía largas conversaciones con Ana. Yo le daba noticias del mundo y ella me contaba de su pasado, que parecía irse tornando cada vez más vívido para ella, como si todos los recuerdos de antaño fueran parte de su presente en el silencio que ahora la rodeaba. A veces me hacía llegar por diversos medios *galletas de avena* que horneaba para mí y bolsitas de lavanda para perfumar los armarios. En los últimos meses me enviaba también delicados regalos: un *pañuelo* que le dio su marido muchos años atrás, fotografías de su juventud, un *prendedor* antiguo. Supongo que eso, más el deseo de mantenerme alejada y el hecho de que Roberto eludiera hablar del libro en preparación, debieron darme las claves, pero en verdad no imaginé lo que estaba sucediendo en aquella casa de las montañas. Más tarde, cuando leí el diario de Ana, me enteré de que Roberto no escribió una sola línea. Durante todo ese tiempo se dedicó por entero a amar a su mujer, pero eso no logró desviar el curso de los acontecimientos.

galletas de avena: *oatmeal cookies*
pañuelo: *scarf*
prendedor: *broach*

En los fines de semana el viaje a La Colonia se convierte en un peregrinaje de coches con los motores calientes que avanzan a vuelta de las ruedas, pero durante los otros días, sobre todo en la temporada de lluvias, es un paseo solitario por una ruta de curvas cerradas que corta las cimas de los cerros, entre abismos sorpresivos y bosques de cañas y palmas. Esa tarde había nubes atrapadas entre las colinas y el paisaje parecía de algodón. La lluvia había callado a los pájaros y no se oía más que el sonido del agua contra los cristales. Al ascender refrescó el aire y sentí la tormenta suspendida en la niebla, como un clima de otra latitud. De pronto, en un recodo del camino apareció aquel villorrio de aspecto germano, con sus techos inclinados para soportar una nieve que jamás caería. Para llegar donde los Blaum había que atravesar todo el pueblo, que a esa hora parecía desierto. Su cabaña era similar a todas las demás, de madera oscura, con *aleros tallados* y ventanas con cortinas de encaje; al frente florecía un jardín bien cuidado y atrás se extendía un pequeño huerto de fresas. Corría una *ventisca fría* que silbaba entre los árboles, pero no vi humo en la chimenea. El perro, que los había acompañado durante años, estaba echado en el porche y no se movió cuando lo llamé, levantó la cabeza y me miró sin mover la cola, como si no me reconociera, pero me siguió cuando abrí la puerta, que estaba sin llave, y crucé el umbral. Estaba oscuro. Tanteé la pared buscando el *interruptor* y encendí las luces. Todo se veía en orden, había ramas frescas de eucalipto en los jarrones, que llenaban el aire de un olor limpio. Atravesé la sala de esa vivienda de alquiler, donde nada delataba la presencia de los Blaum, salvo las pilas de libros y el violín, y me extrañó de que en año y medio mis amigos no hubieran implantado sus personalidades al lugar donde vivían.

Subí la escalera al ático, donde estaba el dormitorio principal, una pieza amplia, con altos techos de vigas rústicas, papel desteñido en los muros y muebles ordinarios de vago estilo provenzal. Una lámpara de velador alumbraba la cama, sobre la cual yacía Ana, con el vestido de seda azul y el collar de corales que tantas veces la vi usar. Tenía en la muerte la misma expresión de inocencia con que aparece en la fotografía de su boda, tomada mucho tiempo atrás, cuando el capitán del barco la casó con Roberto a setenta millas de la costa, esa tarde espléndida en que los peces voladores salieron del mar para anunciarles a los refugiados que la tierra prometida estaba cerca. El perro, que me había seguido, se encogió en un rincón gimiendo suavemente.

Sobre la mesa de noche, junto a un *bordado inconcluso* y al diario de vida de Ana, encontré una nota de Roberto dirigida a mí, en la cual me pedía que me hiciera cargo de su perro y que los enterrara en el mismo ataúd en el cementerio de esa *aldea de cuentos*. Habían decidido morir juntos, porque ella estaba en la última fase de un cáncer y preferían viajar a otra etapa tomados de la mano, como siempre habían estado, para que en el instante fugaz en que el espíritu se desprende no corrieran el riesgo de perderse en algún *vericueto del vasto universo.*

Recorrí la casa en busca de Roberto. Lo encontré en una pequeña habitación detrás de la cocina, donde tenía su estudio, sentado ante un escritorio de madera clara, con la cabeza entre las manos, *sollozando*. Sobre la mesa estaba la jeringa con que inyectó el veneno a su mujer, cargada con la dosis destinada para él. Le acaricié la nuca, levantó la vista y me miró largamente. Supongo que quiso evitarle a Ana los sufrimientos del final y preparó la partida de ambos de modo que nada alterara la serenidad de ese instante, limpió la casa, cortó ramas para los jarrones, vistió y peinó a su mujer y cuando estuvo todo dispuesto le colocó la inyección. Consolándola con la promesa de que pocos minutos después se reuniría con ella, se acostó a su lado y la abrazó hasta tener la certeza de que ya no vivía. Llenó de nuevo la jeringa, se subió la manga de la camisa y tanteó la vena, pero las cosas no resultaron como las había planeado. Entonces me llamo.

—No puedo hacerlo, Eva. Sólo a ti puedo pedírtelo... Por favor, ayúdame a morir.

aleros tallados: *carved house trim*
ventisca fría: *cold wind*
interruptor: *switch*
bordado inconcluso: *unfinished needlework*
aldea de cuentos: *fairytale village*
vericueto del vasto universo: *twists and turns of the universe*
sollozando: llorando

ACTIVIDAD

Análisis y expansión

1. ¿Qué opina Ud. de la relación entre los dos personajes centrales?
2. ¿Qué sabemos de Eva? ¿Cómo conoció Eva a Ana y a Roberto?
3. ¿Imaginaba Ud. que Roberto aún estaría vivo al final del cuento?
4. En su opinión, ¿cuál es el momento más dramático del cuento?
5. ¿Qué opina Ud. de la última frase de Roberto?
6. ¿Cuándo se dio Ud. cuenta de que Ana o Roberto estaban enfermos?
7. ¿Qué opina Ud. de las ideas médicas de Roberto?
8. Cuando el texto dice que desde que se fueron al chalé, Roberto no había escrito una línea y sólo se había dedicado a amar a su mujer, ¿qué pensó Ud.?

LECCIÓN 7

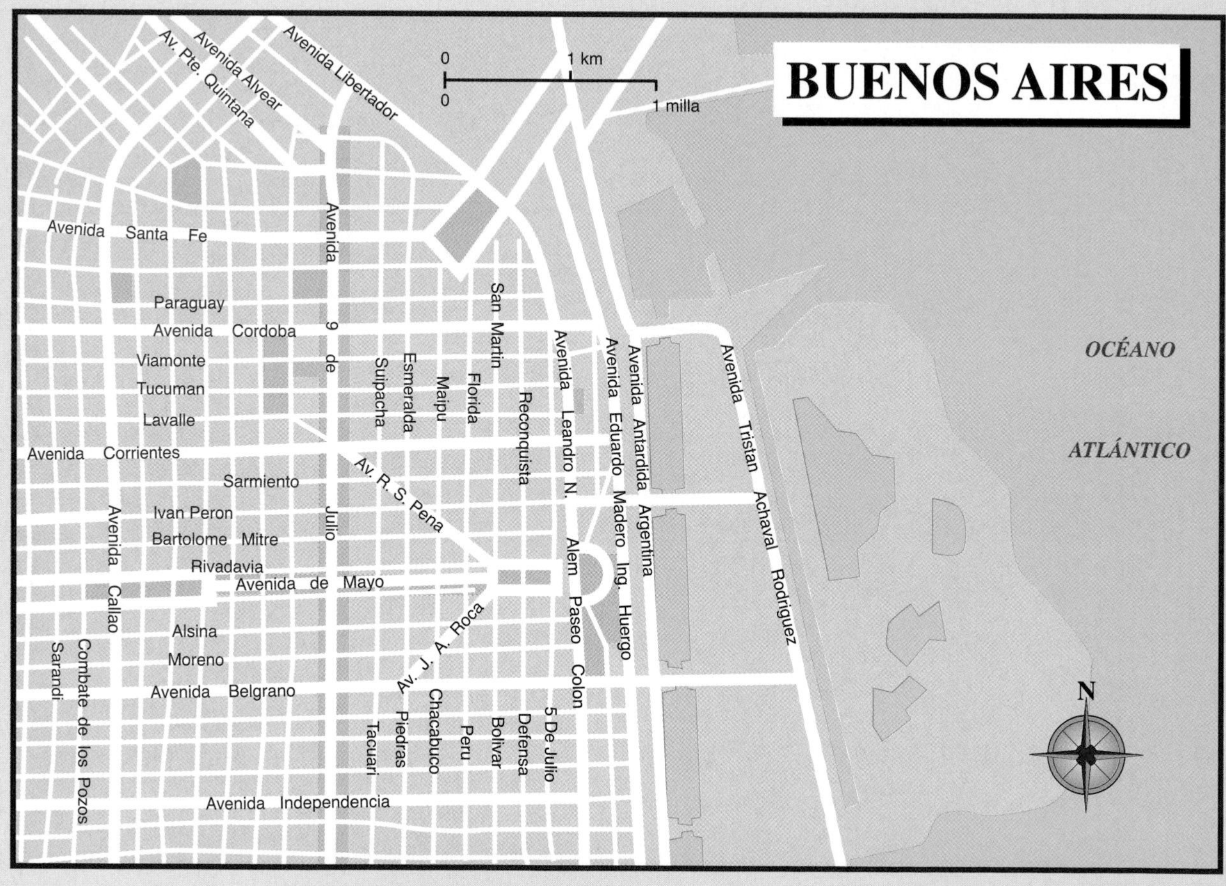

BUENOS AIRES
0
1 km
0
1 milla
OCÉANO
ATLÁNTICO
N
Avenida Libertador
Avenida Alvear
Av. Pte. Quintana
Avenida Santa Fe
Avenida 9 de Julio
Paraguay
Avenida Cordoba
Viamonte
Tucuman
Lavalle
Avenida Corrientes
Sarmiento
Ivan Peron
Bartolome Mitre
Rivadavia
Avenida de Mayo
Alsina
Moreno
Avenida Belgrano
Avenida Independencia
Avenida Callao
Sarandi
Combate de los Pozos
Av. R. S. Pena
Av. J. A. Roca
Suipacha
Esmeralda
Maipu
Florida
San Martin
Reconquista
Avenida Leandro N. Alem
Paseo Colon
Avenida Eduardo Madero
Ing. Huergo
Avenida Antardida Argentina
Avenida Tristan Achaval Rodriguez
Tacuari
Piedras
Chacabuco
Peru
Bolivar
Defensa
5 De Julio

Mucha marcha... en la ciudad

Primeros pasos

La ciudad de Buenos Aires es una de las más modernas, si no la más moderna, de Latinoamérica. Los bonaerenses tienen buenos motivos para estar orgullosos de su ciudad; la propaganda turística dice que esta ciudad está en constante ebullición, que nunca duerme.

Otras muchas ciudades hispanas comparten la vitalidad de Buenos Aires. En Madrid, por ejemplo, esta forma de entender la vida se conoce con el nombre de *la movida madrileña.*

ACTIVIDADES

A. ¡Charlemos!

Observe el plano que figura en la página anterior y pregúntele lo siguiente a su compañero.

1. ¿Dónde está la Plaza de Mayo? ¿Sabes por qué es famosa?
2. ¿Dónde están las principales zonas verdes de la ciudad?
3. ¿Qué opinas del trazado de las calles y avenidas? ¿A qué otras ciudades te recuerda este tipo de planificación?
4. ¿En qué zona de la ciudad te gustaría vivir? ¿Por qué?

B. Puntos de vista

1. Si Ud. ganase una beca para estudiar en Buenos Aires por seis meses, diga cómo utilizaría su tiempo allí.
2. Dígale a sus compañeros si conoce Ud. otras ciudades latinoamericanas o españolas, a cuáles le gustaría volver y a cuáles no volvería nunca.
3. ¿Prefiere Ud. la vida en la ciudad o en sus alrededores? ¿Cómo es su estilo de vida?

C. Situación

Lea Ud. el siguiente recorte sobre algunos restaurantes, bares y pubs en Buenos Aires e invite a un(a) amigo(a) a pasar la noche visitando algunos de ellos. Si a su compañero(a) no le agrada la idea, intente convencerlo(la).

Disfruta la noche en Buenos Aires

Restaurantes

20 20
Cocina internacional

Precio del cubierto: $ 20 c/bebida
Zona: Belgrano
Dirección: Arcos 1984
Teléfono: 4783-6152

Observaciones: Ambientado con onda rústica en las paredes, oportunas luces dicroicas y agradable jardín de invierno, en pleno corazon de Belgrano.
Platos Sugeridos: Mesa de antipastos • Truchas y salmones a la parrilla • Carré de cerdo a la mostaza y miel

ABC
Cocina alemana

Precio del cubierto: $ 20 c/bebida
Zona: Centro ciudad
Dirección: Lavalle 545
Teléfono: 4393-3992

Observaciones: Inaugurado en 1929, es ya un tradicional restaurant de Buenos Aires. Recientemente reacondicionado, conserva aun la magia de los comienzos así como su exquisita cocina. Situado en el microcentro de la ciudad es especial para almuerzos de negocios.
Platos Sugeridos: Ternera al curry • Cerdo al horno con chucrut • Arenque marinado • Apelstrudel

Amarcord
Cocina italiana e internacional

Precio del cubierto: $ 25 c/bebida
Zona: Belgrano
Dirección: José Hernández 2276
Teléfono: 4784-6130

Observaciones: Restaurant con ambiente familiar y excelente cocina. Carta con dos tendencias definidas, la cocina italiana y la internacional, con platos bien preparados, clásicos y sabrosos.
Platos Sugeridos: Tablas de frutos de mar • Crepes • Fucciles al lomito • Tulipas glacé

Asia
Cocina exótica y sushi

Precio del cubierto: $ 18 s/bebida
Zona: Monserrat
Dirección: México 1424
Teléfono: 4381-1259

Observaciones: La cocina persa, la india, la que llega del Asia milenaria es un verdadero festival de aromas, de delicados sabores, gustos exóticos y combinaciones inquietantes. El ambiente trasciende lo habitual y nos lleva a disfrutar mas aún de estos manjares.
Platos Sugeridos: Tali Hindú • Sushi 50 % • Yakitori • Halava

Atelier
Cocina internacional

Precio del cubierto: $ 20 s/bebida
Zona: Tigre
Dirección: Río Capitán, 1a sección de islas
Teléfono: 4797-3566
Email: atelier@arnet.com.ar

Observaciones: El encanto del Tigre, con sus cursos de agua caudalosa, islas verdes y los alegres embarcaderos se acrecienta cuando encontramos buena atención y excelente comida.
Platos Sugeridos: Pastas caseras • Pollo al oreganato • Entrecôtte especial • Panqueque de dulce de leche

Au Bec Fin
Cocina francesa

Precio del cubierto: $ 50 c/vino
Zona: Recoleta
Dirección: Vicente López 1827
Teléfono: 4804-8379

Observaciones: La mejor cocina francesa en un ambiente elegante, sobrio y distinguido. La antigua casona con bellos artesonados perteneció a una tradicional familia porteña. La carta cambia por temporadas de acuerdo a las últimas tendencias.
Platos Sugeridos: Pato de campo • Cordero patagónico • Faisán Rôti • Patisserie de autor

Bares y pubs

Cinema

En la mejor esquina de Buenos Aires, los tragos más divertidos y los platos mejor decorados, todos con nombres de películas.
CYBER CAFÉ, desde $ 1.50
Precio promedio: $ 7.- (tragos) $ 10.- (platos)
Horario: Abierto las 24 horas.
Dirección: Santa Fé esquina Callao, Buenos Aires
Tel: 4816-8181

Black

Exclusive Night Club. Internacional Bar. Salón para eventos. Tragos, Whiskeys, Champagne, Cognacs.
Horario: Lun. a Dom. de 22 a 4 am.
Dirección: Ayacucho 1981, Buenos Aires
Tel: 4804-9652

Chandon Bar

Estilo neoyorkino. Ideal para eventos y reuniones sociales. Ensalada de camarones, mango, palta, salmón del pacífico. Para beber champagne siempre.
Horario: Lun. a Vie. de 12 a 2 am. Sab. de 18 a 3 am.
Dirección: A. M. De Justo 152 Puerto Madero, Buenos Aires
Tel: 4315-3533
chandonbar@puertoweb.com.ar

Cooper

Ocho mesas de pool. Música Soul Hip-Hop. Pizzas y chivitos uruguayos. Happy hour de 18 a 21 hs.
Horario: Lun. a Dom. de 8 a 5 am.
Dirección: Libertador 6621 Belgrano, Buenos Aires
Tel: 4781-0191
www.cooper.com.ar

Deep Blue

Dos plantas con diez mesas de pool y mesa de bola 9.
Gastronomía: Chivitos uruguayos, pizza por metro, fondú de salchichas, tacos a la española. Precio promedio: $ 12/15.
Horario: Lun. a Dom. de 18 a 4 am.
Dirección: Ayacucho 1240, Buenos Aires
Tel: 4827-4415

Down Town Matías

Pub Irlandés.
Gastronomía: Roastbeef & Yorkshire Pudding o el Chicken Pie. Precio promedio: $ 17.
Horario: Lun. a Dom. de 7 a 3 am. Vie. y Sab. de 7 a 9 am.
Dirección: Reconquista 701 Retiro, Buenos Aires / San Martín 979 Retiro, Buenos Aires
Tel: 4311-0327
info@matiaspub.com.ar

¿Sabía Ud. que... ?

Pibe es la palabra que se usa en Argentina para referirse a una persona joven.

El voseo es el uso de la forma pronominal **vos,** en lugar de **tú** en Argentina. La forma verbal que acompaña a este pronombre va acentuada en la última sílaba. Ej.: **Vos estás, vos tenés.**

El lunfardo es una lengua que nació en Buenos Aires, como código secreto entre maleantes. Hoy, muchas palabras procedentes del lunfardo han pasado al español.

¡Che! es una interjección sumamente usada por los argentinos.

Prepárese a leer

VOCABULARIO

Para hablar de los locales públicos y privados

el amplificador *(loud)speaker*
- **atentar contra** *to attack*
- **potente; potentísimo** *powerful; very powerful*
- **taladrar los oídos** *to produce an ear-splitting sound*

la clientela *clientele*
- **entenderse a gritos** *to make oneself understood in a very loud voice*
- **gritar** *to yell, scream*
- **padecer sordera** *to be deaf*
- **soportar** *to tolerate, bear*

el disco compacto *compact disk, CD*
el equipo de música *stereo equipment*
el estruendo *din, clamor*
frecuentar *to frequent*
el ruido insoportable *unbearable noise*
- **atronador** *thundering*
- **dañino/nocivo** *harmful*
- **salvaje** *wild, savage*

el tocadiscos *record player*

Expresiones

cuanto más *the more*
todo lo que *all that, everything that*

ACTIVIDADES

A. ¡Charlemos!

Pregúntele a su compañero(a).

1. ¿Te parece que la música de los establecimientos públicos es demasiado fuerte o ya estás acostumbrado(a) y no te molesta?
2. Y a tus padres, ¿les molestaba la música que tocabas en casa?
3. ¿Qué problemas familiares tenías cuando vivías con tus padres?

B. Puntos de vista

Con un(a) compañero(a) de clase, hable sobre la comunidad universitaria, teniendo en cuenta las siguientes preguntas.

1. En la comunidad universitaria, ¿hasta qué hora se puede tocar música? ¿Hay algún reglamento que prohiba la música después de cierta hora? ¿Qué sucede si algún estudiante continúa tocando música hasta las tres de la mañana?
2. ¿Cuál creen que es el establecimiento que atrae más estudiantes? ¿Saben a qué se debe la popularidad de ese local?
3. ¿Qué tipo de problemas físicos podría causar la música al máximo volumen?

¡A LEER!

El siguiente artículo apareció en el periódico *El País,* de la ciudad de Madrid. El periodista Joaquín Vidal se queja del ruido que se oye por todas partes. Él cree que es malo para la salud.

Estruendo Joaquín Vidal

Aquello de "vamos a una cafetería para charlar un rato" *ya no cuenta.* Lo que cuenta es "vamos a una cafetería para gritar un rato". En cafeterías, en bares, incluso en restaurantes, en discotecas principalmente, en la mayor parte de los lugares públicos y privados, las conversaciones tienen que ser a gritos o no hay quien se entienda. A gritos tampoco se entiende casi nadie, desde luego, pero como en todas partes hay un estruendo infernal de televisores, radios, tocadiscos, conectados a potentísimos amplificadores de sonido que taladran oídos e *incrustan* voces y melodías en el cerebro, la única alternativa de la gente que quiere decir algo es gritar.

A veces el estruendo está en el propio domicilio familiar. A los muchachos les gusta *recrear* en sus casas el ambiente de los establecimientos que frecuentan, y, como el ambiente consiste en que haya ruido —cuanto más insoportable, mejor ambiente—, abren al máximo volumen la radio, el tocadiscos y los aparatos domésticos, y vuelven loca a toda la familia. Los padres a veces se preguntan si sus hijos padecen sordera. Oídos que habitualmente taladran *megafonías* es natural que acaben sordos, y cerebros *incrustados de bataholas* musicales pueden *convertir a individuos normalmente dotados en merluzos.*

El estruendo ambiental es nocivo para la salud y también una salvaje agresión contra los derechos del individuo. Todo lo que le atruenan por megafonía —así sea música, política, religión, industria, comercio— supone atentar contra su libertad de expresión, alterar su equilibrio emocional, ofender su inteligencia.

ya no cuenta: no tiene valor
incrustan: graban
recrear: copiar
megafonías: sonidos altos
incrustados de bataholas: llenos de ruidos
convertir a individuos normalmente dotados en merluzos: *to turn a sharp person into a stupid one*

Jóvenes bailando en una discoteca.

Después de la lectura

ACTIVIDADES

A. ¿Qué dice la lectura?

Empareje la columna A con la columna B, según la lectura.

A	*B*
1. En Madrid ya no se va a una cafetería...	a. los derechos del individuo.
2. En la mayor parte de los lugares públicos y privados las conversaciones...	b. el ambiente ruidoso de los lugares que frecuentan.
3. A los muchachos les gusta recrear en su casas...	c. para charlar un rato, sino para gritar un rato.
4. Muchas veces los padres se preguntan si...	d. sus hijos padecen sordera.
5. El estruendo es una agresión contra...	e. son a gritos.

B. Puntos de vista

Trabajen en grupos de tres o cuatro estudiantes. Intercambien opiniones sobre las siguientes afirmaciones del periodista Vidal.

1. Aquello de "vamos a una cafetería para charlar un rato" ya no cuenta.
2. A veces el estruendo está en el propio domicilio.
3. El estruendo ambiental es nocivo para la salud y también una salvaje agresión contra los derechos del individuo.

SITUACIÓN

En la cafetería

Ud. está en una cafetería contándole a un(a) amigo(a) todos sus problemas, pero el ruido infernal de la música no les permite hablar. Ud. se dirige al mostrador y trata de explicarle su problema al (a la) encargado(a) del negocio, que tampoco oye ni comprende lo que Ud. está diciendo. ¿Qué hace?

Prepárese a leer

VOCABULARIO

Para hablar de baile en general

el ambiente *atmosphere*
el barrio *neighborhood*
los espejos *mirrors*
el humo *smoke*
el ingreso a una discoteca *entrance into a discotheque*
los juegos de luces *light shows*
mayores (menores) de... años *older (younger) than . . . years (old)*
disfrutar de *to enjoy*
evadir las trabas *to avoid the obstacles*
ganarse la vida *to earn a living*
llegar a pie/en auto *to arrive on foot/by car*
la oscuridad *darkness*
la pantalla gigante *giant screen*
la pista de baile *dance floor*

Expresiones

a toda orquesta *full speed*
de antología *memorable*

ACTIVIDADES

A. Puntos de vista

En las grandes ciudades cada vez es más y más difícil salir de noche debido a la delincuencia. Con un(a) compañero(a) de clase, hable sobre este importante aspecto de la vida y las posibles soluciones (si las hay) al problema.

B. ¡Charlemos!

Pregúntele a su compañero(a).

1. Cuando quieres divertirte y bailar, ¿a qué local vas? ¿Con quién vas? ¿Cuánto vale la entrada a ese local?
2. ¿Cuántos años tienes? Si por ser menor de edad no puedes entrar a las discotecas, ¿adónde vas cuando quieres pasar un buen rato?
3. ¿Vas a las fiestas o bailes populares? ¿Te gusta el baile clásico? ¿Has tomado clases de baile?

¿Sabía Ud. que... ?

La Academia Nacional del Tango está en la planta alta del Café Tortoni y que éste fue fundado hace 138 años.

Carlos Gardel fue un cantante de tangos de fama universal y **Evaristo Carriego** dio origen y fundamento al tango.

¡A LEER!

A continuación Ud. va a leer un reportaje sobre el famosísimo tango. El artículo apareció en el periódico *Clarín* de Argentina.

El circuito del tango Alejandro Stilman

Buenos Aires es una ciudad en la que se puede "caminar" y escuchar tango. Pero quienes quieran explorar este perfil de identidad *porteña* constatarán que la mayoría de los escenarios en los que el tango inició su historia no coincide, en el mapa capitalino, con los «*boliches*» de hoy. Se podría empezar por la Casa de Carlos Gardel o por la legendaria esquina de San Juan y Boedo. Sin embargo, "inexplicablemente, estos lugares están abandonados, descuidados", *advierte* Rody Groppo, fundador del Café Homero y "copiloto" de esta travesía.

El explorador debe entonces ordenar su ánimo y planificar el viaje. "Si lo que quieres es empezar a toda orquesta, conviene que sea martes o jueves" recomienda Groppo.

Los martes —casi todos— a las siete y media de la tarde, la Orquesta Nacional de Música Argentina Juan de Dios Filiberto sube al escenario del Teatro Nacional Cervantes en Córdoba y Libertad. Son más de cuarenta músicos, bajo la *batuta* y el *bandoneón* de Osvaldo Piro.

Otra posibilidad se da en el Teatro Presidente Alvear —Corrientes al 1600—, donde todos los jueves la Orquesta del Tango de Buenos Aires, dirigida por Carlos García y Raúl Garello, se pasea por un repertorio de clásicos ("La cumparsita", "Por una cabeza", "Mi Buenos Aires querido", entre otros) que *arranca ovaciones.* En ambos casos la entrada es libre y gratuita.

En Palermo Viejo, el Café Homero o el Club del Vino son otros de los reductos donde el tango se *conserva vigente.*

porteña: from Buenos Aires
boliches: taverns
advierte: observa
batuta / bandoneón: baton / concertina
arranca ovaciones: es aplaudido calurosamente
conserva vigente: mantiene

De vuelta en San Telmo, rincones como el Bar Sur o La Cumparsita proponen climas más íntimos. Un piano, una guitarra y un bandoneón alcanzan para desafiar la noche. A veces, recala un cantor consagrado que no resiste el "vicio". Sube al escenario y se improvisa la función. Los ocasionales testigos de estas veladas coinciden en calificarlas como de antología.

Hay numerosas formas de aproximarse al tango. Por ejemplo, sentarse en un café a respirar su atmósfera, su historia. Uno de esos lugares es el Café Tortoni, en Avenida de Mayo al 800. Por allí pasaron casi todos los grandes que le pusieron letra y música al alma de Buenos Aires.

Pero es en los clubes, de jueves a domingos —cerca de las diez de la noche— donde se afianza el reinado de la danza porteña. Sin Rumbo, Tamborini, Almagro y el Nuevo Salón la Argentina son algunos de los lugares preferidos de los bailarines. Principiantes y experimentados, jóvenes y viejos se van convirtiendo en *habitués* de los salones de baile, además del coro de espectadores.

habituales

Lejos de agotarse el paisaje tanguero de Buenos Aires se multiplica. Siempre queda algo más por descubrir. Esta certeza impone un alto: una "parada técnica" en Paraná y Corrientes, donde se encuentra el único quiosco con diarios especializado en tango.

Allí se pueden encontrar todos los quincenarios y mensuarios tangueros. La mayoría de las publicaciones son gratuitas y muy completas en información sobre bailes, espectáculos, conferencias y encuentros.

Después de la lectura

ACTIVIDADES

A. ¿Qué dice la lectura?

Complete la información sobre el tango con las palabras apropiadas.

1. Los mejores días para escuchar tangos acompañados de orquesta son...
2. Los instrumentos que se usan para tocar tangos son...
3. En los clubes la danza porteña comienza a cerca de las...
4. En los bailes participan bailarines experimentados y...
5. Los habitantes de Buenos Aires se llaman...
6. Carlos Gardel fue...
7. Los boliches son...
8. La mayoría de las publicaciones sobre tangos son...

B. Opiniones

Con un(a) compañero(a), comente y compare los bailes modernos que Ud. conoce con el tango. ¿Ha visto Ud. alguna película en la que se bailan tangos? ¿A qué se puede deber el gran éxito de un determinado baile?

Prepárese a leer

VOCABULARIO

Para hablar de la estación de ferrocarril

el cabo/el puño de hueso *(bone) handle*
los clientes *clients*
conformarse *to resign oneself*
perder *to lose*
reclamar/quejarse *to complain*
el (la) encargado(a) *person in charge*
acostumbrarse a *to get used to*
agotársele (a uno) *to run out of*
atender la oficina *to be in charge of the office*
darse vuelta *to turn around*
presentarse *to appear*
la funda de cuero *leather case*
apretar el resorte *to press down on the button*
descolgar *to take down*
escasear *to be scarce*
el impermeable *raincoat*
el (la) jefe de estación *station master*
personal *personnel manager*
poner a prueba (a alguien) *to give someone a try*
el mango de oro *gold handle*
el mostrador *counter*
la oficina de objetos perdidos *lost and found*
el paraguas *umbrella*

Expresiones

acabar de + infinitivo *to have just + past participle*
pasar por alto *to overlook, to omit*
tratarse de *to be a matter of*

ACTIVIDADES

A. Puntos de vista

Con un(a) compañero(a) de clase, intercambie ideas sobre cómo debe comportarse una persona cuando busca empleo. Si el (la) jefe(a) de personal les hiciera las tres preguntas siguientes: ¿Cómo se describiría a sí mismo(a)? ¿Cuáles son sus puntos fuertes? y ¿Cuáles son sus puntos débiles?, ¿qué le contestarían? ¿Serían sinceros? ¿Serían objetivas sus respuestas? ¿Ofrecerían detalles o ejemplos de su manera de comportarse?

B. ¡Charlemos!

Cuente a sus compañeros de clase alguna experiencia que tuvo al solicitar empleo. No se olvide de mencionar si Ud. cree que causó una buena o mala impresión.

EL AUTOR Y SU OBRA

El escritor argentino **Conrado Nalé Roxlo** (1898–1971) ha escrito libros de poesía *(El grillo, Claro desvelo, De otro cielo)*; varios cuentos, entre ellos «Trabajo difícil»; y muchas obras de teatro *(La cola de la sirena, Una viuda difícil, El pacto de Cristina)*.

Al leer el cuento, ponga atención a las escenas cómicas que se narran y relaciónelas con situaciones semejantes que se presentan a diario en el trabajo.

Estrategias para la lectura

El texto que Ud. leerá a continuación está compuesto de una serie de breves intercambios entre el protagonista y otros personajes. A medida que va leyendo el texto por primera vez, trace una línea para indicar dónde termina la conversación con un personaje y empieza la conversación con el próximo. Lea el cuento una segunda vez, asegurándose de comprender cada conversación antes de proceder a la próxima.

¡A LEER!

Trabajo difícil Conrado Nalé Roxlo 

El jefe de personal del ferrocarril, después de leer la carta de recomendación que yo le había presentado, me miró con aire pensativo y me dijo:

—Hay un pequeño inconveniente. Yo no sé quién es esta persona que lo recomienda *tan calurosamente.*

—No me extraña —respondí—, pues él también me dijo que no lo conocía a usted, pero que me daba la carta para que no dudara de su *buena voluntad* y deseo de serme útil.

—Eso demuestra que es una persona de buen corazón y, como yo también lo soy, pasaré por alto ese detalle y *obraré* como si la carta estuviera *en regla.* No hay *vacantes.*

En ese momento entró el jefe de estación y dijo:

—Señor, se ha perdido el encargado de la oficina de objetos perdidos.

—¿Lo han buscado bien entre los objetos *a su cargo?* Recuerde el caso de Martínez, al que encontró tres días después debajo de una *pila* de impermeables.

—No; en este caso sabemos dónde está, pero es como si *se lo hubiera tragado la tierra* para el servicio. Es toda una historia. Resulta que una señorita fue a quejarse de que había perdido a su novio en un *empalme* y una palabra trajo la otra y al final *empalmaron* ellos y acaba de partir en un *rápido* con la señorita y boleto de ida solamente.

—Sí; creo que ese hombre está perdido —exclamó tristemente el jefe de personal.

—Se casarán —murmuró melancólicamente el jefe de estación—; el caso es que no hay quién atienda la oficina y se siguen *amontonando* los paraguas.

—*Dispense* —dije— pero, ¿y yo?

—Es verdad, —dijo el jefe de personal— aquí está este joven que me ha sido recomendado muy efusivamente y parece buena persona. Póngalo a prueba.

Y así me vi instalado *ante* un largo mostrador, con una gran cantidad de paraguas a mi espalda y unas rápidas instrucciones dándome vueltas en la cabeza. Lo más importante —me había dicho el jefe— es que las personas identifiquen bien los objetos. Tiene usted que ser sicólogo, tener golpe de vista e intuición, pues nadie le va a presentar el título de propiedad de un paraguas o de un par de guantes de color *patito.* Y hay que tratar de darle a cada cual lo suyo.

con entusiasmo
good will
actuaré / en orden
trabajo
bajo su cuidado
montón
hubiera desaparecido
junction
se unieron / tren expreso
acumulando
Perdón
delante de
duckling

Al principio se presentaron muchas personas reclamando paraguas negros con cabo de hueso. Como había muchos y parecían gente de buena fe, yo descolgaba uno y le decía:

—Sírvase, y que le *garúe finito.*[1]

Era una fórmula cortés que había adoptado, porque *tratándose* de paraguas me parecía *un contrasentido* darlos *a secas.* Pero al rato comenzaron a escasear y decidí ser más cauto. Así, cuando vino una dama *entrada en años y en carnes* y reclamó el *consabido* paraguas, le dije:

—¿Para la lluvia?

—Naturalmente, joven.

—No tan naturalmente, señora; tengo un amigo que usa un paraguas para *espantar* a los perros, porque vive en un barrio de mucho *porvenir,* pero que ahora es todo de *potreros perrosos.* Déme otros datos.

—Era negro y se abría apretando un resorte.

—Todos los paraguas son de ese color y se abren así, a menos que estén *descompuestos.*

—El puño está formado por una cabeza de perro, en hueso.

—¡Oh, señora, la cabeza de perro es casi la cabeza natural del paraguas!

—No sé que decirle, pero el paraguas es mío.

—¿Qué paraguas?

—Uno como todos.

—*No sirve.* Tiene que darme algunas señas personales.

—¡Pero si el paraguas no es una persona!

—Ése es el inconveniente. Si usted hubiera perdido un chico, todo era más fácil. Usted me diría el nombre del niño; yo gritaría Juancito, pongo *por caso,* y le veríamos salir corriendo y *brincando* de algún estante. Habría una hermosa escena de familia. Algo así como el regreso del hijo pródigo, pero un paraguas ayuda poco.

—No crea; en los días de lluvia ayuda bastante.

—Creo, señora, que se está *desviando* de la cuestión.

—¿Le parece? Bueno, déme un paraguas cualquiera y terminamos.

—¿Y si no es el suyo?

—No importa, me conformaré.

—¿Y si viene el dueño a reclamarlo?

—Le hace un interrogatorio como a mí y es casi seguro de que prefiere comprarse otro. Yo soy muy paciente porque tengo cinco *yernos.*

—¿Y un solo paraguas? Hay evidentemente una gran desproporción, pero le voy a dar uno porque no me gusta hacer perder a nadie el tiempo.

Me di vuelta, pero, ¡ay!, ya no quedaba un solo paraguas. Con mi sistema intensivo de devolución se me había agotado la *existencia.* Le *rogué* que volviera al día siguiente, pues la empresa, según le dije, renovaba constantemente el stock. Y, efectivamente, al otro día pude darle un muy hermoso paraguas con mango de oro, funda de cuero de cocodrilo y una hermosa tela de seda natural. Se fue muy contenta. El que no se conformó fue un caballero que decía ser el dueño del paraguas de oro y a quien para arreglarlo le quise dar una *faja de goma,* que nunca se supo cómo fue a dar allí. Era *un tanto* gritón y parecía persona *influyente.* Digo esto porque el puesto volvió a quedar vacante. Y lo siento, porque yo pensaba hacer carrera.

llueva un poco
en cuestión
una contradicción / sin comentarios / vieja y gorda
acostumbrado
asustar / futuro
poor cattle ranches
broken
No es suficiente
por ejemplo
saltando
apartando
sons-in-law
stock / supliqué
rubber girdle
algo / importante

[1] En Argentina se dice en forma coloquial: ¡Que le garúe finito! — ¡Que le vaya bien!

Después de la lectura

ACTIVIDADES

A. ¿Qué dice la lectura?

Conteste las siguientes preguntas.

1. ¿Quién es el narrador del cuento? ¿Qué sabemos de él?
2. ¿Quiénes son los otros personajes? ¿Qué características podemos imaginar de cada uno de ellos?
3. ¿Cuál es o cuáles son los escenarios en los que estos personajes actúan?
4. ¿En qué país puede Ud. situar lo narrado en el cuento? ¿Por qué?
5. ¿Quién ha escrito la carta de recomendación?
6. ¿Por qué consigue el trabajo el narrador del cuento? ¿En qué consiste su trabajo? ¿Por qué quedó el puesto vacante?
7. ¿Cómo hubiera podido hacer carrera el nuevo empleado?
8. ¿Qué trabajos semejantes al del cuento conoce Ud.? ¿Qué posibilidades de hacer carrera ofrecen?

B. Puntos de vista

¿Cree Ud. que se podría hacer una película con este cuento? Si Ud. fuera el director de esa película, ¿cómo presentaría la escena? ¿Con qué escena terminaría la película? ¿Qué efectos de sonido y qué comentario musical usaría?

El mundo hispano

La contribución hispana a la cultura occidental en general no es de poca importancia. A pesar de que otros europeos hubieran pisado tierra en las Américas antes de la llegada de Colón a las islas caribeñas, no fue hasta entonces que Europa viera al Nuevo Mundo como verdadero "destino". Desde la publicación de *Don Quijote,* de Miguel de Cervantes —"padre de la novela moderna"— muchos hispanos han hecho importantísimos aportes a la cultura general, primero de Europa y luego de las Américas. En la pintura, España produjo a Velázquez y Picasso, y México a Diego Rivera. En la literatura, Colombia es la patria de Gabriel García Márquez, y Argentina la de Jorge Luis Borges y Julio Cortázar. El arte y la literatura de las culturas hispanas han tenido indiscutible influencia en el desarrollo de la cultura occidental.

Población	35.672.000 habitantes
Capital:	Buenos Aires
Moneda:	el peso argentino

Algo sobre Argentina

Hasta 1816 Argentina formó parte del llamado Virreinato del Río de la Plata, junto con Uruguay y Paraguay. Después de esta fecha, pasó a ser un país independiente.

Uno de los grandes mitos de la historia argentina surgió a mediados del siglo pasado: el peronismo. Así se denominaba a los seguidores de Juan Domingo Perón y de su no menos mítica esposa Eva Perón. El matrimonio Perón, su política populista y el apoyo de los descamisados gozaron de un fuerte respaldo internacional.

El gobierno militar de mediados de los setenta marcó uno de los momentos más dramáticos en la historia argentina; esta época es tristemente conocida como la de *los desaparecidos.* Más de 23.000 personas que se opusieron al regimen militar "desapareciron" sin dejar rastro alguno. Las madres, ya abuelas, de la Plaza de Mayo, aún siguen reclamándolos.

Al igual que Chile, Argentina ofrece una interesantísima diversidad geográfica y climática, desde la zona semitropical del Norte hasta las pampas y las gélidas tierras del Sur (Patagonia y Tierra del Fuego). Partes del territorio son muy antiguas pero otras son de relativamente reciente formación geológica: por ejemplo las islas del delta del Paraná, que avanzan hacia Buenos Aires y la boca del estuario a razón de 50 a 100 metros por año.

No sólo es diversa la geografía argentina, sino que tiene una de la poblaciones más diversas de todo el mundo hispanohablante. A finales del siglo XIX y durante todo el siglo XX, Argentina ha sido el destino de cantidades de inmigrantes de Europa, sobre todo de Italia. Con italianos, alemanes, judíos de la Europa oriental, rusos, árabes, etcétera, Argentina, sobre todo en su capital, resulta ser un verdadero crisol *(melting pot)* como lo son otras ciudades cosmopolitas como Nueva York y París.

Uno de los grandes maestros del siglo XX, Jorge Luis Borges, creó el mito más genial de la historia literaria argentina: con la reinvención de sí mismo y la de otros textos.

La dolarización, o el intento de adoptar el dólar americano como moneda nacional, es un fenómeno iniciado en Argentina —y secundado por Ecuador— para intentar frenar la galopante inflación.

Última lectura

VOCABULARIO

el alivio *relief*
el balazo *gunshot*
el cajón *drawer*
la cómoda *chest of drawers*
la herramienta *tool*
ingerir *to swallow, ingest*
el malestar *ill feeling, unease*
el rodeo *detour*
el trueque *exchange*
el vientre *abdomen, stomach*
vislumbrar *to glimpse*

EL AUTOR Y SU OBRA

Jorge Luis Borges (Buenos Aires, 1899–Ginebra, 1986) fue un ávido lector y gran conocedor de la literatura universal. La genialidad y hondura del pensamiento de Borges es patente tanto en su obra en prosa como en verso. Los enigmas del universo, la metafísica, la teología y la filosofía le sirven como trasfondo para un sinnúmero de relatos. Hay ciertos tópicos y temas que reaparecen constantemente en su obra: los laberintos, las bibliotecas, el desdoblamiento del yo y, sobre todo, el entretejido de ficción y realidad. *El aleph, El libro de arena, Historia universal de la infamia* y sus *Ficciones* son algunas de sus obras claves para la literatura de nuestros días.

Estrategias para la lectura

Fíjese en el principio y el final de la historia. Borges, gran maestro del juego entre lo real y lo verosímil, le da al relato un aspecto documental (fechas, nombres de calles, etcétera). Sin embargo, la afirmación: "La historia era increíble, en efecto, pero se impuso a todos" llama la atención sobre la posibilidad de presentar cualquier historia como verdadera siempre que se respeten ciertas reglas. Observe también cómo se describe el paso del tiempo, todo se relaciona con lo que va a ocurrir: "quiso ya estar en el día siguiente", "Así, laborioso y trivial, pasó el viernes 15, la víspera", "en aquel tiempo fuera del tiempo". Observe también cómo la tensión y la brutalidad de los hechos contrasta con el carácter de la protagonista que los planea.

Emma Zunz Jorge Luis Borges

El catorce de enero de 1922, Emma Zunz, al volver de la fábrica de tejidos, Tarbuch y Loewenthal, halló en el fondo del zaguán una carta, fechada en el Brasil, por la que supo que su padre había muerto. La engañaron, a primera vista, el sello y el sobre; luego, la inquietó *la letra* desconocida. Nueve o diez líneas *borroneadas* querían colmar la hoja; Emma leyó que el señor Maier había ingerido por error una fuerte dosis de veronal y había fallecido el tres del *corriente* en el hospital de Bagel. Un compañero de pensión de su padre firmaba la noticia, un tal Fein o Fain, de Río Grande, que no podía saber que se dirigía a la hija del muerto.

Emma dejó caer el papel. Su primera impresión fue de malestar en el vientre y en las rodillas; luego de ciega culpa, de irrealidad, de frío, de temor; luego, quiso ya estar en el día siguiente. Acto continuo comprendió que esa voluntad era inútil porque la muerte de su padre era lo único que había sucedido en el mundo, y seguiría sucediendo sin fin. Recogió el papel y se fue a su cuarto. *Furtivamente* lo guardó en un cajón, como si de algún modo ya conociera los hechos ulteriores. Ya había empezado a vislumbrarlos, tal vez; ya era la que sería.

En la creciente oscuridad, Emma lloró hasta el fin de aquel día el suicidio de Manuel Maier, que en los antiguos días felices fue Emanuel Zunz. Recordó *veraneos en una chacra,* cerca de Gualeguay, recordó (trató de recordar) a su madre, recordó la casita de Lanús que les remataron, recordó los amarillos losanges de una ventana, recordó el auto de prisión, el oprobio, recordó los anónimos con el suelto sobre *"el desfalco del cajero"*, recordó (pero eso jamás lo olvidaba) que su padre, la última noche, le había jurado que el ladrón era Loewenthal. Loewenthal, Aarón Loewenthal, antes gerente de la fábrica y ahora uno de los dueños. Emma, desde 1916, guardaba el secreto. A nadie se lo había revelado, ni siquiera a su mejor amiga, Elsa Urstein. *Quiza rehuía* la profana incredulidad; quizá creía que el secreto era un vínculo entre ella y el ausente. Loewenthal no sabía que ella sabía; Emma Zunz derivaba de ese hecho ínfimo un sentimiento de poder.

No durmió aquella noche, y cuando la primera luz definió el rectángulo de la ventana, ya estaba perfecto su plan. Procuró que ese día, que le pareció interminable, fuera como los otros. Había en la fábrica rumores de huelga; Emma se declaró, como siempre, contra toda violencia. A las seis, concluido el trabajo, fue con Elsa a un club de mujeres, que tiene gimnasio y *pileta*. Se inscribieron; tuvo que repetir y deletrear su nombre y su apellido, tuvo que festejar las bromas vulgares que comentan la revisación. Con Elsa y con la menor de las Kronfuss discutió a qué cinematógrafo irían el domingo a la tarde. Luego, se habló de novios y nadie esperó que Emma hablara. En abril cumpliría diecinueve años, pero los hombres le inspiraban, aún, un temor casi patológico. De vuelta, preparó una sopa de tapioca y unas legumbres, comió temprano, se acostó y se obligó a dormir. Así, laborioso y trivial, pasó el viernes quince, la víspera.

El sábado, la impaciencia la despertó. La impaciencia, no la inquietud, y el singular alivio de estar en aquel día, por fin. Ya no tenía que *tramar* y que imaginar; dentro de algunas horas alcanzaría la simplicidad de los hechos. Leyó en *La Prensa* que el *Nordstjarnan,* de Malmo, *zarparía* esa noche del dique 3; llamó por

handwriting
scribbled
of that month
Clandestinely
summer vacations on a farm
the accountant's embezzlement
Perhaps she was avoiding
piscina
to plot
would sail

teléfono a Loewenthal, insinuó que deseaba comunicar, sin que lo supieran las otras, algo sobre la huelga y prometió pasar por el escritorio, al oscurecer. Le temblaba la voz; el temblor convenía a una *delatora*. Ningún otro hecho memorable ocurrió esa mañana. Emma trabajó hasta las doce y fijó con Elsa y con Perla Kronfuss los *pormenores* del paseo del domingo. Se acostó después de almorzar y recapituló, cerrados los ojos, el plan que había tramado. Pensó que la etapa final sería menos horrible que la primera y que le *depararía,* sin duda, el sabor de la victoria y de la justicia. De pronto, alarmada, se levantó y corrió al cajón de la cómoda. Lo abrió; debajo del retrato de Milton Sills, donde la había dejado la antenoche, estaba la carta de Fain. Nadie podía haberla visto; la empezó a leer y la rompió.

delatora: whistle-blower
pormenores: detalles
depararía: daría

Referir con alguna realidad los hechos de esa tarde sería difícil y quizá improcedente. Un atributo de lo infernal es la irrealidad, un atributo que parece mitigar sus errores y que los agrava tal vez. Cómo hacer verosímil una acción en la que casi no creyó quien la ejecutaba, cómo recuperar ese breve caos que hoy la memoria de Emma Zunz repudia y confunde? Emma vivía por Almagro, en la calle Liniers; nos consta que esa tarde fue al puerto. Acaso en el infame Paseo de Julio se vio multiplicada en espejos, publicada por luces y desnudada por los ojos hambrientos, pero más razonable es conjeturar que al principio erró, inadvertida, por la indiferente recova. Entró en dos o tres bares, vio la rutina o los manejos de otras mujeres. Dio al fin con hombres del *Nordstjarnan.* De uno, muy joven, temió que le inspirara alguna ternura y optó por otro, quizá más bajo que ella y grosero, para que la pureza del horror no fuera mitigada. El hombre la condujo a una puerta y después a un turbio zaguán y después a una escalera tortuosa y después a un vestíbulo (en el que había una vidriera con losanges idénticos a los de la casa en Lanús) y después a un pasillo y después a una puerta que se cerró. Los hechos graves están fuera del tiempo, ya porque en ellos el pasado inmediato queda como *tronchado* del *porvenir*, ya porque no parecen consecutivas las partes que los forman.

tronchado / *porvenir*: cut off / futuro

En aquel tiempo fuera del tiempo, en aquel desorden perplejo de sensaciones inconexas y atroces, ¿pensó Emma Zunz *una sola vez* en el muerto que motivaba el sacrificio? Yo tengo para mí que pensó una vez y que en ese momento peligró su desesperado propósito. Pensó (no pudo no pensar) que su padre le había hecho a su madre la cosa horrible que a ella ahora le hacían. Lo pensó con débil asombro y se refugió, en seguida, en el vértigo. El hombre, sueco o finlandés no hablaba español; fue una herramienta para Emma como ésta lo fue para él, pero ella sirvió para el goce y él para la justicia.

Cuando se quedó sola, Emma no abrió en seguida los ojos. En la mesa de luz estaba el dinero que había dejado el hombre: Emma se incorporó y lo rompió como antes había roto la carta. Romper dinero es una impiedad, como tirar el pan; Emma se arrepintió, apenas lo hizo. Un acto de soberbia y en aquel día... El temor se perdió en la tristeza de su cuerpo, en el asco. El asco y la tristeza la encadenaban, pero Emma lentamente se levantó y procedió a vestirse. En el cuarto no quedaban colores vivos; el último crepúsculo se agravaba. Emma pudo salir sin que la advirtieran; en la esquina subió a un *Lacroze*, que iba al oeste. Eligió, conforme a su plan, el asiento más delantero, para que no le vieran la cara. Quizá le confortó verificar, en el insipido trajín de las calles, que lo acaecido no había contaminado las cosas. Viajó por barrios decrecientes y opacos, viéndolos olvidándolos en el acto, y *se apeó* en una de las calles de Warnes paradójicamente su fatiga venía a ser una fuerza, pues la obligaba a concentrarse en los pormenores de la aventura y le ocultaba el fondo y el fin.

Lacroze: trolley
se apeó: se bajó

Aarón Loewenthal era, para todos, un hombre serio; para sus pocos íntimos, un avaro. Vivía en *los altos de la fábrica,* solo. Establecido en el desmantelado arrabal, temía a los ladrones; en el patio de la fábrica había un gran perro y en el cajón de su escritorio, nadie lo ignoraba, un revólver. Había llorado con decoro, el año anterior, la inesperada muerte de su mujer —una Gauss, que le trajo una buena dote!—, pero el dinero era su verdadera pasión. Con íntimo bochorno se sabía menos apto para ganarlo que para conservarlo. Era muy religioso; creía tener con el Señor un pacto secreto, que lo *eximía* de obrar bien, a trueque de oraciones y devociones. Calvo, corpulento, enlutado, de *quevedos ahumados* y barba rubia, esperaba de pie, junto a la ventana, el informe confidencial de la obrera Zunz. La vio empujar la verja (que él había entornado a propósito) y cruzar el patio sombrío. La vio hacer un pequeño rodeo cuando el perro atado ladró. Los labios de Emma se atareaban como los de quien reza en voz baja; cansados, repetían la sentencia que el señor Lowenthal oiría antes de morir.

upper floor of the factory building
excusaba
dark glasses

Las cosas no ocurrieron como había previsto Emma Zunz. Desde la madrugada anterior, ella se había soñado muchas veces dirigiendo el firme revólver, forzando al miserable a confesar la miserable culpa y exponiendo la *intrépida estratagema* que permitiría a la Justicia de Dios triunfar de la justicia humana. (No por temor, sino por ser un instrumento de la Justicia, ella no quería ser castigada, un solo balazo en mitad del pecho *rubricaría* la suerte de Loewenthal.) Pero las cosas no ocurrieron así.

risky plan
would seal

Ante Aarón Loewenthal, más que la urgencia de vengar a su padre, Emma sintió la de castigar el *ultraje* padecido por ello. No podía no matarlo, después de esa minuciosa deshonra. Tampoco tenía tiempo que perder en teatralerías. Sentada, tímida, pidió excusas a Loewenthal, invocó (a fuer de delatora) las obligaciones de la lealtad, pronunció algunos nombres, dio a entender otros y se cortó como si la venciera el temor. Logró que Loewenthal saliera a buscar una copa de agua. Cuando éste, incrédulo de tales *aspavientos,* pero indulgente, volvió del comedor, Emma ya había sacado del cajón el pesado revólver. Apretó el gatillo dos veces. El considerable cuerpo se desplomó como si los estampidos y el humo lo hubieran roto, el vaso de agua se rompió, la cara la miró con asombro y cólera, la boca de la cara la injurió en español y en ídisch. Las malas palabras no cejaban; Emma tuvo que hacer fuego otra vez. En el patio, el perro encadenado rompió a ladrar y una efusión de brusca sangre manó de los labios obscenos y manchó la barba y la ropa. Emma inició la acusación que tenía preparada ("He vengado a mi padre y no me podrán castigar..."), pero no la acabó, porque el señor Loewenthal ya había muerto. No supo nunca si alcanzó a comprender.

outrage
theatrical gestures

Los ladridos tirantes le recordaron que no podía, aún, descansar. Desordenó el diván, desabrochó el saco del cadáver, le quitó los quevedos salpicados y los dejó sobre el fichero. Luego tomó el telefono y repitió lo que tantas veces repetiría, con esas y con otras palabras: *Ha ocurrido una cosa que es increíble... El señor Loewenthal me hizo venir con el pretexto de la huelga... Abusó de mí, lo maté...*

La historia era increíble, en efecto, pero se impuso a todos, porque sustancialmente era cierta. Verdadero era el tono de Emma Zunz, verdadero el pudor, verdadero el odio. Verdadero también era el ultraje que había padecido; sólo eran falsas las circunstancias, la hora y uno o dos nombres propios.

Después de la lectura

ACTIVIDAD

¡Charlemos!

1. ¿Qué es lo más sorprendente del plan de Emma Zunz?
2. ¿Por qué llegó desde Brasil la carta que avisaba de la muerte del padre?
3. ¿Con quién vivía Emma? ¿Qué recuerda de su madre?
4. Describa el ambiente en el que ocurren los hechos.
5. ¿Qué opina Ud. de la frase final?

LECCIÓN 8

Calles coloniales

Centros comerciales modernos

De ayer a hoy

Primeros pasos

ACTIVIDAD

Puntos de vista

El índice de población en Latinoamérica ha crecido a un ritmo muchísimo más rápido que el de otros continentes como África o Asia. Sólo en el D.F. de México viven 11.704.934 habitantes y en Veracruz más de 8.000.000. El cómputo de población y vivienda da un total de 96.807.451 habitantes en México.

Por otra parte, la ONU publicó recientemente las siguientes estadísticas.

Población de América Latina por regiones (en millares)

Región	1950	1980	1990	2000
América Central continental	36 101	92 538	122 382	155 709
Caribe	17 476	31 919	38 215	45 222
América del Sur tropical	85 092	198 181	252 196	313 210
América del Sur templada	25 437	41 067	46 505	51 605
Total para América Latina	164 053	363 704	459 298	565 747

Organización de las Naciones Unidas (ONU)

Lea con atención estos datos y comente con su compañero(a).

1. El crecimiento de la población hispana en Latinoamérica y en los Estados Unidos: ¿qué beneficios y qué inconvenientes produce?
2. La población latinoamericana es tremendamente joven. ¿Qué ventajas tiene un país con población joven sobre uno con población vieja?
3. ¿Qué tipo de servicios sociales son indispensables en un país con población muy joven o muy vieja?
4. Si ha vivido Ud. en alguna ciudad con más de 5.000.000 de habitantes, describa cómo es la vida cotidiana en la misma. Si sólo ha vivido en ciudades pequeñas, ¡imagínesela!

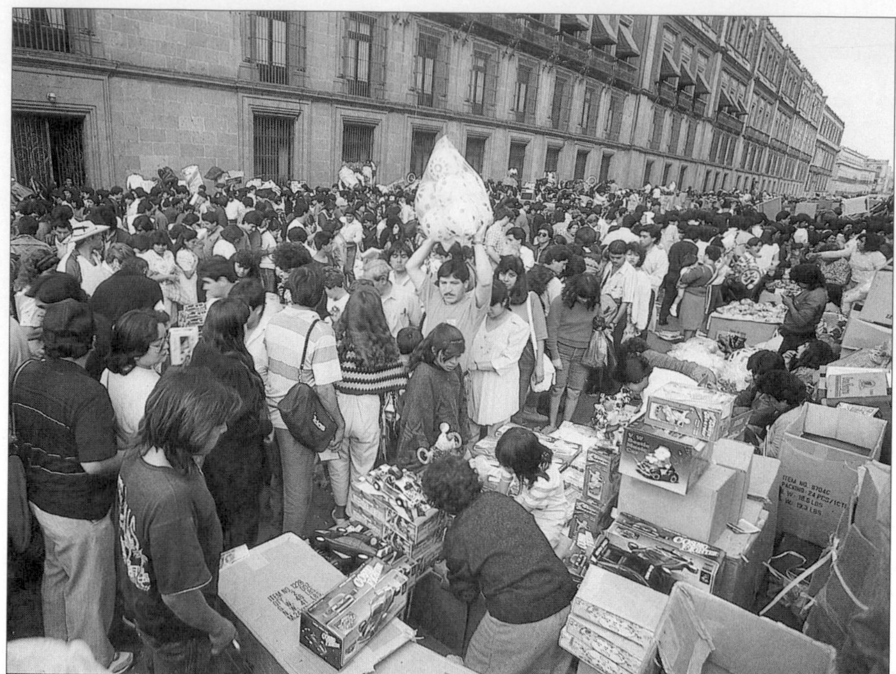

Esta calle está llena de gente.

HUMOR

1. Trabaje con un(a) compañero(a) de clase. Observen y lean con atención la siguiente caricatura de los países representantes a la Organización de las Naciones Unidas (ONU) y hagan sus propios comentarios.
2. Según Uds., ¿quiénes son los culpables del narcotráfico, los productores o los consumidores? ¿Qué solución propondrían Uds. a la ONU?

Prepárese a leer

VOCABULARIO

Para hablar de los hispanos en los Estados Unidos

los antepasados *ancestors*
los peregrinos *pilgrims*
el pueblo *the people*
aportar; la aportación *to contribute; contribution*
enfrentar/confrontar *to confront*
lograr *to achieve*
superar *to exceed*
surgir *to emerge*
la pugna por *struggle for*
el sueño *dream*

Expresiones

a diferencia de *unlike*
lo que ocurre con *what happens with*
para bien de *for the good of*

ACTIVIDAD

Puntos de vista

Los hispanos en los Estados Unidos confrontan día a día el conflicto de mantener su identidad hispana o aceptar la presión interna de asimilarse al mundo anglo. Con un(a) compañero(a) de clase, intercambie ideas sobre este aspecto que, para los inmigrantes hispanos, es de vital importancia. Tengan en cuenta éstas y otras preguntas.

1. ¿Ven Uds. algunas diferencias entre los problemas de asimilación al medio de los inmigrantes hispanos y los de otros grupos de inmigrantes (italianos, judíos, irlandeses, chinos, vietnamitas, etc.)? ¿A qué creen que se deben esos problemas?

2. ¿Qué efecto han tenido los siguientes factores en las distintas experiencias de los cubanos, los puertorriqueños y los chicanos en este país? Considere...

   a. la geografía.
   b. el nivel de la educación.
   c. el color de la piel.
   d. las razones económicas y políticas para emigrar a los Estados Unidos.
   e. la actitud de los ciudadanos norteamericanos hacia el grupo.

Estrategias para la lectura

Observe lo siguiente en el artículo:

- la presencia de expresiones en inglés
- el tono propagandístico del artículo
- el uso de expresiones de nueva creación, como "raza cósmica", que sirven para expresar lo novedoso de la situación que se describe

¿Sabía Ud. que... ?

José Vasconcelos (1882–1959) fue un ensayista mexicano de gran renombre. En su ensayo *La raza cósmica: Misión de la raza iberoamericana* (1925) interpreta el complejo racial y cultural de Hispanoamérica y mantiene la teoría que "la raza cósmica", producto del mestizaje americano, está llamada a enfrentarse con la raza sajona y triunfar como la raza en la que se fundirán todos los pueblos de América.

Lewis and Clark fueron dos exploradores norteamericanos que encabezaron en 1803–1806 una expedición para explorar el territorio del *Louisiana Purchase* y más allá hasta el Océano Pacífico.

¡A LEER!

El siguiente ensayo apareció en la revista *Gráfica* de Los Ángeles, California. El autor, José Manuel Paz Agüeras, habla de dos formas antagónicas de adaptación al medio norteamericano: "la raza cósmica", propuesta por el escritor mexicano José Vasconcelos, y el *"melting pot"* que ha sido la forma de asimilación adoptada en los Estados Unidos.

El futuro de Hispanoamérica

José Manuel Paz Agüeras

El surgimiento de una poderosa colonia hispanoamericana en los Estados Unidos, que hoy en día supera los veinte millones de habitantes, va a darnos la clave del enigma de cómo puede comportarse un conjunto de pueblos de origen hispano, actuando como una auténtica comunidad y protegiendo sus intereses comunes.

Es aquí, en la América anglosajona, donde se está produciendo el fenómeno *inusitado* de la unión entre los distintos pueblos iberoamericanos, donde, por vez primera, la palabra Hispanidad deja de ser una idea abstracta para convertirse en una realidad de cada día. Son los mexicanos, los cubanos, los puertorriqueños, los centroamericanos y tantos emigrantes de nuestra América los que han recuperado el nombre de hispanos y los que han mantenido en este suelo las tradiciones que sus propios antepasados trajeron a estos *parajes,* mucho antes de la llegada de los primeros colonos británicos.

En los estados de California, Arizona, Nuevo México, Texas, Florida y Nueva York se enfrentan actualmente dos fórmulas antagónicas de adaptación al *medio*

inusitado: raro, sorprendente
parajes: lugares
medio: *environment*

norteamericano. Una está constituida por el tradicional proceso de aculturización con asimilación total de la lengua inglesa y de la *"American way of life"*; lo que sociólogos de este país han denominado el *"melting pot"*. Otra es la propuesta por el *insigne* escritor mexicano José Vasconcelos en su obra *La raza cósmica;* es decir, la creación de una raza universal *mediante* la unión de todas las razas que habitan en este continente. Entre el *"melting pot"* y *"la raza cósmica"* hay una diferencia fundamental: esta última es fruto de una sociedad tradicionalmente mestiza y la primera, no.

Si los *resortes* del *"melting pot"* no han podido lograr la asimilación de las comunidades hispánicas, ello se debe a dos causas importantes. La primera es el *peso* de una cultura tradicionalmente mestiza, acostumbrada a asimilar elementos de otras civilizaciones, pero sin renunciar a lo que en ellas hay de positivo. La segunda es el hecho de que los hispanos son también americanos. América es su hogar, su tierra natal, su medio geográfico, a diferencia de lo que ocurre con otros emigrantes llegados de Europa, para los que Estados Unidos no era solamente otra nación, sino también otro continente dotado de dimensión distinta, que *distorsionaba su propio ámbito vivencial.* Los hispanos llegaron a esta tierra siglos antes que los peregrinos del *"Mayflower"* y vieron las costas del Pacífico trescientos años antes que tuvieran lugar las expediciones de Lewis y Clark.

Quizás una de las principales *aportaciones* de los pueblos iberoamericanos al futuro de los Estados Unidos sea precisamente su contribución a la reamericanización del país, al ofrecerle unas tradiciones que son originariamente americanas, a diferencia de los elementos culturales aportados por otros emigrantes: irlandeses, italianos, eslavos o alemanes, que en el pasado han ido forjando esta gran nación.

La dialéctica entre "la raza cósmica" y el *"melting pot"* se manifiesta en muy diversas circunstancias: en la *pugna* por el bilingüismo, en la preservación de la estructura fundamental de la familia hispana, en la conservación de usos y costumbres que nos son propios. En defensa de estos intereses se unen mexicanos, cubanos, puertorriqueños y toda la gran familia de pueblos aquí representados, contribuyendo a crear, como he afirmado antes, el primer *embrión* de una comunidad auténticamente hispánica.

Es deseable que el sueño de Vasconcelos pueda llegar a ser una realidad en los Estados Unidos y que, finalmente, pueda *conseguirse* la gran síntesis americana, para bien de los hombres y mujeres que habitan este vasto continente y para bien de toda la humanidad.

famoso
through, by means of
means, resources
weight
alteraba su modo de vivir
contribuciones
fight
embryo
obtenerse

Después de la lectura

ACTIVIDADES

A. ¿Qué dice la lectura?

Conteste las siguientes preguntas.

1. ¿Qué fenómeno se está produciendo en la América anglosajona?

2. ¿Cuáles son las dos fórmulas de adaptación al medio norteamericano?
3. Explique la fórmula del *"melting pot"* y la teoría de "la raza cósmica". ¿Por qué difieren fundamentalmente las dos fórmulas?
4. Según la lectura, ¿cuál podría ser una de las principales aportaciones de los iberoamericanos al futuro de los Estados Unidos?

B. Temas de reflexión

En el ensayo *La raza cósmica: Misión de la raza iberoamericana,* José Vasconcelos dice que:

> "En la América española ya no repetirá la Naturaleza uno de sus ensayos parciales, ya no será la raza de un solo color, de rasgos particulares, la que esta vez salga de la olvidada Atlántida; no será la futura ni una quinta ni una sexta raza destinada a prevalecer sobre sus antecesoras; lo que de allí va a salir es la raza definitiva de la raza síntesis o raza integral, hecha con el genio y con la sangre de todos los pueblos, y, por lo mismo, más capaz de verdadera fraternidad y de visión realmente universal".

1. ¿Cree Ud. que el sueño de Vasconcelos de "la raza cósmica" pueda ser una realidad? ¿Por qué sí o por qué no?
2. ¿Qué conoce Ud. sobre la historia de Hispanoamérica que pueda explicar esa síntesis de razas a la que se refiere Vasconcelos?
3. ¿Qué cree Ud. más conveniente, hablar de razas o de culturas? ¿A qué se refieren uno y otro término?

C. Creación

Formen tres grupos de estudiantes para hablar de la inmigración de los mexicanos, los cubanos y puertorriqueños a los Estados Unidos y presenten un informe a la clase. Cada grupo debe tener en cuenta éstas y otras preguntas.

Grupo A ¿Por qué es tan numerosa la población mexicana en el suroeste de los Estados Unidos? ¿Qué significa la palabra "chicano"? ¿En qué estados viven los chicanos? ¿Cómo se beneficia el país con la inmigración mexicana?

Grupo B ¿Cuándo llegaron los refugiados cubanos a este país? ¿Por qué abandonaron Cuba? ¿Dónde se establecieron? Se dice que los cubanos han contribuido enormemente al desarrollo de Miami. ¿Podrían pensar en algunas razones y contribuciones de los cubanos a la economía de Miami?

Grupo C ¿En qué parte de los Estados Unidos se han concentrado los puertorriqueños? ¿Por qué vienen a las grandes ciudades? ¿Por qué son considerados ciudadanos americanos? ¿Qué problemas en común tienen puertorriqueños, mexicanos y cubanos?

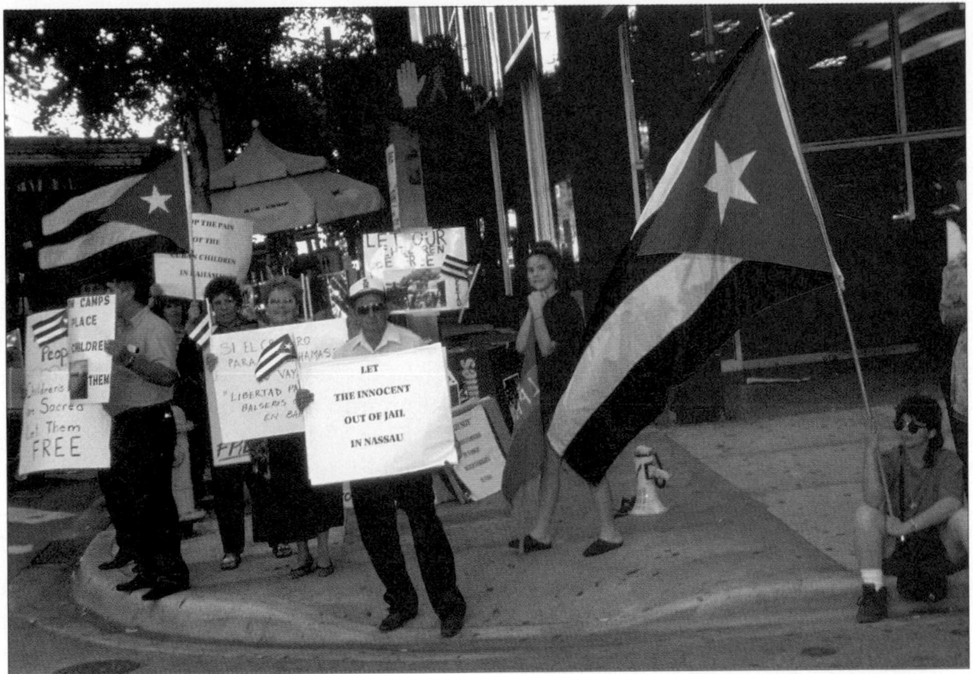

Los cubanos han aportado mucho a ciudades como Miami sin dejar de pensar en sus familiares en Cuba.

SITUACIÓN

Ayuda para inmigrantes

Ud. trabaja para la Organización de Servicios de la Comunidad y desea ayudar a los inmigrantes en sus problemas con la oficina del Servicio de Inmigración, la policía y las organizaciones de ayuda social. Entreviste a varios inmigrantes (los estudiantes de la clase), averigüe sus problemas y trate de resolverlos de la mejor manera posible.

Prepárese a leer

ACTIVIDAD

¡Charlemos!

Cuando Ud. era niño(a), seguramente hizo cosas que no debería haber hecho y se encontró en situaciones pavorosas *(frightening)*. Comente con su compañero(a) lo siguiente.

1. Cuando eras pequeño(a), ¿fuiste alguna vez a jugar a un lugar prohibido? ¿Cuál fue la vez que más miedo pasaste? ¿Solías jugar con un grupo de amigos o sólo con tu mejor amigo(a)?
2. ¿Crees en los fenómenos sobrenaturales? ¿Qué opinas de las casas encantadas? ¿Te ha ocurrido algo inexplicable en alguna ocasión?

3. ¿Qué haces cuando cuentas algo extraordinario y nadie te cree? ¿Qué le dices a un(a) amigo(a) que te cuenta una experiencia sobrenatural? ¿Qué sabes de las momias? ¿Has oído hablar de las momias de Guanajuato?

EL AUTOR Y SU OBRA

José Emilio Pacheco (1939–) es uno de los más prestigiosos escritores mexicanos. Es autor de numerosos libros de poemas. Como cuentista ha publicado, entre otros, los libros *La sangre de Medusa* y *El principio del placer.* El cuento "La cautiva" forma parte de esta última colección de cuentos que apareció por primera vez en 1963. El autor nos trae a la memoria escenas y voces que provienen de los recuerdos de la infancia. Su *Álbum de zoología* recibió el premio al mejor libro mexicano en 1988. Sus obras más premiadas y leídas son: *No me pregunten cómo pasa el tiempo, Los trabajos del mar* y *Batallas en el desierto.*

Estrategias para la lectura

En las primeras líneas del relato se suceden una serie de palabras y expresiones que sugieren una situación extraña: *sacudimiento, arrancar de cuajo, desplomar, grietas, sismo, zozobra, cataclismo, presagios, castigos, fuerzas del mal,* etcétera. Con ellas se va preparando sicológicamente al lector y se anticipa algo extraordinario.

¡A LEER!

La cautiva José Emilio Pacheco

Eran las seis de la mañana cuando sentimos un sacudimiento que pareció *arrancar de cuajo* todo el pueblo. Nos echamos a la calle pensando que las casas se *desplomarían* sobre nosotros. Y una vez afuera temimos que se abrieran *grietas* por todas partes.

Ya había pasado el *temblor* y las mujeres continuaban rezando. Según los alarmistas el sismo estaba a punto de repetirse con mayor fuerza. Era tan honda la *zozobra* que, creímos, no iban a enviarnos a la escuela. Las clases comenzaron una hora más tarde. En el salón hablamos mucho tiempo de nuestras experiencias durante el *cataclismo,* hasta que el profesor dijo que a nuestra edad y en cuarto de primaria no podíamos creer en supersticiones como el resto del pueblo, ni afirmar que los fenómenos naturales eran *castigos* o presagios divinos o desencadenamientos de las fuerzas del mal. Además el temblor no había provocado ninguna catástrofe: los únicos edificios verdaderamente dañados fueron las casas y las iglesias coloniales.

La explicación nos convenció y más o menos la repetimos ante nuestros padres. En la tarde todo estaba igual que antes; Sergio y Guillermo pasaron por mí. Fuimos a la *pradera* húmeda que crece entre el río y la *colina* del cementerio. El sol poniente brillaba en las cruces de mármol y los monumentos de granito.

to tear out by the roots
caerían
cracks
earthquake
collapse
temblor
punishments
prairie / hill

Guillermo sugirió que fuéramos a ver qué había pasado en las ruinas del convento próximo al pueblo. Generalmente nos daba miedo ir hacia allá al oscurecer; pero esa tarde todo nos parecía explicable y fascinante.

Dejamos atrás el cementerio y, escogiendo el camino más difícil, subimos la cuesta del *cerro* hasta que el *declive* nos obligó a avanzar casi *arrastrándonos.* Sufríamos vértigo al volver el rostro; pero, sin decirlo, cada uno trataba de probar que los cobardes eran los otros dos.

colina / *slope* / *dragging ourselves*

Al fin llegamos a los *despojos* del convento que se alzaba en la *cima* del cerro. Cruzamos el atrio. Nos detuvimos ante el muro que sostenía la terraza y las primeras celdas. Sobre las baldosas hallamos unas *abejas* muertas. Guillermo se acercó y tomó una entre sus dedos. En silencio, volvió a reunirse con nosotros. Caminamos por el corredor en que la humedad y el *salitre* desdibujaban los antiguos frescos.

rubble / *top*

bees

saltpeter

Sin confesar el miedo creciente que sentíamos, desembocamos en el claustro, aún más ruinoso que las otras secciones del edificio. El patio central se hallaba cubierto de *cardos* y *matorrales*. Dos *vigas carcomidas* apuntalaban una pared llena de *cuarteaduras*.

thistles / *scrubs* / *worm-eaten beams* / roturas

Por la escalera desgastada llegamos al segundo piso. Había oscurecido, empezaba a llover. En los alrededores se levantaban los primeros ruidos nocturnos. La lluvia resonaba en las piedras porosas. El viento *gemía* en la oscuridad.

moaned

Al acercarse a la ventana Sergio vio o creyó ver en lo que había sido el camposanto bolas de fuego que atravesaban entre las cruces rotas. Se escuchó *un trueno.* Un murciélago se *desprendió* del techo. Su aleteo repercutió sordamente en la bóveda.

thunder / *loosened*

Echamos a correr por los pasillos y nos acercamos a la puerta de la escalera cuando oímos gritar a Sergio: todo su cuerpo se *estremecía* y únicamente acertaba a señalarnos una de las celdas. Lo tomamos por los brazos y ya sin esconder nuestro temor fuimos hasta la celda. Pero al entrar, Sergio logró *zafarse, huyó* por el corredor y nos dejó solos.

was shaking

escaparse / corrió

Nos dimos cuenta de que se había *derrumbado* una pared y llenos de espanto contemplamos el interior de una cripta o tal vez un *osario:* fragmentos de *ataúdes,* huesos deshechos, *calaveras.*

caído

ossuary

coffins / *skulls*

De pronto advertimos en la *semipenumbra* la túnica blanca de una mujer sentada en una silla de hierro. Un cuerpo momificado, intacto en su infinita calma y su perpetua inmovilidad.

semioscuridad

Sentí en cada arteria y en cada articulación el *bullir* helado del miedo. Temblando de *pavor* hice un esfuerzo y me acerqué al cadáver. Con tres dedos toqué la piel rugosa de la frente: bajo la mínima presión de mi tacto el cuerpo se *desmoronó,* se volvió polvo en el asiento de metal. Me pareció que el mundo entero se deshacía junto con la cautiva del convento. Todo giraba ante mis ojos; *fragores* y estruendos llenaban la noche, los muros se dispersaban y caían al revelarse su secreto.

the boiling

miedo

fell apart

rumbling

Entonces Guillermo me arrastró afuera de la celda y sin temor a *despeñarnos* huimos cuesta abajo a toda velocidad. En la entrada del pueblo nos encontraron los hombres que Sergio había llamado en nuestra ayuda. Subieron al convento. Al volver afirmaron que se trataba de una cripta del 1800 con algunos restos pulverizados desde entonces. No había ningún cadáver: fue una alucinación, obra de nuestro miedo cuando la tormenta y la oscuridad nos sorprendieron en las ruinas, una tardía consecuencia del sobresalto que a todos en el pueblo causó el temblor. No pude dormir. Mis padres permanecieron junto a mí. Los días

to hurl ourselves

siguientes, entre las personas que nos interrogaron, sólo el cura dio crédito al relato. Afirmó que se trataba de un crimen legendario en los anales del pueblo, una monstruosa *venganza* que se llevó a cabo en el siglo XVIII, pero de la cual nadie hasta entonces había podido afirmar con certeza que fue verdad. El cadáver deshecho bajo mi tacto era el de una mujer sujeta a la acción de un tóxico inmovilizante, que al *volver en sí* se halló *emparedada* en una cripta tenebrosa, sin más compañía que los cadáveres y sin poder moverse de la silla en la que la encontramos doscientos años después.

revenge

recobrar la conciencia / aprisionada

Pasó el tiempo. No he regresado al pueblo ni he vuelto a ver a Sergio ni a Guillermo; pero cada temblor me llena de pánico pues siento que nuevamente la tierra devolverá a sus cuerpos y que será mi mano la que les dé el reposo, la otra muerte.

Después de la lectura

ACTIVIDADES

A. ¿Qué dice la lectura?

Conteste las siguientes preguntas.

1. ¿Quién es el narrador? ¿Qué edad debe tener durante la época del cuento? ¿Cómo imagina Ud. el lugar donde viven los protagonistas? ¿Cuáles son los elementos que producen miedo?
2. ¿Cuánto tiempo transcurre entre el principio y el final del cuento?
3. ¿Por qué cree Ud. que el protagonista tocó la frente de la mujer?
4. Diga qué función desempeñan los siguientes elementos: el murciélago, las abejas muertas, la silla de hierro y los frescos desdibujados.
5. ¿Qué significará "la otra muerte" en la oración final del cuento?

B. Puntos de vista

Considere con dos o tres compañeros las siguientes preguntas.

1. ¿Qué esperaba Ud. que hiciera Sergio después de zafarse de sus dos amigos? ¿Qué habría hecho Ud. en esta situación?
2. ¿Cómo se combinan la ficción y la realidad en este cuento? ¿Recuerdan Uds. algun cuento, leyenda o película similar al relato que han leído? Si es así, ¿cómo es?

El mundo hispano

La composición étnica de Hispanoamérica es muy variada. En México y en Centroamérica, tanto como en los altiplanos andinos, la mayoría de la población es mestiza, es decir, tiene linaje tanto europeo (español) como indígena. Hubo, claro está, distintas civilizaciones indígenas en todo el continente americano antes de la llegada de los europeos, por lo tanto, al hablar del "mestizaje" no se le puede ver con la homogeneidad que el singular término quizás implique. Durante los siglos XIX y XX, Argentina y Chile fueron el destino de olas de inmigrantes no sólo de España sino de Alemania, Italia y otros países europeos. En el Caribe —tanto en las islas como en las regiones costeñas de Centro América, Colombia y Venezuela— se añade al crisol *(melting pot)* la herencia africana. Traídos por los europeos como esclavos, los africanos han aportado mucho a la cultura caribeña. La cultura africana vive hoy en el Caribe en sus ritmos, sus religiones, palabras y giros lingüísticos, comidas, etcétera. El típico puertorriqueño del siglo veintiuno cuenta con taínos, europeos y africanos entre sus antecesores.

El Yunque, Puerto Rico

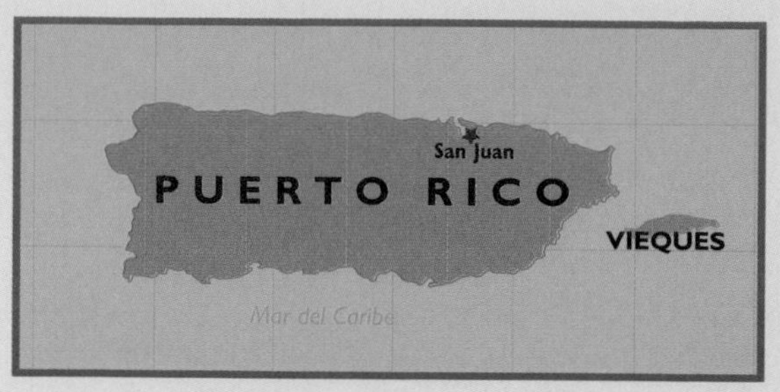

Población: 5.000.000
Capital: San Juan
Moneda: el dólar estadounidense

Algo sobre Puerto Rico

Puerto Rico ofrece una singular historia antropológica. Sus primeros habitantes conocidos fueron los taínos. A fines del siglo XVI, la población indígena casi desapareció totalmente de la isla. El enorme descenso de población nativa promovió la importación de esclavos africanos como mano de obra. La piratería fue otro de los factores que contribuyó al diezmo de la población. A principios del siglo XVII debía tener alrededor de 1.000 habitantes y hoy sobrepasa los 4.000.000; además más de un millón de puertorriqueños vive en Nueva York.

En 1897 Puerto Rico logró un gobierno semiindependiente de la metrópoli de España y en 1898 la isla fue incorporada a los Estados Unidos. Desde 1917 los nacidos en Puerto Rico, borinqueños, tienen ciudadanía estadounidense. En 1953 Puerto Rico pasó a ser un Estado Libre Asociado. La población puertorriqueña está claramente dividida entre los partidarios de que la isla permanezca como un Estado Libre Asociado y los partidarios de que pase a ser un Estado más de los Estados Unidos.

Pese a la ruptura de lazos con la Península Ibérica y la estrecha relación, por más de un siglo, con los Estados Unidos, Puerto Rico mantiene una identidad netamente hispánica.

Prepárese a leer

VOCABULARIO

brea *tar*
encaramarse *to climb*
estirar la pata *to kick the bucket*
fulano(a) (de tal) *so and so*
grama *lawn*
mondongo *tripe*
quilate *karat*
sobar *to rub*
última baraja *trump card*

EL AUTOR Y SU OBRA

Juan Antonio Ramos, nacido en Bayamón (Puerto Rico) en 1948 recibió, con *Hilando mortajas,* el premio a la mejor colección de cuentos de 1983. Su relato *El ejemplo de Rigoberto Meléndez* sirvió como guión para la película *Wells Fargo.*

Ramos se interesa por la problemática del hombre de la calle y, en cuentos como *La Celestina,* hace gala de un extraordinario sentido del humor. En este cuento el lenguaje es el gran protagonista ya que Ramos recrea *La Celestina* de Fernando de Rojas (siglo XV) recontándola con un lenguaje absolutamente diferente.

Estrategias para la lectura

En el siguiente texto abundan el lenguaje coloquial y numerosos anglicismos adaptados a la grafía española. Observe cómo el narrador cuenta los acontecimientos como si realmente hubieran ocurrido, le da al relato de la Edad Media la apariencia de una crónica local, de un escándalo. Fíjese en el tono conversacional del cuento, en las expresiones coloquiales y vulgares y en el uso que el autor hace de las mismas para lograr distintos efectos.

¡A LEER!

La Celestina[1] Juan Antonio Ramos

Que si aquí lo que hace falta es una Celestina que si fulana de tal es la misma Celestina que si Celestina *paquí* que si Celestina *pallá* y el hombre me tenía loco con su *embolle* de la dichosa mujer, chico... Ahora tú verás por qué a Nando *lo vacilaba* tanto el asunto de la doña esa... Na, habla de este tipo blanquito del *Condado* que se la pasa en yates y en discotecas y en carros deportivos y en óperas de esas que valen treinta pesos pero que cuando tú vienes a ver no sabe na de la vida y se cree que *empepándose* y metiéndose un *tabaco mongo* se come a los niños crudos, ¿tú me entiendes, verdá? Pues es el tipo este, Calisto, que se le va detrás a un *guaraguaos* porque se le fugó de la jaula y corriendo va a tener al patio de la casa de otra familia comemierda, y cuando ve a la nena de papá, una tal Melibea, rociando la grama en shorts, se

para aquí / para allá
obsession
amused him
an affluent neighborhood of San Juan
taking drugs
marihuana cigarette
bird of prey

---

[1] *La Celestina* is a medieval text, most likely penned by Fernando de Rojas, that some scholars see as a dialogued narrative and some see as a play. In any case, most agree that this key text is an important step toward the development of the modern novel. The central character, Celestina, is an *alcahueta*, or half-matchmaker, half-madam, and somewhat of a sorceress. The original play or narrative is filled with dramatic tensions created when the desires of Calixto and Melibea, two young lovers, conflict with society's mores. Juan Antonio Ramos, in this contemporary version of the story, maintains the "spoken" aspect of the original text in this long monologue. You should not be concerned with understanding every word of the narrator's story. The language is highly colloquial, and would be challenging even for native Spanish-speakers who are not Puerto Rican. As you read the story, try to get the gist of what the narrator tells of the shenanigans that go on between his Calisto and Melibea, and try to appreciate the comical and sharp-tongued turning of a phrase which is a highly valued talent in Caribbean cultures.

vuelve loco y rompe a *rapiársela* con boberías de amor a primera vista, viste, pero *la jebita* se sabe bien el libreto de nena *jaiclás* y se mete pa la marquesina a jugar con los pecesitos de colores. El Calisto regresó a su casa con *el queso latiéndole a mil* y le cuenta lo que le pasa a uno de sus sirvientes, porque el tipo anda con sirvientes y toa esas madres de la sociedá, digo, *no te vayanredar,* y Sempronio, que así se llama el alcagüete, no, Sempronio es lindo al lao de los otros nombres que me quedan por decirte, espérate y verás, pues Sempronio le dice a su jefe, mi hermano, con el respeto que usté se merece, me parece que este *enchule* no va pa ningún lao a no ser que yo bregue porque yo sí que tengo la concesión bien *jebidiuti* en lo de amor a lo postalita de sanvalentín, digo, y Calisto soltando babas le pregunta y Sempronio que *se lo gufea* hasta lo último hablando bajito pa él mismo, como hace *toel* mundo ahí, por eso el que menos puja puja un *tro de la silán* le recomienda a una tal Celestina, que es una vieja putona que se dedica a conectar a tipos que se quieren meter mano, *mi pana,* y lleva contabilidá de cuanta mami nace en el pueblo porque a la larga terminará pidiéndole favores, que no se quedan en alcagüetiar a novios namás, sino que también, y *guféate esto,* fabrica señoritas, así mismito, mano, les cose el asunto y quedan como nuevas, olvídate, un puesto de recauchar gomas tiene la doña, me decía el flaco muerto de la risa, y Sempronio, que guise con la nenalinda de la vieja, la Alicia mentá, quiere buscarse un billete a cuenta del embollo del amo, ¿vas entendiendo?, y cuando Celestina converse por primera vez con Calisto, le tumba cien *grullos a la soltá,* mi socio, porque el hombre no quiere saber de na, y hasta dice que si los ángeles del cielo vienen y le ofrecen asiento en preferencia allá en la gloria y acá abajo Melibea namás que de lejito le enseña un cantito de aquí... olvídalo, zurdo, es que no hay cráneo. Pero a la Celestina se le atraviesa por el medio Pérmino o Parmido, que es un sirviente bocabajo, mi pana, que Calisto recogió casi de la cuneta, y por eso se la pasa *lambiendo ojo* y de rodillas dando gracias, y por ahí mismo lo ataca Celestina y le dice mire papá, no te me hagas el santurroncito ahora, que yo fui quien te crié te vestí y te llené la barriga cuando tu *mai,* que fue la que me enseñó to lo que sé, *estiró la pata.* Afinca conmigo en este traqueteo que si abres el ojo y cierras el pico le tumbamos hasta el alma a ese *pendango* que tanto defiendes de mí y qué sé yo qué más, y como la vieja vio que todavía Parmido estaba durito de ablandar le consiguió un *déit* en la cama, mi pana, porque la doña era así, ¿vas entendiendo el embolle de Nando con la Celestina?, oye, y si le diera con venir por acá a la fulana esa, ah, tipo, aunque ahora no haría tanta falta porque tú sabes cómo están las cosas, pues Celestina le consiguió a Pérmino *un guisito* con una chica, Arisa, mi hermano, y ahí cayó el hombre y dijo ¿en dónde es que hay que firmar? Pero pa que veas, Celestina, aunque se *hacía la muy jodona* y tremenda tártara se *friquiaba* de vez en cuando, y cuando salió a *periquiar* con Melibea, porque iba a comerle el *celebro* a la jeba, se estaba cagando encima namás que de pensar en que no le saliera la jugada, y pensó que hasta la fama de bruja, porque la doña se las entendía con Satanás, ves, hasta la fama de bruja se le iría al piso, y que si mejor me muero antes de quedar mal pará frente a esa mierdita de nena que le hizo frente, oíste, le salió *cascarúa* la jeba, y la botó cuando la vieja le mencionó a Calisto, y cuando le iba a *ajotar* los perros, la vieja mañosa sacó de la manga la última baraja, y le dijo *mija,* cógelo *isi,* si a lo que yo vengo es a que le prestes a Calisto tu cordón milagroso que según Nando era como una correa que Melibea usaba pa achicarse la cintura, ¿lo cogiste?, como una tanga de esas que se ven en la playa, porque, *vacilate esto,* el hombre y que tenía dolor de muela y estaba seguro que

(from "rap") tell her a story
la chica / *high class*
heart beating fast
no te vayas a enredar
passionate affair
heavy duty
goofs around
todo el
a Sea Land (freight) truck
mi amigo
get this
dólares / *suddenly*
brown nosing
madre / *passed away*
euphemism for pendejo
una cita
a love affair
she pretended to know everything / freaked out /
hablar / cerebro
stubborn
to incite
mi hija / *easy*
get this

namás que de tocar el cinturoncito quedaría curao, y lo lindo es que la chamaca *se comió la guayaba,* o se hizo la que se la comió, jum. Y cuando Calisto oyó el cuento de la vieja rompió a brincar y le ofreció vajillas y carros y viajes a la bruja que se reía por dentro y agarró el cordón y lo empezó a sobar y después se puso a hablarle como si estuviera hablando por un micrófono, olvídate, y como no encontró así de momento, na que darle a Celestina, le regaló una cadena de oro, catorce quilates, mano, ¿qué te parece? Entonces la vieja arrancó de nuevo pa donde Melibea, y Melibea que se había hecho la dura y la decente al principio, aflojó y cayó como guanábana cuando supo que Calisto *brincó la cuica* con su cordón, y soltó la lengua a hablar y que si está bien, Celestina, haga los arreglos sin que papi y mami se enteren, y ya ese mismo día por la noche estaba *ponchando Calisto el afisiaíto,* que por poco le entra a *marronazos* a la paré por tal de encajar a la jebita, pero ella como que *se escamó* y lo mandó a dormir hasta el otro día por la noche, pero a la que se le dañó *el fricasé* fue a la vieja, porque esa misma noche se le aparecieron en la casa sin que ella se lo esperara Sempronio y Permidio a pedirle cuentas por la cadena que Calisto le había regalao, pa partir ganancias, ¿tú me entiendes?, y como ella se hizo la loca, la picaron como pa pasteles con las espadas, que era lo que se usaba paquel tiempo. Y ahí pasan *un chorroe revoluces* porque la policía agarra a Sempronio y a Parmino y le cortan el pescuezo sin juicio ni na, y cuando Calisto se entera pone el grito en el cielo, imagínate, ahora se sabrá to, dice él con mucha poesía y nombres de novelas de antes, bueno, así me lo explicaba el flaco, decía que los ricos cuando tenían problemas empezaban a sacar cosas de filosofía y cultura y toa esas madres como pa taparse, ¿vas viendo?, total que cuando llegó la noche Calisto se olvidó de los sirvientes y se buscó a otros dos que lo acompañaron a la casa de Melibea y le pusieron una escalera larga pa que el enfermito subiera, casa de dos plantas, ves, y ahí sí que te digo yo, mi hermano, Melibea se asustó de nuevo y creo que pegó a declamar cosas del honor y la honra pero quietecita, ¿te imaginas al flaco contando esa parte, ah?, mientras tanto aquel *cangrimán* de Calisto soltaba to los nudos que se iba encontrando, y esa misma movida de la escalerita y el *grajeo* siguió a diario, óyelo, Calisto dormía de día pa cargar la batería y por la noche se limpiaba el pecho, qué bilí, ah... Pero el *guame* se le acaba porque Arisa y Alicia quieren desquitarse a nombre de los machos de ellas, y déjame decirte que según Nando esas mujeres se las traían porque eran de esas feministas que hablan de que la mujer cuando se casa *se chava* porque termina siendo una burra de carga del marido y demás ¿tú me entiendes?, pero el flaco decía que ellas hablaban así y que porque Calisto no les hacía caso y porque le tenían roña a Melibea, tú sabes cómo es la cosa, la cosa es que mandan a un matarife, Centeno, a que joda a Calisto cuando esté metiendo mano con su nena, y a to esto, los *pais* de Melibea hablan de que ella ya está grandecita y deben buscarle su noviecito pa casarla, sin saber ellos que su hijita estaba descosía desde cuando, jum, bendito, y Melibea oye la cháchara y dice que sigan durmiendo de ese lao, yo no quiero marido que lo que quiero es seguir el *vacilón* con Cali *hasta que Colón baje el deo,* muchacho, la tenían gozando a to tren, pero lo que no sabía ella es que esa noche daría la última gozaíta porque los amigos del Centella aquel, él cogió miedo y mandó a otros por él, armaron un revolú en la calle con los sirvientes de Calisto, y cuando Calisto arrancó pa defenderlos, se enredó con la escalera y cayó hecho un mondongo en la brea, ahí la nena rompió a gritar, los pais salieron a ver, ella se encaramó en la *azotea,* y antes de *zumbarse de chola espepitó* pa que el pai y toa la urbanización se enteraran, to sus traqueteos con Calisto... Y así

believed it
jumped rope
meeting his girlfriend / big blows / got scared
the plan
a series of misunderstandings
experto
caress
smooth sailing
gets annoyed
padres
fiesta
forever
roof / to throw herself head first / she revealed her

thoughts / arrogant / pulling his hair out

termina esta longaniza, con el pai *jaitón jalándose las greñas* y recitando cosas lindas, y cagándosele en la madre al amor que tuvo la culpa de to, pero mi pana, eso le pasa a esos ricos que tienen por santos a los hijos, y los mandan a colegios católicos a aprender de la vida con las monjas y los curas, mano, cuando tú sabes que la calle es la escuela, entonces los sueltan un poquito y se quieren volver locos, ¿ves por dónde voy?, y te digo yo a ti, ¿pa qué tanto chavo y tanto *guille*, ah?, no, hombre no...

haughtiness

Después de la lectura

ACTIVIDADES

A. ¡Charlemos!

1. ¿Quién cuenta la historia? ¿Quién se la había contado a él?
2. ¿Quién era Celestina?
3. ¿Cómo era Calisto?
4. ¿Qué le parece a Ud. el cuento?
5. ¿Conocía Ud. la obra clásica llamada *La Celestina*?
6. ¿Qué opina de esta forma de recontar una obra literaria?

B. Expansión

1. Resuma Ud. con sus propias palabras los acontecimientos principales de la historia.
2. Escriba un informe policial tras la muerte de Pármeno y Sempronio.
3. Cuéntele a un compañero la historia de amor más complicada que Ud. haya oído o leído.

Última lectura

VOCABULARIO

a menudo *often*
el caldero *cauldron*
cobrar *to collect, receive*
el conjuro *spell*
desentrañar *to dig out*
el hechizo *charm*
oriundo(a) *originating from*
por amor al arte *without compensation*
sonrojar *to blush*
vuelto al derecho y al revés *turned inside out*

LA AUTORA Y SU OBRA

Rosario Ferré (1938–) nacida en Puerto Rico, es autora de una gran variedad de obras literarias. Su primer libro, *Papeles de Pandora,* es una denuncia a la explotación y la discriminación social. Ferré ha dedicado especial atención a la situación de la mujer en el mundo. Sus novelas *La batalla de las vírgenes* y *The House in the Lagoon* presentan dos facetas muy diferentes de su producción literaria: la primera se centra en la sátira social y religiosa mientras que la segunda se presenta la historia de Puerto Rico en el siglo XX a través de una historia de varias generaciones. El siguiente texto pertenece a su colección de ensayos *El coloquio de las perras.*

Estrategias para la lectura

Esta lectura ofrece la opinión de Rosario Ferré sobre ciertos críticos literarios. En realidad es una crítica de la crítica hecha con gran ironía. Ferré alude a Frankenstein para defender la imaginación como elemento fundamental del escritor y esto contrasta con el afán de los críticos en buscar lo real dentro de textos literarios, especialmente los escritos por mujeres.

¡A LEER!

De cómo alimentar el fuego Rosario Ferré

Quisiera ahora hablar un poco de ese combustible misterioso que alimenta toda literatura: el combustible de la imaginación. Me interesa este tema por dos razones: por el curioso escepticismo que a menudo descubro, entre el público en general, en cuanto a la existencia de la imaginación; y por la importancia que suele dársele, entre *legos* y profesionales de la literatura, a la experiencia autobiográfica del escritor. Una de las preguntas que más a menudo me han hecho, tanto extraños como amigos, es cómo pude escribir sobre Isabel la Negra, una famosa *ramera* de Ponce (el pueblo del cual soy oriunda) sin haberla conocido nunca. La pregunta me resulta siempre sorprendente, porque implica una dificultad bastante generalizada para establecer unos límites entre la realidad imaginada y la realidad *vivencial,* o quizá esta dificultad no sea sino la de comprender cuál es la naturaleza intrínseca de la literatura. A mí jamás se me hubiese ocurrido, por ejemplo, preguntarle a Mary Shelley si, en sus paseos por los bucólicos senderos que rodean el lago de Ginebra, se había topado alguna vez con un monstruo muerto-vivo de diez pies de altura, pero quizá esto se debió a que, cuando leí por primera vez a *Frankenstein,* yo era sólo una niña y Mary Shelley llevaba ya muerta más de cien años. Al principio pensé que aquella pregunta ingenua era comprensible en nuestra isla en un público poco acostumbrado a leer ficción, pero cuando varios críticos me preguntaron si había llegado a conocer personalmente a Isabel la Negra, o si alguna vez había visitado su prostíbulo (sugerencia que inevitablemente me hacía *sonrojar* con violencia), me dije que la dificultad para reconocer la existencia de la imaginación era un mal de mayor alcance.

legos: non-professionals
ramera: prostitute
vivencial: vivida
sonrojar: to blush

Siempre me había parecido que la crítica contemporánea le daba demasiada importancia al estudio de la vida de los escritores, pero aquella insistencia en la naturaleza impúdicamente autobiográfica de mis relatos me confirmó en mis temores. La importancia que han cobrado hoy los estudios biográficos parece basarse en la premisa de que la vida de los escritores hace de alguna manera más comprensibles sus obras, cuando en realidad es la inversa. La obra del escritor, una vez terminada, adquiere una independencia absoluta de su creador, y sólo puede relacionarse con él en la medida en que le da un sentido profundo o superficial a su vida. Pero este tipo de *exégesis* de la obra literaria, bastante común hoy en los estudios de la literatura masculina, lo es mucho más en los estudios sobre la literatura femenina. Los tomos que se han publicado recientemente sobre la vida de las Brönte, por ejemplo, o sobre la vida de Virginia Woolf, exceden sin duda los tomos de las novelas de éstas. Tengo la solapada sospecha de que este interés en los datos biográficos de las escritoras tiene su origen en el convencimiento de que las mujeres son más incapaces de la imaginación que los hombres, y de que sus obras ejercen por lo tanto un *pillaje* más inescrupuloso de la realidad que la de sus compañeros artistas.

decoding

pillage

La dificultad para reconocer la existencia de la imaginación tiene en el fondo un origen social. La imaginación implica juego, irreverencia ante lo establecido, el atreverse a inventar un posible orden, superior al existente, y sin este juego la literatura no existe. Es por esto que la imaginación (así como la obra literaria) es siempre subversiva. Existe algo terriblemente *soez* en la mente moderna, que tolera "*toda suerte* de mentiras indignas en la vida real, y toda suerte de realidades indignas", como dice Octavio Paz, pero no soporta la existencia de la fábula. Esto se refleja en la manera en que la literatura es enseñada en nuestras universidades. Existe hoy, como ha existido siempre, un acercamiento principalmente analítico al *quehacer* literario. En nuestros centros docentes se analiza de mil maneras la obra escrita: según las reglas del estructuralismo, de la sociología, de la estilística, de la semiótica y de muchas escuelas más. Cuando se ha terminado con ella, se la ha vuelto al derecho y al revés, se la ha fragmentado hasta el punto de no quedar de ella otra cosa que una nube de sememas de morfemas que flotan a nuestro alrededor. Es como si la obra literaria hubiera que dignificarla, desentrañándole, como a un reloj cuyos mecanismos se desmontan, sus secretas *arandelas y tuercas*, cuando lo importante no es tanto cómo ésta funciona, sino cómo marca el tiempo. La enseñanza de la literatura en nuestra sociedad es admisible sólo desde el punto de vista del crítico: ser un especialista, un desmontador de la literatura, es un estatus dignificante y *remunerante*. Ser un escritor, sin embargo, jugar con la imaginación, con la posibilidad del cambio, es un quehacer subversivo, no es ni dignificante ni remunerante. Es por esto que en nuestros centros docentes se ofrecen tan pocos cursos de creación literaria, y es por esto que los escritores se ven, en la mayoría de los casos, obligados a ganarse la vida en otras profesiones, escribiendo literalmente "por amor al arte".

stupid

todo tipo

task

nuts and bolts

paying

Aprender a escribir (no a hacer crítica literaria) es un quehacer mágico, pero también muy específico. El conjuro tiene sus recetas, y los encantadores miden con precisión y exactitud la medida exacta de hechizo que es necesario añadir al caldero de sus palabras. Las reglas de cómo escribir un cuento, una novela o un poema, reglas para nada secretas, están ahí, salvadas para la eternidad en vasos cópticos por los críticos, pero de nada le valen al escritor si éste no aprende a usarlas.

La primera lección que los estudiosos de literatura deberían de aprender hoy en nuestras universidades es, no sólo que la imaginación existe, sino que ésta es el combustible más poderoso que alimenta toda ficción. Es por medio de la imaginación que el escritor transforma esa experiencia que constituye la principal cantera de su obra, su experiencia autobiográfica, en materia de arte.

Después de la lectura

ACTIVIDAD

¡Charlemos!

1. ¿Cree Ud. que las obras escritas por hombres se tratan de un modo diferente a las escritas por mujeres?
2. ¿Le parece a Ud. importante la labor de los críticos literarios?
3. ¿Cree Ud. que se pueden separar las vivencias personales de las actividades creativas de un artista?
4. ¿Qué opina Ud. del título de este ensayo? ¿Qué le sugiere?

LECCIÓN 9

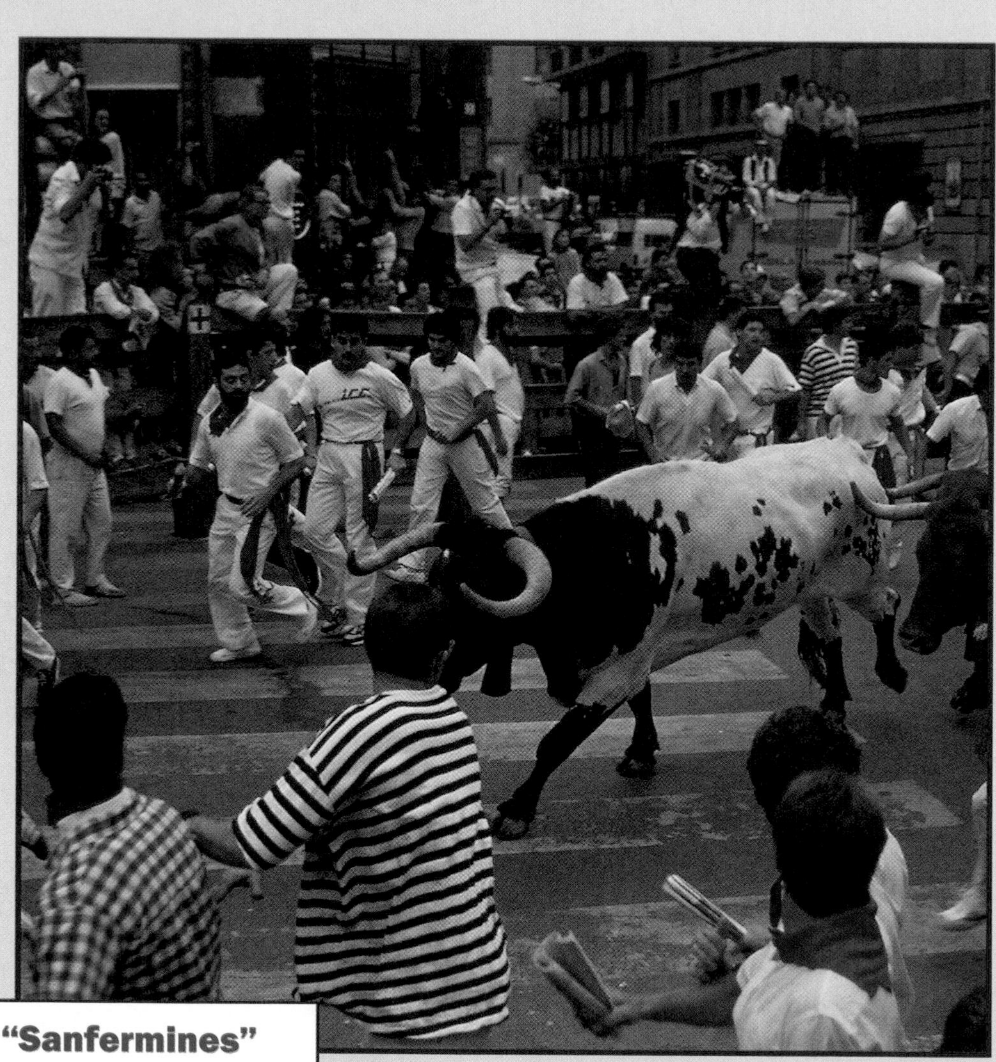

Los "Sanfermines"

Fiestas y tradiciones

Primeros pasos

La fiesta de la Virgen de Agosto, también conocida como la fiesta de la Asunción o, simplemente, como la fiesta de la Virgen, se celebra el 15 de ese mes. Las fiestas de este día varían mucho de país a país y de ciudad a ciudad, pero casi siempre incluyen celebraciones religiosas y laicas.

En Casabindo, pequeña población en La Puna de Jujuy (Argentina), el 15 de agosto se celebra una corrida en la que a los toros se les pone, en la frente y atado a los cuernos, un rectángulo de tela con varias monedas de plata cosidas en él. Este rectángulo con las monedas se llama "vincha". La corrida del toro de la vincha no es para profesionales, es una "capea", es decir, una fiesta taurina en la que cualquier persona que se atreva puede bajar a torear con la capa e intentar quitarle la vincha al toro. Muchas veces, en las capeas salen novillos (toros jóvenes).

En otras muchas ciudades hispanas los jóvenes corren delante de los toros por circuitos preparados para tal propósito. Quizá la corrida de este tipo más famosa sea la de San Fermín en Pamplona (España).

ACTIVIDAD

¡Charlemos!

Pregúntele a su compañero(a).

1. ¿Cree Ud. que el "rodeo" es menos o más peligroso que las capeas?
2. ¿Qué opina Ud. de las fiestas y concursos en los que se usan animales? ¿Qué le parece la idea de atrapar a un cerdo engrasado? ¿Qué sabe de las peleas de gallos? ¿Qué opina de la caza de ciervos? ¿y de la pesca de ballenas?
3. ¿Conoce otros espectáculos en los que las personas, por deporte o por diversión, ponen en peligro sus vidas? ¿Cuáles? ¿Qué piensa de ellos?

¿Sabía Ud. que... ?

En los países hispanos el nombre de María se pone en honor de la Virgen pero las niñas que tienen un nombre compuesto como María del Carmen, María del Pilar o María Teresa, no se identifican a sí mismas como "María" sino como la segunda parte que su nombre indique (Carmen, Pilar, Teresa) y todos los nombres cristianos de mujer que no tienen un día específico en el santoral se celebran el 15 de agosto.

Prepárese a leer

VOCABULARIO

Para hablar de la fiesta brava

la corrida *bullfight*
- **arder** *to burn*
- **desviarse de su recorrido** *to swerve out of their route*
- **encender el cohete** *to light the fireworks*
- **estallar** *to break out*
- **extenderse como un relámpago** *to spread out like lightning*
- **lidiar los toros** *to fight bulls*
- **vigilar las esquinas** *to watch the corners*

la feria *fair*
- **tener siglos de antigüedad** *to be centuries old*

el (la) forastero(a) *stranger*
- **divertirse con todas las ganas** *to enjoy completely*
- **gritar; el grito** *to yell; the yell*
- **pasar emoción y miedo** *to feel emotion and fear*

la plaza de toros *bullring*

Expresiones

dar comienzo a *to start*
de sobra *extra*
tardar en *to delay, take time*

¿Sabía Ud. que... ?

La fiesta brava se refiere al espectáculo de la tauromaquia. Después de España, Colombia, Ecuador y México son los países en los que este espectáculo goza de muchos aficionados.

Pamplona es una ciudad que está situada en el norte de España y es capital de la provincia de Navarra.

Las fiestas de San Fermín comienzan el 6 de julio y duran una semana. Todos los festejos son en honor de San Fermín, patrono de la ciudad de Pamplona.

El chupinazo es el primer cohete que se enciende para dar comienzo a las fiestas.

El encierro es el traslado de los toros del corral al lugar de la corrida. Los toros atraviesan las calles y plazas acompañados por los ciudadanos y los turistas que participan en este gran acontecimiento.

Estrategias para la lectura

Ud. va a leer un artículo de Carlos Carnicero que apareció en la revista española *Cambio 16*. Es un relato de la fiesta de San Fermín, desde sus orígenes hasta los tiempos modernos. Mientras Ud. lee, hágase estas cuatro preguntas: el ¿qué? ¿cuándo? ¿cómo? y ¿por qué? de esta tradicional fiesta española.

¡A LEER!

El chupinazo Carlos Carnicero

Seis de julio a las doce en punto del mediodía. Pamplona arde en fiestas. Por primera vez una mujer enciende el cohete que dará comienzo a las fiestas de San Fermín. La *pólvora* comienza a arder y en fracciones de segundo; con el seco ruido del chupinazo nace un grito en miles de gargantas: "Viva San Fermín". La fiesta "estalla" como escribía Ernesto Hemingway. No hay otro modo de expresar lo que sucede a continuación y que se extiende como un relámpago hasta los últimos rincones de la vieja Iruña.

Durante los siete días que duran los sanfermines nadie será extranjero en Pamplona. Todos se convertirán en protagonistas de una de las últimas grandes fiestas que quedan en el mundo. Desde el chupinazo hasta que al final se cante el "Pobre de mí... así se acaba la fiesta de San Fermín", el pueblo en la calle ejerce de autoridad y se divierte *con todas las ganas* hasta quedar exhausto.

Los sanfermines son encierros y corridas, rituales y diversiones que no tienen mucho tiempo, aunque la feria en sí tenga más de cinco siglos de antigüedad.

El encierro comenzó siendo una simple *maniobra* casi obligatoria y no una fiesta. Era la única forma de trasladar los toros desde la *dehesa* al lugar de la corrida que, en Pamplona, era la Plaza del Castillo.

Los días de corrida, un *regidor* a caballo guiaba la *manada de reses* bravas, ayudado por otras personas que iban a pie *azuzándolas* para que se dieran prisa y no se espantaran. Los vecinos, con palos en la mano, tenían la tarea de vigilar las esquinas de las calles para evitar que los toros se *desviaran de su recorrido.*

Hace algo más de un siglo desapareció el regidor a caballo y el pueblo comenzó a tener mayor participación en la tarea. No tardaría en encontrársele el aspecto festivo y deportivo que escandalizó a algunas autoridades. Los jóvenes comenzaron a correr delante de los toros tratando de ser los primeros en llegar a la plaza. Hubo intentos de prohibir la corrida durante el siglo pasado. En 1861 las autoridades *advirtieron* que la toleraban "aunque la razón pública, la moral y hasta la humanidad reprueban de común esa costumbre ..." Seis años más tarde se realizó el primer encierro similar al actual en su recorrido completo, prohibiendo la presencia de niños, mujeres y ancianos. Los *corredores,* que eran muy pocos a comienzos de siglo, hoy son excesivos y constituyen un gran peligro. Porque peligro hay, y de sobra, en las corridas.

Doce personas han pagado con su vida el entusiasmo por correr delante de los toros en San Fermín desde el año 1924 y un número incontable de valientes jóvenes han tenido la suerte de salir de los encierros con unas cuantas

pólvora: *gunpowder*
con todas las ganas: con mucho entusiasmo
maniobra: operación
dehesa: *pasture*
regidor: administrador / *manada de reses*: *herd of cattle*
azuzándolas: incitándolas
desviaran de su recorrido: *wander off their route*
advirtieron: anunciaron
corredores: *runners*

bruises

magulladuras. Sin embargo, los accidentados son relativamente pocos si se toma en cuenta que miles de personas corren cada año. Un San Fermín sin encierro ni corridas sería inconcebible.

En Pamplona estalla la fiesta y no hay quien la controle. Se la celebra por calles y plazas, con una dinámica que consigue que vecinos y forasteros madruguen para divertirse, pasando emoción y miedo con el espectáculo del encierro. En Pamplona siempre hay sitio para más gente.

Un San Fermín sin encierro ni corridas sería inconcebible.

Después de la lectura

ACTIVIDADES

A. ¿Qué dice la lectura?

Complete las siguientes oraciones.

1. Las fiestas de _______ se celebran en _______.
2. El día _______, a las _______ se enciende _______.
3. Las fiestas duran _______ días.
4. En las fiestas los _______ no pueden correr delante de _______.
5. Los accidentes son relativamente pocos si se tiene en cuenta que _______.

B. ¡Charlemos!

Conteste las siguientes preguntas.

1. ¿Quién es San Fermín? ¿Qué son los sanfermines?
2. ¿Qué sucede en Pamplona cuando se oye el ruido del primer chupinazo? ¿Cuántos días duran los festejos?
3. ¿Qué es el encierro y cómo comenzó?
4. ¿Qué aspecto deportivo y festivo del encierro dio lugar a que se escandalizaran algunas autoridades?
5. ¿Cuántas personas han muerto en los encierros desde el año 1924? ¿Le parece un número muy elevado?
6. ¿Cree Ud. que correr por las calles delante de animales tan peligrosos puede llamarse un deporte? ¿Por qué?

C. Más allá de la lectura

Explique la diferencia entre...

1. un cohete y un relámpago.
2. arder, encender y estallar.
3. la corrida y la feria.

D. Creación

Prepare un informe oral o escrito sobre alguna fiesta tradicional que le llame la atención.

Prepárese a leer

VOCABULARIO

Para hablar del Día de los Muertos

acudir al cementerio *to go to the cemetery*
adornar una mesa *to decorate a table*
aprovecharse de *to take advantage of*
brindar la oportunidad *to offer an opportunity*
burlarse de; la burla *to make fun of; joke*
la calavera *skull*
la conducta popular *popular behavior*
despreciar; el desprecio *to despise; contempt*
el (la) difunto(a) *dead person*
el epitafio *epitaph*
el esqueleto *skeleton*
hacer pedazos *to chop to pieces, to shatter*
el hueso *bone*
la muerte *death*
la tumba *tomb*

PRÁCTICA

Asociaciones

Ud. encontrará las siguientes palabras en la lectura. Diga cuál no pertenece al grupo y por qué.

1. la tumba, el difunto, la burla, la calavera, el epitafio
2. obsequiar, dar, regalar, otorgar, recordar
3. la caricatura, la imagen, la fotografía, el hueso, el retrato
4. valeroso, angustiado, preocupado, triste
5. la celebración, la costumbre, la fiesta, el homenaje

ACTIVIDAD

¡Charlemos!

1. ¿Cómo celebra Ud. el día de *Halloween*? ¿Qué sabe Ud. de la tradición europea de la danza macabra o danza de la muerte como género folklórico, pictórico o literario? ¿Cómo relacionaría Ud. esta tradición con las celebraciones de México y otros países hispanos? ¿Ha visto Ud. alguna vez en las grandes puertas de las iglesias la figura del esqueleto entre los vivos? ¿Qué propósito podría tener la presentación de un esqueleto entre los vivos?
2. ¿Qué opina Ud. de la comercialización de *Halloween* en los Estados Unidos? ¿Es mayor o menor que la comercialización de otros días festivos como la Navidad o el Día de los Enamorados? Explique su respuesta.

Estrategias para la lectura

El texto que Ud. va a leer a continuación describe algunas actitudes y prácticas de la cultura mexicana que son muy distintas de la norteamericana. A veces el trazar paralelos entre lo extraño y lo familiar nos ayuda a comprender aspectos de otra cultura que a primera vista nos pueden parecer algo raros. A medida que va leyendo el texto, trate de pensar en actitudes y costumbres similares a las descritas pero en torno a algún aspecto importante de la cultura norteamericana.

¡A LEER!

La muerte vista por el mexicano de hoy

Luis Alberto Vargas

¿Adónde irán los muertos?
¡Quién sabe adónde irán!
—Canción popular

El mexicano de hoy sigue angustiado ante la perspectiva de morir, como toda la humanidad, pero a diferencia de otros pueblos, no se esconde ante la muerte, sino que vive con ella, la hace objeto de burlas y juegos e intenta olvidarla transformándola en algo familiar. Sin embargo, todo este juego *encubre* un respeto absoluto hacia la muerte que determina en gran parte la conducta popular.

esconde, oculta

Esta actitud se manifiesta en muy diversas formas actualmente y si bien todo el año le brinda al mexicano oportunidad para temer a la muerte despreciándola, nunca lo hace con tanto afán como el 1 de noviembre, festividad que la iglesia católica dedica a los *fieles* difuntos y que en México ha perdido nombre tan solemne para transformarse en el Día de los Muertos. En esta fecha, todos los habitantes del país tienen la obligación moral de dirigirse a los cementerios para visitar a "sus" muertos y dejarles un recuerdo sobre la tumba. Se aprovecha la ocasión para "pasar el día" con los desaparecidos y toda la familia acude llevando alimentos y bebidas al cementerio. En muchas ocasiones, parte del *homenaje* a los muertos se hace en casa, adornando una mesa en forma especial que se ofrece en honor al muerto; en ella se colocan objetos del gusto del difunto: una botella con su bebida favorita, una *baraja* si era jugador, etc. Con frecuencia todo esto está delante de la fotografía del desaparecido.

faithful
homage
deck of cards

El Día de los Muertos resulta en una serie de actitudes festivas *en torno* a la muerte. A los niños se les compra juguetes con imágenes de ella, como calaveras de *papier mâché* o esqueletos articulados que bailan *al jalar un hilo.* Sin embargo, la forma generalizada para la celebración de esta fecha es "las calaveras", tradición que consiste en escribir los epitafios humorísticos de familiares o de personajes célebres y que son hechos en el hogar o bien que circulan en forma *impresa* y adornadas con caricaturas con fisonomía de esqueleto. Un ejemplo es el verso dedicado al General Porfirio Díaz, que fue durante muchos años Presidente de México.

alrededor de
by pulling a thread
printed

Es calavera el inglés,
calavera el italiano,
lo mismo Maximiliano;
y el Pontífice romano
y todos los cardenales,
reyes, duques, *concejales*
y el jefe de la Nación
en la tumba son iguales:
calaveras del *montón.*

advisors
heap

La época de oro de este género de poesía y gráfica popular fue la *porfirista;* su representante gráfico más destacado fue indudablemente José Guadalupe Posada, quien dejó imágenes de calaveras que se han hecho clásicas y que tienen un notable mérito artístico.

de Porfirio Díaz

La comida del Día de los Muertos tiene un significado ritual y es elaborada con anticipación y reverencia, pero el *derroche de habilidad* se manifiesta en las famosas calaveras hechas de azúcar que llevan en la frente el nombre del amigo a quien se obsequian. El "pan de muertos" es exclusivo de esta fecha y tiene muy variadas formas, desde la de un cuerpo humano o huesos, hasta la de una especie de montaña *salpicada con ajonjolí,* azúcar y *grajeas* y adornada con *bolas* del mismo pan.

display of talent
dotted with sesame seeds / sprinkles / little balls

La muerte es también tema frecuente de las canciones mexicanas, particularmente de los corridos, en los que se relatan catástrofes, *fusilamientos,* aventuras de hombres valerosos o cualquier otro suceso notable. En boca del general revolucionario Felipe Ángeles, antes de ser fusilado, se ponen las siguientes palabras:

executions

Y aquí está mi corazón
para que lo hagan pedazos
porque me sobra valor
para recibir *balazos.*

gunshots

Igualmente son muy conocidas las frases "la vida no vale nada" y "si me han de matar mañana, que me maten de una vez", que provienen de canciones mexicanas y que resumen ese aparente desprecio al morir.

Pero la indiferencia aparente ante la muerte no queda sólo en el plano de las actividades populares, sino impresa en el plano de la Ciudad de México, ya que éste es uno de los pocos sitios donde se puede vivir en la *calzada* del Hueso, trabajar cerca de la *Barranca del Muerto* y beber una copa en la cantina "La Calavera".

avenida

calle de la Ciudad de México

Después de la lectura

ACTIVIDADES

A. ¿Qué dice la lectura?

Conteste las siguientes preguntas.

1. ¿En qué se diferencia el mexicano de las personas de otros países en la actitud ante la muerte?
2. ¿Cómo son las ceremonias del Día de los Muertos en el cementerio? ¿y las ceremonias en la casa?
3. ¿Qué reciben los niños el Día de los Muertos?
4. ¿Podría Ud. explicar lo que son "las calaveras"?
5. ¿Quién es José Guadalupe Posada y por qué se hizo famoso?
6. ¿Qué características tienen el "pan de muertos" y las calaveras hechas de azúcar?
7. ¿Qué resumen las canciones mexicanas que hablan de la muerte?
8. ¿Se puede sentir en la Ciudad de México la indiferencia aparente ante la muerte? ¿Dónde?
9. ¿Qué semejanzas y diferencias puede ver Ud. entre *Halloween* y el Día de los Muertos en México?

B. Puntos de vista

1. Con un(a) compañero(a), observe el grabado "Gran fandango y francachela *(revel)* de todas las calaveras" de Posada. Después haga sus propios comentarios.
2. En el artículo se menciona que Posada dejó imágenes de calaveras que se han hecho clásicas. ¿Por qué dirían Uds. que son clásicas? ¿Cuál sería el mérito artístico de las calaveras si tenemos en cuenta que la época de oro de este género gráfico fue al comienzo de la revolución mexicana (1910)?

Gran fandango y francachela de todas las calaveras (Grabado satírico del mexicano José Guadalupe Posada)

C. Creación

Con un(a) compañero(a) de clase, escriba un epitafio humorístico a la manera mexicana y sométalo a un concurso de "Calaveras" en la clase. Los tres mejores epitafios serán seleccionados por un comité formado por los estudiantes.

Prepárese a leer

VOCABULARIO

Para hablar de la leyenda del albañil

el (la) alarife *bricklayer, mason*
- **de buena/mala gana** *(un)willingly*
- **distraerse** *to distract oneself, to amuse oneself*
- **encaminarse hacia** *to walk toward*
- **flaco(a)** *thin*
- **guardar los domingos** *to go to church on Sundays*
- **humilde** *humble*
- **rezar** *to pray*

la bóveda *vault, space inside a dome*
el camino *road*
el cura/el sacerdote *priest*
- **avariento/tacaño** *greedy, stingy*
- **confiar en** *to trust*
- **detenerse ante el portal** *to stop in front of the doorway/porch*
- **hacer girar la cerradura** *to turn the lock*
- **quitar la venda** *to take off the blindfold*
- **sacar la llave** *to take out the key*
- **vendar los ojos** *to blindfold*
- **venirse abajo** *to come down*

unos ducados en una bolsa *some ducats (gold coins) in a bag*
el (la) inquilino(a) *tenant*
el (la) propietario(a) *owner*
acaudalado(a) *wealthy*
dar golpes en/golpear la puerta *to pound on the door*
destapar/descubrir *to uncover*
echar el cerrojo *to lock*
erizarse los cabellos *to have one's hair stand on end*

Expresiones

apenas si *barely*
haber + de *to be supposed to*
¡La peste se lo lleve! *The devil take him!*
puesto que *since, because*
saltar a la vista *to be obvious*

EL AUTOR Y SU OBRA

Washington Irving (1783–1859), escritor norteamericano, es uno de los creadores de la literatura nacional en los Estados Unidos. Vivió varios años en Europa. A Irving siempre le encantaron las historias románticas. Durante los tres años que pasó en España, coleccionó muchas leyendas y visitó lugares históricos. En Andalucía se inspiró para escribir *Cuentos de la Alhambra.* La siguiente lectura, "Visiones de la Alhambra", pertenece a esa colección. A este escritor se le deben también *Vida y viajes de Cristóbal Colón, Viajes de los compañeros de Colón* y *Conquista de Granada.*

Estrategias para la lectura

A continuación Ud. leerá una de las muchas leyendas que todavía hoy se cuentan en la histórica ciudad de Granada. Mientras lee piense en...

1. el título de la leyenda
2. el lugar donde ocurre la acción
3. la época
4. la cronología y la sucesión de los acontecimientos

¡A LEER!

La aventura del albañil Washington Irving

Vivió hace tiempo en Granada un humilde albañil o enladrillador, que hacía fiesta todos los domingos y días de los santos, incluso San Lunes, y a pesar de toda su devoción era cada vez más pobre y apenas si podía ganar el pan para su numerosa familia. Cierta noche fue despertado en su primer sueño por unos golpes en la puerta. Abrió y se encontró frente a un cura alto, flaco y de aspecto cadavérico.

—¡Escucha, buen amigo! —dijo el recién llegado— He observado que eres buen cristiano en quien puedo confiar. ¿Quieres hacerme un pequeño trabajo esta misma noche?

—Con muchísimo gusto, señor padre, con tal de que *cobre* como corresponde.

—Desde luego; pero has de consentir que te vende los ojos.

No opuso el menor *reparo* el albañil. De forma que, con los ojos vendados, fue conducido por el sacerdote a través de varias retorcidas callejuelas y tortuosos pasajes, hasta que se detuvo ante el portal de una casa. El cura sacó la llave, hizo girar una *chirriante* cerradura y abrió lo que por el sonido parecía una pesada puerta. Una vez que hubieron entrado, cerró, echó el cerrojo y el albañil fue conducido por un resonante corredor a una espaciosa sala a la parte interior del edificio, donde le fue quitada la venda de los ojos y se encontró en un patio, alumbrado apenas por una lámpara solitaria. En el centro se veía la seca taza de una vieja fuente *morisca,* bajo la cual le pidió el cura que formase una pequeña *bóveda;* con tal objeto, tenía a mano *ladrillos* y *cal.* Trabajó, pues, el albañil toda la noche, pero no logró terminar la *faena.* Un poco antes de que amaneciese, el clérigo le puso una moneda de oro en la mano, le vendó nuevamente los ojos y lo condujo a su morada.

—¿Prometes —le preguntó— volver a completar tu tarea?

—Ya lo creo, señor padre, puesto que se me paga tan bien.

—Bueno, pues entonces, volveré mañana de nuevo a medianoche.

Así lo hizo y la bóveda quedó terminada.

—Ahora —le dijo el cura— tienes que ayudarme a traer los *cadáveres* que han de ser *enterrados* en esta bóveda.

El pobre albañil sintió que se le *erizaban* los cabellos cuando oyó estas palabras. Con pasos temblorosos siguió al cura hasta una apartada habitación de la casa, esperando encontrarse con algún *espantoso* y macabro espectáculo; pero se tranquilizó al ver tres o cuatro grandes *jarras* apoyadas en un rincón, que él supuso llenas de dinero.

El albañil y el cura las transportaron con gran esfuerzo y las encerraron en su tumba. La bóveda fue *tapiada,* restaurado el pavimento y borradas todas las señales de trabajo. El albañil, vendado otra vez, fue llevado por un camino distinto del que antes había hecho. *Tras* haber andado bastante tiempo, se detuvieron y el cura puso en sus manos dos piezas de oro.

—Espera aquí —le dijo al albañil— hasta que oigas la campana de la catedral tocar a *matines.* Si te atreves a destapar tus ojos antes de esa hora, te sucederá una desgracia.

Tras haber pronunciado estas palabras, se alejó. El albañil esperó fielmente y se distrajo en sopesar las monedas de oro en sus manos, haciéndolas sonar una contra otra. Cuando la campana de la catedral lanzó su *matutina* llamada, se descubrió los ojos y vio que se encontraba a orillas del [río] Genil. Se encaminó hacia su casa lo más rápidamente posible y se gastó alegremente con su familia, durante quince días, las *ganancias* de sus dos noches de trabajo; después volvió a quedarse tan pobre como antes.

Continuó trabajando poco y rezando bastante, guardando los domingos y días de los santos, un año tras otro, mientras que su familia seguía enflaquecida y *harapienta* como una tribu de *gitanos.* Cierta tarde que estaba sentado en la puerta de su cabaña se dirigió a él un viejo, rico y avariento, conocido propietario de muchas casas y *casero* tacaño. El acaudalado personaje lo miró un momento por debajo de sus inquietas y espesas cejas.

—Amigo, me he enterado de que eres muy pobre.

—No tengo por qué negarlo, señor, pues es cosa que salta a la vista.

—Supongo, entonces, que te agradará hacer un pequeño trabajo y que lo harás barato.

get paid
objection
squeaking
Moorish
vault / bricks / lime
trabajo
corpses
buried
paraban
horrible
jars
cerrada
Después de
morning prayers
de la mañana
earnings
dressed in tatters / gypsies
landlord

—Más barato, señor, que ningún albañil de Granada.

—Eso es lo que yo quiero. Tengo una casa vieja que se está viniendo abajo y que me cuesta en reparaciones más de lo que vale, porque nadie quiere vivir en ella; de modo que he decidido *arreglarla* y mantenerla en pie con el mínimo gasto posible.

El albañil fue conducido a un *caserón* abandonado que amenazaba ruina. Después de haber pasado por varias salas y cámaras vacías, penetró en un patio interior, donde *atrajo* su atención una vieja fuente morisca. Se quedó sorprendido pues, como en un sueño, vino a su memoria el recuerdo de aquel lugar.

—Dígame —preguntó—, ¿quién ocupaba antes esta casa?

—¡La peste se lo lleve! —exclamó el propietario. Un viejo cura avariento que sólo se ocupaba de sí mismo. Decían que era inmensamente rico y, al no tener parientes, se pensaba que dejaría todos sus tesoros a la Iglesia. Murió de repente y *acudieron* en tropel curas y frailes a tomar posesión de su fortuna, pero únicamente encontraron unos pocos *ducados* en una bolsa de cuero. A mí me ha tocado la peor parte porque, desde que murió, el viejo sigue ocupando mi casa sin pagar renta y no hay forma de aplicarle la ley a un difunto. La gente pretende que se oye todas las noches un *tintineo* de oro en la habitación donde dormía el viejo cura, como si estuviese contando dinero, y en ocasiones, *gemidos* y lamentos por el patio. Falsas o verdaderas, estas *habladurías* han dado mala fama a mi casa y no hay nadie que quiera vivir en ella.

—Está bien —repuso el albañil con tono firme—, permítame vivir en su casa, sin pagar, hasta que se presente mejor inquilino, y yo me comprometo a repararla y a *apaciguar* al molesto espíritu que la perturba. Soy buen cristiano y hombre pobre y no tengo miedo al mismo diablo, aunque se presente en forma de *un talego* de dinero.

La oferta del *honrado* albañil fue aceptada de buen grado; se trasladó con su familia a la casa y cumplió todos los *compromisos.* Poco a poco fue restaurándola, hasta volverla a su primitivo estado; ya no se oyó más por la noche el tintineo de oro en el dormitorio del difunto cura, sino que comenzó a oírse de día en el *bolsillo* del albañil vivo. En resumen: aumentó rápidamente su fortuna, con la consiguiente admiración de todos sus vecinos, y llegó a ser uno de los hombres más ricos de Granada. *Obsequió* con grandes sumas a la Iglesia, sin duda para tranquilizar su conciencia, y hasta que se encontró en su lecho de muerte, nunca reveló el secreto de la bóveda a su hijo y *heredero.*

fix it
casa grande
llamó
llegaron
coins
clinking
moans
chismes
tranquilizar
una bolsa grande
honesto
commitments
pocket
Regaló
heir

Después de la lectura

ACTIVIDAD

¿Qué dice la lectura?

Numere las siguientes oraciones según el orden de los sucesos en el cuento anterior.

1. ___ El albañil gastó el dinero que había ganado en dos noches de trabajo.
2. ___ En Granada vivía un humilde albañil que era muy devoto y cumplía con la iglesia.

3. ___ Una noche, el albañil se despertó por unos golpes que daban a la puerta.
4. ___ Años más tarde, un viejo rico y avariento le pidió al albañil que arreglara una casa vieja que se estaba viniendo abajo.
5. ___ Después de un tiempo se dejó de oír el tintineo de oro en el dormitorio del difunto cura.
6. ___ El cura le ordenó que formara una pequeña bóveda debajo de una vieja fuente morisca.
7. ___ Después le pidió que le ayudara a traer "los cadáveres", que según él tenían que ser enterrados en la bóveda.
8. ___ El cura le pidió que le hiciera un pequeño trabajo.
9. ___ El albañil se trasladó con su familia al viejo caserón para restaurarla y apaciguar al espíritu que la perturbaba.
10. ___ La bóveda fue tapiada y el pavimento fue restaurado.
11. ___ De día se oía el oro en el bolsillo del albañil, que rápidamente aumentó su fortuna.
12. ___ Cuando el albañil vio la vieja fuente morisca, recordó aquel lugar.
13. ___ Cuando abrió la puerta se encontró con un cura alto y flaco.

El mundo hispano

Aunque un madrileño, un chileno y un salvadoreño hablen todos los tres el español, hay mucha variedad lingüística entre ellos. Dado el gran número de países hispanos, es de esperar que haya mucha diferencia entre el "dejo" o acento de una región y el de otra. Piense en la variedad que hay entre la manera de hablar inglés entre una persona de Nueva Inglaterra, una persona de Louisiana y otra de Minnesota. Hay marcadas tendencias que distinguen el español de una región del de otra como por ejemplo la aspiración de las "eses" al final de una sílaba ("¿Cómo ehtah?" por "¿Cómo estás?") en muchas zonas costeñas, o la cerrazón de las vocales ("Cuzcu está en el Pirú" por "Cuzco está en el Perú") en los altiplanos.

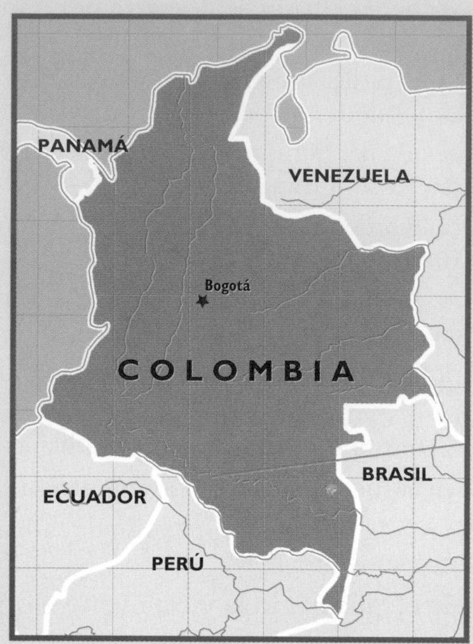

Población	38.000.000 habitantes
Capital:	Bogotá
Moneda:	el peso

Algo sobre Colombia

Los países que hoy en día conocemos como Colombia, Venezuela y Ecuador constituían una unidad, llamada la Gran Colombia, hasta 1821. Años más tarde, en 1903, se produjo la independencia de la provincia de Panamá.

El clima tropical de Colombia favorece el cultivo del algodón y de café; la exportación de ambos productos reporta grandes beneficios a la economía colombiana. Asimismo, las esmeraldas *(emeralds)* y el petróleo son excelentes fuentes de ingreso. No obstante, el narcotráfico es quizá el negocio que reporta mayores ingresos.

La política colombiana del pasado siglo ha sido marcada por numerosos acontecimientos violentos; todos ellos relacionados directa o indirectamente con la droga. Los intentos de controlar su venta y exportación han tenido dramáticas represalias a manos de los implicados en el cartel. Son numerosísimos los jueces, banqueros, políticos y hombres de negocios asesinados por narcotraficantes.

Última lectura

VOCABULARIO

a solas *alone*
agonizar *to suffer, to be dying*
aguijonear *to spur on*
arrendatario(a) *tenant*
el compás *rhythm*
concertar *to arrange*
crujiente *creaking*
la diestra *right hand*

enterrar *to bury*
la escasez *shortage*
el forcejeo *struggle*
el hallazgo *discovery*
inadvertido *undetected*
incrédulo(a) *disbelieving*
la llovizna *mist*
el luto *mourning*
la mecedora *rocking chair*
merodear *to meander; to mill about*
el monaguillo *altar boy*
el municipio *township*
el párroco *parish priest*
el patrimonio *legacy*
el pormenor *detail*
el pretendiente *suitor*
rendir homenage *to pay homage*
soberano(a) *sovereign*
verídico *true; real*

EL AUTOR Y SU OBRA

Gabriel García Márquez (1928–), nació en Aracataca, Colombia. Recibió el Premio Nobel de Literatura en reconocimiento de la trascendencia y originalidad de su obra. Su novela *Cien años de soledad* (1967) ha sido traducida a numerosos idiomas y se considera una obra clave del realismo mágico y del siglo pasado. Otras obras de García Márquez que han dado la vuelta al mundo son *El otoño del patriarca, Crónica de una muerte anunciada* y *La increíble y triste historia de la cándida Eréndira y de su abuela desalmada.*

Estrategias para la lectura

En el siguiente relato se describen varias tradiciones imaginarias y maravillosamente exageradas que bien se pueden relacionar con otras tradiciones existentes en Latinoamérica: las fiestas de cumpleaños de Mamá Grande, los matrimonios de sus herederos legítimos y las relaciones de éstos con los otros habitantes del lugar, las ferias populares, los desfiles, y..., el acontecimiento que da pie a todo el relato, los funerales.

Las asociaciones de las ideas más peregrinas se presentan con toda naturalidad, de tal modo que parece extraordinario pero no increíble (realismo mágico) que el Sumo Pontífice y el presidente de la república se sintieran obligados a rendirle homenaje al personaje fantástico de Mamá Grande.

¡A LEER!

Los funerales de la Mamá Grande

Gabriel García Márquez

Ésta es, incrédulos del mundo entero, la verídica historia de la Mamá Grande, soberana absoluta del reino de Macondo, que vivió en función de dominio durante 92 años y murió en olor de santidad un martes del septiembre pasado, y a cuyos funerales vino el *Sumo Pontífice.*

the Pope

shaken to its core; *bagpipe players*; *sorcerers*; *have put away their tents*; *lean a chair*

Ahora que la nación *sacudida en sus entrañas* ha recobrado el equilibrio; ahora que los *gaiteros* de San Jacinto, los contrabandistas de la Guajira, los arroceros del Sinú, las prostitutas de Guacamayal, los *hechiceros* de la Sierpe y los bananeros de Aracataca *han colgado sus toldos* para restablecerse de la extenuante vigilia, y que han recuperado la serenidad y vuelto a tomar posesión de sus estados el presidente de la república y sus ministros y todos aquellos que representaron al poder público y a las potencias sobrenaturales en la más espléndida ocasión funeraria que registren los anales históricos; ahora que el Sumo Pontífice ha subido a los cielos en cuerpo y alma, y que es imposible transitar en Macondo a causa de las botellas vacías, las colillas de cigarrillos, los huesos roídos, las latas y trapos y excrementos que dejó la muchedumbre que vino al entierro, ahora es la hora de *recostar un taburete* a la puerta de la calle y empezar a contar desde el principio los pormenores de esta conmoción nacional, antes de que tengan tiempo de llegar los historiadores.

poultices, mustard plasters, and leeches; *rattan*; *coffers*

Hace catorce semanas, después de interminables noches de *cataplasmas, sinapismos y ventosas*, demolida por la delirante agonía, la Mamá Grande ordenó que la sentaran en su viejo mecedor de *bejuco* para expresar su última voluntad. Era el único requisito que le hacía falta para morir. Aquella mañana, por intermedio del padre Antonio Isabel, había arreglado los negocios de su alma, y sólo le faltaba arreglar los de sus *arcas* con los nueve sobrinos, sus herederos universales, que velaban en torno al lecho. El párroco, hablando solo y a punto de cumplir cien años, permanecía en el cuarto. Se habían necesitado diez hombres para subirlo hasta la alcoba de la Mamá Grande, y se había decidido que allí permaneciera para no tener que bajarlo y volverlo a subir en el minuto final.

molasses; *chambers jammed with chests and bric-a-brac*; *hooks*; *enorme*

Nicanor, el sobrino mayor, titánico y montaraz, vestido de caqui, botas con espuelas y un revólver calibre 38, cañón largo, ajustado bajo la camisa, fue en busca del notario. La enorme mansión de dos plantas, olorosa a *melaza* y a orégano, con sus oscuros *aposentos atiborrados de arcones y cachivache*s de cuatro generaciones convertidas en polvo, se había paralizado desde la semana anterior a la expectativa de aquel momento. En el profundo corredor central, con *garfios* en las paredes donde en otro tiempo se colgaron cerdos degollados y se desangraban venados en los soñolientos domingos de agosto, los peones dormían amontonados sobre sacos de sal y útiles de labranza, esperando la orden de ensillar las bestias para divulgar la mala noticia en el ámbito de la hacienda *desmedida*. El resto de la familia estaba en la sala. Las mujeres lívidas, desangradas por la herencia y la vigilia, guardaban un luto cerrado que era una suma de incontables lutos superpuestos. La rigidez matriarcal de la Mamá Grande había cercado su fortuna y su apellido con una alambrada sacramental, dentro de la cual los tíos se casaban con las hijas de las sobrinas, y los primos con las tías, y los hermanos con las cuñadas, hasta formar una intrincada maraña de consanguinidad que convirtió la procreación en un círculo vicioso. Sólo Magdalena, la menor de las sobrinas, logró escapar al cerco; aterrorizada por las alucinaciones se hizo exorcizar por el padre Antonio Isabel, se rapó la cabeza y renunció a las glorias y vanidades del mundo en el noviciado de la Prefectura Apostólica.

ranches, paths and villages

Al margen de la familia oficial, y en ejercicio del derecho de pernada,[1] los varones habían fecundado *hatos, veredas y caseríos* con toda una descendencia bastarda, que circulaba entre la servidumbre sin apellidos a título de ahijados, dependientes, favoritos y protegidos de la Mamá Grande.

---

[1] *derecho de pernada:* custom by which the master of the house enjoys the favors of the new bride of one of his servants before the servant himself.

La inminencia de la muerte removió la extenuante expectativa. La voz de la moribunda, acostumbrada al homenaje y a la obediencia, no fue más sonora que un bajo de órgano en la pieza cerrada, pero resonó en los más apartados rincones de la hacienda. Nadie era indiferente a esa muerte. Durante el presente siglo, la Mamá Grande había sido el centro de gravedad de Macondo, como sus hermanos, sus padres y los padres de sus padres lo fueron en el pasado, en una hegemonía que colmaba dos siglos. La aldea se fundó alrededor de su apellido. Nadie conocía el origen, ni los límites ni el valor real del patrimonio, pero todo el mundo se había acostumbrado a creer que la Mamá Grande era dueña de las aguas corrientes y estancadas, llovidas y por llover, y de los caminos vecinales, los postes del telégrafo, los años bisiestos y el calor, y que tenía además un derecho heredado sobre vida y haciendas. Cuando se sentaba a tomar el fresco de la tarde en el balcón de su casa, con todo el peso de sus vísceras y su autoridad aplastado en su viejo mecedor de bejuco, parecía en verdad infinitamente rica y poderosa, la matrona más rica y poderosa del mundo.

full attack

A nadie se le había ocurrido pensar que la Mamá Grande fuera mortal, salvo a los miembros de su tribu, y a ella misma, aguijoneada por las premoniciones seniles del padre Antonio Isabel. Pero ella confiaba en que viviría más de 100 años, como su abuela materna, que en la guerra de 1875 se enfrentó a una patrulla del coronel Aureliano Buendía, atrincherada en la cocina de la hacienda. Sólo en abril de este año comprendió la Mamá Grande que Dios no le concedería el privilegio de liquidar personalmente, en *franca refriega* a una horda de masones federalistas.

confined him to a hammock
messengers

applied smoked toads where it hurt and leeches on her kidneys

En la primera semana de dolores el médico de la familia la entretuvo con cataplasmas de mostaza y calcetines de lana. Era un médico hereditario, laureado en Montpellier, contrario por convicción filosófica a los progresos de su ciencia, a quien la Mamá Grande había concedido la prebenda de que se impidiera en Macondo el establecimiento de otros médicos. En un tiempo recorría el pueblo a caballo, visitando los lúgubres enfermos del atardecer, y la naturaleza le concedió el privilegio de ser padre de numerosos hijos ajenos. Pero la artritis *le anquilosó en un chinchorro*, y terminó por atender a sus pacientes sin visitarlos, por medio de *suposiciones, correveidiles y recados*. Requerido por la Mamá Grande atravesó la plaza en pijama, apoyado en dos bastones, y se instaló en la alcoba de la enferma. Sólo cuando comprendió que la Mamá Grande agonizaba, hizo llevar una arca con pomos de porcelana marcados en latín y, durante tres semanas embadurnó a la moribunda por dentro y por fuera con toda suerte de emplastos académicos, julepes magníficos y supositorios magistrales. Después le *aplicó sapos ahumados en el sitio del dolor y sanguijuelas en los riñones,* hasta la madrugada de ese día en que tuvo que enfrentarse a la disyuntiva de hacerla sangrar por el barbero o exorcizar por el padre Antonio Isabel.

wicker / moldy canopy

Nicanor mandó a buscar al párroco. Sus diez hombres mejores lo llevaron desde la casa cural hasta el dormitorio de la Mamá Grande, sentado en su crujiente mecedor de *mimbre* bajo el *mohoso palio* de las grandes ocasiones. La campanilla del Viático[1] en el tibio amanecer de septiembre fue la primera notificación a los habitantes de Macondo. Cuando salió el sol, la placita frente a la casa de la Mamá Grande parecía una feria rural.

Era como el recuerdo de otra época. Hasta cuando cumplió los 70, la Mamá Grande celebró su cumpleaños con las ferias más prolongadas y tumultuosas de

[1] *campanilla del Viático:* Viaticum bell; a bell rung by an acolyte as a priest carries the communion host through the streets for distribution to the sick.

jugs of spirits
cattle
sin parar
corn and yucca pap, small cakes, blood sausage, pork rinds, meat pies, Catalonian sausage, yucca bread, cheese and flour cakes, fritters, corn griddle cakes, layered pastries, stuffed sausage, cow paunch soup, coconut candy, rum punch, along with all kinds of trifles, baubles, trinkets and knickknacks / two days before

que se tenga memoria. Se ponían *damajuanas de aguardiente* a disposición del pueblo, se sacrificaban *reses* en la plaza pública, y una banda de músicos instalada sobre una mesa tocaba *sin tregua* durante tres días. Bajo los almendros polvorientos donde la primera semana del siglo acamparon las legiones del coronel Aureliano Buendía, se ponían *ventas de masato, bollos, morcillas, chicharrones, empanadas, butifarras, caribañolas, pan de yuca, almojábanas, buñuelos, arepuelas, hojaldres, longanizas, mondongo, cocadas, guarapo, entre todo género de menudencias, chucherías, baratijas y cacharros,* y peleas de gallos y juegos de lotería. En medio de la confusión de la muchedumbre alborotada, se vendían estampas y escapularios[1] con la imagen de la Mamá Grande.

Las festividades comenzaban la *antevíspera* y terminaban el día del cumpleaños, con un estruendo de fuegos artificiales y un baile familiar en la casa de la Mamá Grande. Los selectos invitados y los miembros legítimos de la familia, generosamente servidos por la bastardía, bailaban al compás de la vieja pianola equipada con rollos de moda. La Mamá Grande presidía la fiesta desde el fondo del salón, en una poltrona con almohadas de lino, impartiendo discretas instrucciones con su diestra adornada de anillos en todos los dedos. A veces en complicidad con los enamorados, pero casi siempre aconsejada por su propia inspiración, aquella noche concertaba los matrimonios del año entrante. Para clausurar el jubileo, la Mamá Grande salía al balcón adornado con diademas y faroles de papel, y arrojaba monedas a la muchedumbre.

except by hearsay
fanned
not even when the priest held up the host, so as not to ruin her Dutch skirt and starched petticoats / alfombras

Aquella tradición se había interrumpido, en parte por los duelos sucesivos de la familia, y en parte por la incertidumbre política de los últimos tiempos. Las nuevas generaciones no asistieron *sino de oídas* a aquellas manifestaciones de esplendor. No alcanzaron a ver a la Mamá Grande en la misa mayor, *abanicada* por algún miembro de la autoridad civil, disfrutando del privilegio de no arrodillarse *ni en el instante de la elevación para no estropear su saya de volantes holandeses y sus almidonados pollerines de olán.* Los ancianos recordaban como una alucinación de la juventud los doscientos metros de *esteras* que se tendieron desde la casa solariega hasta el altar mayor, la tarde en que María del Rosario Castañeda y Montero asistió a los funerales de su padre, y regresó por la calle esterada investida de su nueva e irradiante dignidad, a los 22 años convertida en la Mamá Grande. Aquella visión medieval pertenecía entonces no sólo al pasado de la familia, sino al pasado de la nación. Cada vez más imprecisa y remota, visible apenas en su balcón sofocado entonces por los geranios en las tardes de calor, la Mamá Grande se esfumaba en su propia leyenda. Su autoridad se ejercía a través de Nicanor. Existía la promesa tácita, formulada por la tradición, de que el día en que la Mamá Grande lacrara su testamento, los herederos decretarían tres noches de jolgorios públicos. Pero se sabía asimismo que ella había decidido no expresar su voluntad última hasta pocas horas antes de morir, y nadie pensaba seriamente en la posibilidad de que la Mamá Grande fuera mortal. Sólo esa madrugada, despertados por los cencerros del Viático, los habitantes de Macondo se convencieron de que la Mamá Grande no sólo era mortal, sino que se estaba muriendo.

canopy of dusty crepe

Su hora era llegada. En su cama de lienzo, embadurnada áloes hasta las orejas, bajo la *marquesina de polvorienta espumilla,* apenas se adivinaba la vida en la tenue respiración de sus tetas matriarcales. La Mamá Grande, que hasta los cincuenta años rechazó a los más apasionados pretendientes, y que fue dotada por la naturaleza para amamantar ella sola a toda su especie, agonizaba virgen y

[1] *escapulario:* scapulary; two small pieces of cloth, usually with the image of a saint on each, worn around the neck.

sin hijos. En el momento de la *extremaunción*, el padre Antonio Isabel tuvo que pedir ayuda para aplicarle los óleos en la palma de las manos, pues desde el principio de su agonía la Mamá Grande tenía los puños cerrados. De nada valió el concurso de las sobrinas. En el forcejeo, por primera vez en una semana, la moribunda apretó contra su pecho la mano constelada de piedras preciosas, y fijó en las sobrinas su mirada sin color, diciendo: *"Salteadoras"*. Luego vio al padre Antonio Isabel en indumentaria litúrgica y al monaguillo con los instrumentos sacramentales, y murmuró con una convicción apacible: "Me estoy muriendo". Entonces se quitó el anillo con el Diamante Mayor y se lo dio a Magdalena, la novicia, a quien correspondía por ser la heredera menor. Aquel era el final de una tradición: Magdalena había renunciado a su herencia en favor de la Iglesia.

Al amanecer, la Mamá Grande pidió que la dejaran a solas con Nicanor para impartir sus últimas instrucciones. Durante media hora, en perfecto dominio de sus facultades, se informó de la marcha de los negocios. Hizo formulaciones especiales sobre el destino de su cadáver, y se ocupó por último de las velaciones. "Tienes que estar con los ojos abiertos", dijo. "Guarda bajo llave todas las cosas de valor, pues mucha gente no viene a los velorios sino a robar". Un momento después, a solas con el párroco, hizo una confesión *dispendiosa,* sincera y detallada, y *comulgó* más tarde en presencia de los sobrinos. Entonces fue cuando pidió que la sentaran en el mecedor de bejuco para expresar su última voluntad.

Nicanor había preparado, en veinticuatro folios escritos con letra muy clara, una escrupulosa *relación* de sus bienes. Respirando apaciblemente, con el médico y el padre Antonio Isabel por testigos, la Mamá Grande dictó al notario la lista de sus propiedades, fuente suprema y única de su grandeza y autoridad. Reducido a sus proporciones reales, el patrimonio físico se reducía a tres encomiendas adjudicadas por *Cédula Real* a principios de la Colonia, y que con el transcurso del tiempo, en virtud de intrincados matrimonios de conveniencia, se habían acumulado bajo el dominio de la Mamá Grande. En ese territorio ocioso, sin límites definidos, que abarcaba cinco municipios y en el cual no se sembró nunca un solo grano por cuenta de los propietarios, vivían a título de arrendatarias 352 familias. Todos los años, en vísperas de su *onomástico,* la Mamá Grande ejercía el único acto de dominio que había impedido el regreso de las tierras al estado; el cobro de los arrendamientos. Sentada en el corredor interior de su casa, ella recibía personalmente el pago del derecho de habitar en sus tierras, como durante más de un siglo lo recibieron sus antepasados de los antepasados de los arrendatarios. Pasados los tres días de la recolección, el patio estaba atiborrado de cerdos, pavos y gallinas, y de *diezmos y primicias* sobre los frutos de la tierra que se depositaban allí en calidad de regalo. En realidad, esa era la única cosecha que jamás recogió la familia de un territorio muerto desde de sus orígenes, calculado a primera vista en 100.000 hectáreas. Pero las circunstancias históricas habían dispuesto que dentro de esos límites crecieran y prosperaran las seis poblaciones del distrito de Macondo, incluso la cabecera del municipio, de manera que todo el que habitara una casa no tenía más derecho de propiedad del que le correspondía sobre los materiales, pues la tierra pertenecía a la Mamá Grande y a ella se pagaba el alquiler, como tenía que pagarlo el gobierno por el uso que los ciudadanos hacían en las calles.

En los alrededores de los caseríos, merodeaba un número nunca contado y menos atendido de animales *herrados en los cuartos traseros con la forma de un candado*. Ese hierro hereditario, que más por el desorden que por la cantidad se había hecho familiar en remotos departamentos donde llegaban en verano, muer-

extremaunción: *last rites*
Salteadoras: *Thieves*
dispendiosa: extravagante
comulgó: *took communion*
relación: *account*
Cédula Real: *Royal Decree*
onomástico: *name day*
diezmos y primicias: *tithes and the first part of the crop*
herrados en los cuartos traseros con la forma de un candado: *branded on the hind quarters with the shape of a padlock*

tas de sed, las reses *desperdigadas*, era uno de los más sólidos soportes de la leyenda. Por razones que nadie se había detenido a explicar, las extensas *caballerizas* de la casa se habían vaciado progresivamente desde la última guerra civil, y en los últimos tiempos se habían instalado en ellas *trapiches de caña, corrales de ordeño y una piladora de arroz*.

Aparte de lo enumerado, se hacía constar en el testamento la existencia de tres *vasijas de morrocotas* enterradas en algún lugar de la casa durante la guerra de Independencia, que no habían sido halladas en periódicas y laboriosas excavaciones. Con el derecho a continuar la explotación de la tierra arrendada y a percibir los diezmos y primicias y toda clase de dádivas extraordinarias, los herederos recibían un plano levantado de generación en generación, y por cada generación perfeccionado, que facilitaba el hallazgo del tesoro enterrado.

La Mamá Grande necesitó tres horas para enumerar sus asuntos terrenales. En la sofocación de la alcoba, la voz de la moribunda parecía dignificar en su sitio cada cosa enumerada. Cuando estampó su firma balbuciente, y debajo estamparon la suya los testigos, un temblor secreto sacudió el corazón de las muchedumbres que empezaban a concentrarse frente a la casa, a la sombra de los almendros polvorientos de la plaza.

Sólo faltaba entonces la enumeración minuciosa de los bienes morales. Haciendo un esfuerzo supremo —el mismo que hicieron sus antepasados antes de morir para asegurar el predominio de su especie— la Mamá Grande *se irguió* sobre sus *nalgas* monumentales, y con voz dominante y sincera, abandonada a su memoria, dictó al notario la lista de su patrimonio invisible:

La riqueza del subsuelo, las aguas territoriales, los colores de la bandera, la soberanía nacional, los partidos tradicionales, los derechos del hombre, las libertades ciudadanas, el primer magistrado, la *segunda instancia*, el *tercer debate*, las cartas de recomendación, las constancias históricas, las elecciones libres, las reinas de la belleza, los discursos trascendentales, las grandiosas manifestaciones, las distinguidas señoritas, los correctos caballeros, los pundonorosos militares, su señoría ilustrísima, la corte suprema de justicia, los artículos de prohibida importación, las damas liberales, el problema de la carne, la pureza del lenguaje, los ejemplos para el mundo, el orden jurídico, la prensa libre pero responsable, la Atenas sudamericana, la opinión pública, las lecciones democráticas, la moral cristiana, la *escasez de divisas*, el derecho de asilo, el peligro comunista, la nave del estado, la carestía de la vida, las tradiciones republicanas, las clases desfavorecidas, los *mensajes de adhesión*.

No alcanzó a terminar. La laboriosa enumeración *tronchó su último vahaje*. Ahogándose en el maremágnum de fórmulas abstractas que durante dos siglos constituyeron la justificación moral del poderío de la familia, la Mamá Grande emitió un sonoro *eructo* y *expiró*.

Los habitantes de la capital remota y sombría vieron esa tarde el retrato de una mujer de veinte años en la primera página de las ediciones extraordinarias, y pensaron que era una nueva reina de la belleza. La Mamá Grande vivía otra vez la momentánea juventud de su fotografía, ampliada a cuatro columnas y con retoques urgentes, su abundante cabellera recogida a lo alto del cráneo con un peine de marfil, y *una diadema sobre la gola de encajes*. Aquella imagen, captada por un fotógrafo ambulante que pasó por Macondo a principios de siglo y archivada por los periódicos durante muchos años en la división de personajes desconocidos, estaba destinada a perdurar en la memoria de las generaciones futuras. En los autobuses decrépitos, en los ascensores de los ministerios, en los lúgubres

errant
stables
sugar cane presses, milking rooms, and a rice mill
urns filled with gold coins
sat up straight
buttocks
right of appeal / official hearings
shortage of foreign currency
testimonials of political support / cut short her last breath
burp / passed away
a piece of jewelry on her lace collar

salones de té forrados de pálidas colgaduras, se susurró con veneración y respeto de la autoridad muerta en su distrito de calor y malaria, cuyo nombre se ignoraba en el resto del país hacía pocas horas, antes de ser consagrado por la palabra impresa. Una llovizna menuda cubría de *recelo* y de *verdín* a los transeúntes. Las campanas de todas las iglesias tocaban a muerto. El presidente de la república, sorprendido por la noticia cuando se dirigía al acto de graduación de los nueve cadetes, sugirió al Ministro de la Guerra, en una nota escrita de su puño y letra en el revés del telegrama, que concluyera su discurso con un minuto de silencio en homenaje a la Mamá Grande.

foreboding / a muggy film

El orden social había sido rozado por la muerte. El propio presidente de la república, a quien los sentimientos urbanos llegaban como a través de un filtro de purificación, alcanzó a percibir desde su automóvil en una visión instantánea pero hasta un cierto punto brutal, la silenciosa consternación de la ciudad. Sólo permanecían abiertos algunos *cafetines de mala muerte* y la Catedral Metropolitana, dispuesta para nueve días de honras fúnebres. En el Capitolio Nacional, donde los mendigos envueltos en papeles dormían al amparo de columnas dóricas y taciturnas estatuas de presidentes muertos, las luces del congreso estaban encendidas. Cuando el *primer mandatario* entró a su despacho conmovido por la visión de la capital *enlutada*, sus ministros lo esperaban vestidos de tafetán funerario, de pie, más solemnes y pálidos que de costumbre.

dives

presidente

in mourning

Los acontecimientos de aquella noche y las siguientes serían más tarde definidos como una lección histórica. No sólo por el espíritu cristiano que inspiró a los más elevados personeros del poder público, sino por la abnegación con que se conciliaron intereses disímiles y criterios contrapuestos, en el propósito común de enterrar un cadáver ilustre. Durante muchos años la Mamá Grande había garantizado la paz social y la concordia política de su imperio, en virtud de los tres baúles de *cédulas electorales* falsas que formaban parte de su patrimonio secreto. Los varones de la servidumbre, sus protegidos y arrendatarios, mayores y menores de edad, ejercitaban no sólo su propio derecho de sufragio, sino también el de los electores muertos en un siglo. Ella ejerció la prioridad del poder tradicional sobre la autoridad transitoria, el predominio de la clase sobre la plebe, la trascendencia de la sabiduría divina sobre la improvisación mortal. En tiempos pacíficos, su voluntad hegemónica acordaba y desacordaba *canongías, prebendas y sinecuras*, y velaba por el bienestar de los asociados así tuviera para lograrlo que recurrir a la maniobra solapada o al fraude electoral. En tiempos tormentosos, la Mamá Grande contribuyó en secreto para armas a sus partidarios, y socorrió en público a sus víctimas. Aquel celo patriótico la acreditaba para los más altos honores.

ballots

exemptions and privileges

El presidente de la república no había tenido necesidad de recurrir a sus consejeros para medir el peso de su responsabilidad. Entre la sala de audiencias de Palacio y el *patiecito adoquinado* que sirvió de cochera a los virreyes, mediaba un jardín interior de cipreses oscuros donde un fraile portugués se ahorcó por amor en las postrimerías de la Colonia. A pesar de su ruidoso aparato de oficiales condecorados, el presidente no podía reprimir un ligero temblor de incertidumbre cuando pasaba por ese lugar después del crepúsculo. Pero aquella noche, el estremecimiento tuvo la fuerza de una premonición. Entonces adquirió plena conciencia de su destino histórico, y decretó nueve días de duelo nacional, y honores póstumos a la Mamá Grande en la categoría de heroína muerta por la patria en el campo de batalla. Como lo expresó en la dramática alocución que aquella madrugada dirigió a sus compatriotas a través de la cadena nacional de radio y tele-

cobble stone patio

visión, el primer magistrado de la nación confiaba en que los funerales de la Mamá Grande constituyeran un nuevo ejemplo para el mundo.

Tan altos propósitos debían tropezar sin embargo con graves inconvenientes. La estructura jurídica del país, construida por remotos ascendientes de la Mamá Grande, no estaba preparada para acontecimientos como los que empezaban a producirse. *Sabios* doctores de la ley, probados alquimistas del derecho, *ahondaron en hermenéuticas y silogismos*, en busca de la fórmula que permitiera al presidente de la república asistir a los funerales. Se vivieron días de sobresalto en las altas esferas de la política, el clero y las finanzas. En el vasto hemiciclo del Congreso, enrarecido por un siglo de legislación abstracta, entre óleos de próceres nacionales y bustos de pensadores griegos, la evocación de la Mamá Grande alcanzó proporciones insospechables, mientras su cadáver se llenaba de burbujas en el duro septiembre de Macondo. Por primera vez se habló de ella y se le concibió sin su mecedor de bejuco, sus sopores a las dos de la tarde y sus cataplasmas de mostaza, y se le vio pura y sin edad, destilada por la leyenda.

Wise
delved into hermeneutics and formal deductions

Horas interminables se llenaron de palabras, palabras, palabras que repercutían en el ámbito de la república, aprestigiadas por los altavoces de la letra impresa. Hasta que dotado de sentido de la realidad en aquella asamblea de jurisconsultos asépticos, interrumpió el blablablá histórico para recordar que el cadáver de la Mamá Grande esperaba la decisión a *40 grados* a la sombra. Nadie se inmutó frente a aquella irrupción del sentido común en la atmósfera pura de la ley escrita. Se impartieron órdenes para que fuera embalsamado el cadáver, mientras se encontraban fórmulas, *se conciliaban pareceres* o se hacían enmiendas constitucionales que permitieran al presidente de la república asistir al entierro.

104° F
differing opinions were reconciled

Tanto se había *parlado*, que los parloteos transpusieron las fronteras, traspasaron el océano y atravesaron como un presentimiento por las habitaciones pontificias de Castelgandolfo.[1] *Repuesto de la modorra del ferragosto reciente*, el Sumo Pontífice estaba en la ventana, viendo en el lago sumergirse los *buzos* que buscaban la cabeza de la doncella decapitada.[2] En las últimas semanas, los periódicos de la tarde no se habían ocupado de otra cosa, y el Sumo Pontífice no podía ser indiferente a un enigma planteado a tan corta distancia de su residencia de verano. Pero aquella tarde, en una sustitución imprevista, los periódicos cambiaron las fotografías de las posibles víctimas, por la de una sola mujer de veinte años, señalada con una blonde de luto. "La Mamá Grande", exclamó el Sumo Pontífice, reconociendo al instante el borroso daguerrotipo que muchos años le había sido ofrendado con ocasión de su ascenso a la Silla de San Pedro. "La Mamá Grande", exclamaron a coro en sus habitaciones privadas los miembros del Colegio Cardenalicio, y por tercera vez en veinte siglos hubo una hora de desconcierto, *sofoquines y correndillas* en el imperio sin límites de la cristiandad, hasta que el Sumo Pontífice estuvo instalado en su larga limusina negra, rumbo a los fantásticos y remotos funerales de la Mamá Grande.

hablado
Rested from the drowsiness of the recent August days / divers
upsets and intrusions

Detrás quedaron los luminosos sembrados de melocotones, la Vía Apia Antica con tibias actrices de cine dorándose en las terrazas sin todavía tener noticias de la conmoción, y después el sombrío promontorio del Castelsantangelo en el horizonte del Tíber.[3] Al crepúsculo, *los profundos dobles de la Basílica de San Pedro se entreveraron con los bronces cuarteados de Macondo*. Desde su toldo sofocante, a través de *los caños intrincados y las ciénagas sigilosas* que marcaban el límite del Imperio Romano y los hatos de la Mamá Grande, el Sumo Pontífice

deep voiced tolling of the bells of Saint Peter's mingled with the ear-splitting crash of the bronze bells of Macondo / tangled reeds and silent bogs

---

[1] *Castelgandolfo:* summer residence of the Pope
[2] local murder probably reported in the local news
[3] *Tíber:* principal river flowing through Rome

oyó toda la noche la *bullaranga de los monos alborotados* por el paso de las muchedumbres. En su itinerario nocturno la canoa se había ido llenando de *costales de yuca, racimos de plátanos verdes y huacales de gallina,* y de hombres y mujeres que abandonaban sus ocupaciones habituales para tentar fortuna con cosas de vender en los funerales de la Mamá Grande. Su Santidad padeció esa noche, por primera vez en la historia de la Iglesia, la fiebre de la vigilia y el tormento de los *zancudos*. Pero el prodigioso amanecer sobre los dominios de la Gran Vieja, la visión primigenia del reino de la balsamina y de la iguana, borraron de su memoria los padecimientos del viaje y lo compensaron del sacrificio.

Nicanor había sido despertado por tres golpes en la puerta que anunciaban el arribo inminente de Su Santidad. La muerte había tomado posesión de la casa. Inspirados por sucesivas y apremiantes alocuciones presidenciales, por las febriles controversias que habían perdido la voz y continuaban entendiéndose por medio de signos convencionales, hombres y congregaciones de todo el mundo se desentendieron de sus asuntos y colmaron con su presencia los oscuros corredores, los atiborrados pasadizos, las asfixiantes buhardas, y quienes llegaron con retardo se treparon y acomodaron del mejor modo en *barbacanas, palenques, atalayas, maderámenes y matacanes*. En el salón central, momificándose en espera de las grandes decisiones, yacía el cadáver de la Mamá Grande, bajo un estremecido promontorio de telegramas. Extenuados por las lágrimas, los nueve sobrinos velaban el cuerpo en un éxtasis de vigilancia recíproca.

Aun debió el universo prolongar el acecho durante muchos días. En el salón del consejo municipal, *acondicionado con cuatro taburetes de cuero, una tinaja de agua filtrada y una hamaca de lampazo*, el Sumo Pontífice padeció un insomnio sudoroso entreteniéndose con la lectura de memoriales y disposiciones administrativas en las dilatadas noches sofocantes. Durante el día, repartía caramelos italianos a los niños que se acercaban a verlo por la ventana, y almorzaba bajo la *pérgola de astromelias* con el padre Antonio Isabel, y ocasionalmente con Nicanor. Así vivió semanas interminables y meses alargados por la expectativa y el calor, hasta que Pastor Pastrana se plantó con su *redoblante*, en el centro de la plaza y leyó el bando de la decisión. Se declaraba turbado el orden público, *tarrataplán*, y el presidente de la república, tarrataplán, disponía de las facultades extraordinarias, tarrataplán, que le permitían asistir a los funerales de la Mamá Grande, tarrataplán, rataplán, plan, plan.

El gran día era venido. En las calles congestionadas de ruletas, *fritangas* y mesas de lotería, y hombres con culebras enrolladas en el cuello que pregonaban el bálsamo definitivo para curar la *erisipela* y asegurar la vida eterna; en la placita abigarrada donde las muchedumbres habían colgado sus toldos y desenrollado sus petates, apuestos ballesteros despejaron el paso a la autoridad. Allí estaban, en espera del momento supremo, las lavanderas del San Jorge, los pescadores de perla del Cabo de la Vela, los *atarrayeros* de Ciénega, los *camaroneros* de Tasajera, los brujos de la Mojajana, los *salineros* de Manaure, los acordeoneros de Valledupar, los *chalanes* de Ayapel, los *papayeros* de San Pelayo, los *mamadores de gallo* de La Cueva, los improvisadores de las Sabanas de Bolívar, los *camajanes* de Rebolo, los *bogas* del Magdalena, los *tinterillos* de Monpox, además de los que se enumeran al principio de esta crónica, y muchos otros. Hasta los veteranos del coronel Aureliano Buendía —el duque de Marlborough a la cabeza, con su atuendo de pieles y uñas y dientes de tigre— se sobrepusieron a su rencor centenario por la Mamá Grande y los de su especie, y vinieron a los funerales, para so-

chatter of the restless monkeys

bags of yucca, stalks of unripe bananas, and crates of live chickens

mosquitos

churchyard walls, wooden fences, vantage points, piles of timber, and parapets

furnished with four leather chairs, a jug of purified water, and a heavy twine hammock

hibiscus arbor

drummer

baboom

fried meat stands

inflammation of the skin

net casters / shrimp fishermen / salt gatherers / horse tamers / papaya juice vendors / fighting cock breeders / high living people / rowers / shady lawyers licitar del presidente de la república el pago de las pensiones de guerra que esperaban desde hacía sesenta años.

soldiers dressed in hussar jackets · *cutaways and top hats* · *squat*

Poco antes de las once, la muchedumbre delirante que se asfixiaba al sol, contenida por una élite imperturbable de *guerreros uniformados de dormanes guarnecidos y espumosos morriones*, lanzó un poderoso rugido de júbilo. Dignos, solemnes en sus *sacolevas y chisteras*, el presidente de la república y sus ministros, las comisiones del parlamento, la corte suprema de justicia, el consejo de estado, los partidos tradicionales y el clero, y los representantes de la banca, el comercio y la industria, hicieron su aparición por la esquina de la telegrafía. Calvo y *rechoncho,* el anciano y enfermo presidente de la república desfiló frente a los ojos atónitos de las muchedumbres que lo habían investido sin conocerlo, y que sólo ahora podían dar un testimonio verídico de su existencia. Entre los arzobispos extenuados por la gravedad de su ministerio y los militares de robusto tórax acorazados de insignias, el primer magistrado de la nación transpiraba el hálito inconfundible del poder.

mourning crepe · *all things past and present*

En segundo término, en un sereno transcurso de *crespones luctuosos*, desfilaban las reinas nacionales de *todas las cosas habidas y por haber*. Por primera vez desprovistas del esplendor terrenal, allí pasaron, precedidas de la reina universal, la reina del mango de hilacha, la reina de la ahuyama verde, la reina del guineo manzano, la reina de la yuca harinosa, la reina de la guayaba perulera, la reina del coco de agua, la reina del frijol de cabecita negra, la reina de 426 kilómetros de sartales de huevos de iguana y todas las que se omiten por no hacer interminable estas crónicas.

casket · horas gloriosas · *a fan made of braided palm fronds*

En su *féretro* con vueltas de púrpura, separada de la realidad por ocho torniquetes de cobre, la Mamá Grande estaba entonces demasiado embebida en su eternidad de formaldehído para darse cuenta de la magnitud de su grandeza. Todo el esplendor con que ella había soñado en el balcón de su casa durante las vigilias del calor, se cumplió con aquellas cuarenta y ocho *gloriosas* en que todos los símbolos de la época rindieron homenaje a su memoria. El propio Sumo Pontífice, a quien ella imaginó en sus delirios suspendido en una carroza resplandeciente sobre los jardines del Vaticano, se sobrepuso al calor con un *abanico de palma trenzada* y honró con su dignidad suprema los funerales más grandes del mundo.

the crowd did not take note of the covetous bustling · *catafalque* · *vultures* · *prayers, exaltations, and high praise*

Obnubilado por el espectáculo del poder, *el populacho no determinó el ávido aleteo* que ocurrió en el caballete de la casa cuando se impuso el acuerdo en la disputa de los ilustres, y se sacó el *catafalco* a la calle en hombros de los más ilustres. Nadie vio la vigilante sombra de *gallinazos* que siguió al cortejo por las ardientes callecitas de Macondo, ni reparó que al paso de los ilustres éstas se iban cubriendo de un pestilente rastro de desperdicios. Nadie advirtió que los sobrinos, ahijados, sirvientes y protegidos de la Mamá Grande cerraron las puertas tan pronto como sacaron el cadáver, y desmontaron las puertas, desenclavaron las tablas y desenterraron los cimientos para repartirse la casa. Lo único que para nadie pasó inadvertido en el fragor de aquel entierro, fue el estruendoso suspiro de descanso que exhalaron las muchedumbres cuando se cumplieron los catorce días de *plegarias, exaltaciones y ditirambos*, y la tumba fue sellada con una plataforma de plomo. Algunos de los allí presentes dispusieron de la suficiente clarividencia para comprender que estaban asistiendo al nacimiento de una nueva época. Ahora podía el Sumo Pontífice subir al cielo en cuerpo y alma, cumplida su misión en la tierra, y podía el presidente de la república sentarse a gobernar según su buen criterio, y podían las reinas de todo lo habido y por haber casarse y ser felices y engendrar y parir muchos hijos, y podían las muchedumbres colgar sus toldos según su deal modo de saber y entender en los desmesurados dominios de la Mamá Grande, porque la única que podía oponerse a ello y tenía suficiente poder para hacerlo había empezado a pudrirse bajo una plataforma de plomo. Sólo faltaba entonces que alguien recostara un taburete en la puerta para contar esta historia, lección y escarmiento de las generaciones futuras, y que ninguno de los incrédulos del mundo se quedara sin conocer la noticia de la Mamá Grande, que mañana miércoles vendrán los barrenderos y barrerán la basura de sus funerales, por todos los siglos de los siglos.

Después de la lectura

ACTIVIDAD

¡Charlemos!

1. ¿Quién era la Mamá Grande? ¿Cómo era físicamente? ¿Cuántos años tenía?
2. ¿Cómo se celebraba su cumpleaños?
3. ¿Qué piensa Ud. de la familia de la Mamá Grande?
4. ¿Cuáles eran las principales riquezas de la Mamá Grande?
5. ¿Cómo es posible que el Papa llegara a Macondo?
6. ¿En qué se parecen el cumpleaños y el funeral de la Mamá Grande? ¿Cuánto tiempo duraba cada uno?
7. ¿Qué acabamos sabiendo de las gentes de Macondo? ¿A qué se dedicaban? ¿Cómo vivían? ¿Quiénes eran sus dirigentes?
8. ¿Qué saca Ud. de esta lectura?

LECCIÓN 10

www.elpreg.org

EL PREGONERO

Volumen 23, Número 15 | Washington, DC ■ Maryland ■ Virginia | Abril 13, 2000

Piden perdón de la deuda externa

Muchos préstamos son impagables por su alto interés

Andrea Acosta
El Pregonero

Condenando a millones de personas a la pobreza, la deuda externa que pesa sobre el Tercer Mundo representa un agobiante obstáculo para el crecimiento de los países en vías de desarrollo, obliga a desviar recursos destinados a suplir a la población de las necesidades básicas como educación, nutrición y salud, y genera inestabilidad política, económica y social.

Precisamente haciendo eco del clamor de los países pobres, miles de personas de todo el país se hicieron presentes este domingo en la capital para manifestar su desaprobación por las políticas del Fondo Monetario Internacional, del Banco Mundial y del Club de París y pedir que esta deuda internacional sea cancelada.

En esta jornada por la defensa de la justicia, la paz y los derechos humanos, se formó una cadena humana en los predios del Capitolio con la participación de unas cinco mil personas, según cifras estimadas por la organización Jubileo 2000/USA, coalición nacional de grupos religiosos, laborales que abogan por la justicia social.

En el evento, que incluyó una caminata hasta el "mall" capitalino, discursos y música, sobresalieron representantes de la Iglesia Católica y grupos de feligreses de las parroquias locales, quienes impulsan el perdón de una deuda externa que asciende a $350 mil millones, como un regalo en el milenio para que los países pobres inviertan más en servicios sociales.

Vea DEUDA, Página 5

Con un claro mensaje dirigido al gobierno estadounidense, el cartel que eleva el manifestante Roberto Reyes representa el sentir de más de cinco mil personas que se congregaron el domingo pasado en los predios del Mall de Washington a pedir el perdón de la deuda de los países pobres. (Foto/Rafael Crisóstomo)

Salen satisfechos por diversidad en ofertas de empleo

Alex Ortiz-Cañas
El Pregonero

Cientos de personas acudieron a pedir información sobre los diversos trabajos ofrecidos por compañías de Washington DC y sus alrededores en la novena feria anual organizada por El Pregonero el pasado fin de semana en el Washington Convention Center.

La comunidad latina se hizo presente una vez más, desde tempranas horas de la mañana, para retirar y llenar solicitudes en los diferentes kioskos que ocupaban las compañías participantes, tanto agencias guber-

Vea FERIA, Página 6

Clara advertencia envía Estados Unidos al presidente Fujimori

Considera "necesaria" una segunda vuelta para aclarar elecciones

Estados Unidos envió una clara advertencia al gobierno del presidente peruano Alberto Fujimori, al que dijo que será necesaria una segunda vuelta de las elecciones presidenciales para dar legitimidad al proceso electoral en ese país.

La Casa Blanca indicó que la ausencia de una segunda vuelta generaría "preguntas serias" acerca de la limpieza del proceso, pues desde los días previos a la votación

Vea ADVERTENCIA, Página 5

CHILE

Senadores democristianos afirman que existe una conspiración de la derecha para evitar que se juzgue al General Augusto Pinochet.

Vea Pág. 16

VENEZUELA

La Iglesia Católica insiste en que no hay garantías de transparencia para las elecciones presidenciales que se realizarán el 28 de mayo.

Vea Pág. 16

BOLIVIA

El gobierno iniciará conversaciones con los grupos campesinos para poner fin al estallido social que los obligó a declarar el estado de sitio.

Vea Pág. 17

EL SALVADOR

El Fiscal General anunció la posibilidad de que se reabran las investigaciones sobre el caso del asesinato de 6 jesuitas ocurrido en 1989.

Vea Pág. 18.

Para estar al día

ACTIVIDADES

A. Puntos de vista

1. Con un(a) compañero(a) de clase, lea los titulares del periódico (página anterior) *El Pregonero* que se publica en la ciudad de Washington, D.C., Estados Unidos. Intercambien ideas sobre la presentación de las noticias y la información que esperan obtener de la lectura.
2. Cada uno(a) de Uds. seleccione uno de los reportajes y eche un vistazo al primer párrafo. Después, dígale a su compañero(a) de qué trata el reportaje en líneas generales y si los asuntos tratados todavía tienen alguna actualidad.

B. ¡Charlemos!

Lea el anuncio que sigue para la suscripción a la edición internacional de *El País* y explíquele a uno(a) de sus compañeros qué debe hacer para recibir este semanario en los Estados Unidos, teniendo en cuenta: (a) el precio de la suscripción, (b) las formas de pago y (c) la manera de suscribirse desde los Estados Unidos. Dé su opinión sobre las ventajas y desventajas de leer la prensa en versión electrónica.

Para leer de lejos.

Suscripción a EL PAIS, Edición Internacional
(marque con una equis lo que le interese), por un período de:

❒ 1 año (52 números), 90$ USA.
❒ 9 meses (39 números), 68$ USA.
❒ 3 meses (13 números), 23$ USA.
❒ 6 meses (26 números), 46$ USA.

NOMBRE Y APELLIDOS ....
....
DIRECCION ....
CIUDAD .... C.P. ....
PROVINCIA, DEPARTAMENTO O ESTADO
....
PAIS ....

Forma de pago: Los precios en dólares o su contravalor en pesetas a la fecha de emisión de este boletín son iguales para cualquier país del mundo. Es imprescindible la recepción del pago para formalizar la suscripción.

Con cargo a mi tarjeta:

Master Charge Int.
American Express
Visa Internacional
Diners Club
Fecha de caducidad de la tarjeta

Por transferencia bancaria a nombre de Diario EL PAIS S.A. a Banco Popular Español, c/Alcalá 372 Madrid España. Cuenta corriente nº06017573035

FIRMA (LA MISMA DE LA TARJETA)

Recorte y envíe este cupón a: El País Internacional, S. A., Departamento de Suscripciones. Miguel Yuste, 40. Madrid (España)

Prepárese a leer

ACTIVIDAD

A. ¡Charlemos!

Hoy en día, por medio de los múltiples medios de comunicación, se puede difundir todo tipo de programas culturales, políticos, sociales, didácticos y de entretenimiento. Los medios de comunicación de masas tienen un efecto inmediato sobre el público receptor y forman la opinión colectiva de una nación. Hay, sin embargo, quejas constantes por la falta de responsabilidad de todos los medios para con el público. Pregúntele a su compañero(a).

1. En tu opinión, ¿qué se debe difundir por televisión? ¿en el cine? ¿Cuáles crees que son los mejores programas de televisión? ¿Qué películas se deben programar para los menores de edad? ¿y para las personas mayores?
2. ¿Te molesta cuando ves programas o películas violentos? ¿Por qué crees que se usa la violencia en los programas de entretenimiento? ¿Cuál es tu programa de televisión favorito? ¿tu película favorita? ¿Por qué?

B. Las películas del año

1. ¿Qué opina Ud. de los Óscar?
2. ¿Ha visto Ud. alguna de las películas premiadas?
3. ¿Qué sabe Ud. de Pedro Almodóvar?
4. ¿Va Ud. mucho al cine?
5. ¿Qué tipo de películas prefiere?

Estrategias para la lectura

El artículo que Ud. leerá a continuación habla de varios artistas del mundo del espectáculo y de muchas películas. Fíjese en cómo el autor evita revelar sus propias opiniones para darle un tono objetivo al artículo. ¿Le parece normal para un crítico de cine? ¿Por qué, según piensa Ud., deja el autor de pasar juicio en esta ocasión?

¡A LEER!

Lean el siguiente artículo sobre los premios Óscar y el director de cine español, Pedro Almodóvar. Pongan atención a los nombres de las películas que se mencionan y comenten cuáles han visto, cuáles les han gustado y cuáles no, y si las volverían a ver.

Almodóvar y 'American beauty' triunfan en los Oscar

Los premios de la 72ª edición resultaron ser los más progresistas que se han concedido en los últimos años

JAVIER VALENZUELA
Los Ángeles

Con el triunfo de *American beauty* y de *Todo sobre mi madre* en la 72ª edición de los Oscar, Hollywood demostró que también es *cool,* la palabra estadounidense que equivale a *guay,* moderno, enrollado. Por osadas e irreverentes, ninguna de esas dos películas hubiera ganado hace apenas tres o cuatro años. Incluyendo también galardones a la defensa del aborto de *The cider house rules (Las normas de la casa de la sidra)* y de la tolerancia sexual de *Boys don't cry,* los de la madrugada de ayer fueron los Oscar más progresistas en muchísimo tiempo. Para el cine español supusieron un tercer triunfo histórico, y para Almodóvar, la consagración mundial de una brillante carrera. Cuando a "los seis años de la mañana en España", según el error cometido en inglés por Almodóvar, Penélope Cruz abrió el sobre y gritó "¡Pedro!", se confirmaron las previsiones de que *Todo sobre mi madre* conseguiría el tercer Oscar español a la mejor película en lengua no inglesa, tras de *Volver a empezar,* de José Luis Garci, y *Belle époque,* de Fernando Trueba.

Almodóvar subió al escenario del Shrine Auditorium, dijo "Esto es para España" y agradeció su mediación a una letanía de vírgenes y santos. Fue una escena puramente almodovariana. Los nervios del gran momento para el que llevaba meses preparándose vencieron al cineasta manchego, al que el siempre muy profesional Antonio Banderas tuvo que arrastrar fuera del escenario.

Pero, bueno, lo importante es que en Hollywood se descorchó el champán preparado para la consagración de Almodóvar. La Meca del cine tenía ganas de premiar al cineasta español y este año era el ideal. Como buena parte de las clases medias norteamericanas y occidentales, las gentes que mandan en Hollywood han resucitado ese espíritu que hace unas décadas se llamaba *hip,* y ahora, *cool.* ¿Y qué es eso? Pues no ser casposo, sino divertido, tolerante, rebelde, joven de edad o de espíritu.

Los premios estuvieron muy repartidos, pero *American beauty,* el agridulce retrato de la vida en los suburbios de las clases medias norteamericanas, se llevó cinco Oscars: mejor película, mejor director (Sam Mendes), mejor actor (Kevin Spacey), mejor cinematografía (Conrad Hall) y mejor guión original (Alan Ball). Otro producto inequívocamente *cool, The Matrix,* fue el segundo cosechador en cantidad de estatuillas, con cuatro para su sonido, montaje y efectos especiales.

Uno de los chistes más reídos de Billy Cristal fue cuando dijo saber lo que estaba pensando Jack Nicholson: "Yo todavía soy el más *cool* de la sala". Estaba claro que Hollywood deseaba presentar su rostro más iconoclasta. Robin Williams cantó *Blame Canada* y le fue rendido un homenaje a Warren Beatty, tan célebre por sus proezas sexuales como por su militancia en causas liberales. Su esposa, Annette Bening, no ganó el Oscar a la mejor interpretación ni tampoco rompió aguas en el Shrine Auditorium, pero fue una de las reinas de la velada.

72ª edición de los Oscar

Premio	Ganador	Película
Película	*American beauty* (Dir: Sam Mendes)	*American beauty*
Director	Sam Mendes	*American beauty*
Actor	Kevin Spacey	*American beauty*
Actriz	Hilary Swank	*Boys don't cry*
Actor secundario	Michael Caine	*Las normas de la casa de la sidra*
Actriz secundaria	Angelina Jolie	*Inocencia interrumpida*
Película de habla no inglesa	*Todo sobre mi madre* (P. Almodóvar)	*Todo sobre mi madre* (España)
Vestuario	Lindy Hemming	*Topsy-Turvy*
Sonido	Reitz, Rudloff, Campbell y Lee	*The Matrix*
Maquillaje	Christine Blundell y Trefor Proud	*Topsy-Turvy*
Cortometraje	Barbara Schock	*My mother dreams the Satan's...*
Cortometraje de animación	Aleksandr Petrov	*The old man and the sea*
Canción	*You'll be in my heart* (Phil Collins)	*Tarzán*
Cortometraje documental	William Whiteford y Susan Hannah	*King Gimp*
Largometraje documental	Kevin MaxDonald y William Whiteford	*One day in september*
Efectos de sonido	Dane Davis	*The Matrix*
Efectos especiales	Gaeta, Sirrs, Courtley y Thum	*The Matrix*
Banda sonora	Joe Corigliano	*El violín rojo*
Dirección artística	R. Heinrichs y P. Young	*Sleepy hollow*
Montaje	Zach Staenberg	*The Matrix*
Fotografía	Conrad L. Hall	*American beauty*
Guión adaptado	John Irving	*Las normas de la casa de la sidra*
Guión original	Allan Ball	*American beauty*

EL PAÍS

ACTIVIDAD

Creación

1. Imagínense que todos Uds. son críticos de cine y trabajan para las redes nacionales de la televisión. Cada uno(a) de Uds. haga un corto reportaje sobre una película (romántica, cómica, de terror, de aventuras, de misterio, de ciencia ficción) que aconsejan que vea el público.
2. Escríbale una carta a un(a) amigo(a), contándole que Ud. acaba de ver una gran película. Descríbala.

HUMOR

"The Far Side" by Gary Larson

Cartoon from *Wildlife Preserves* by Gary Larson. The Far Side, Farworks, Inc./Dist. by Universal Press Syndicate. Reprinted by permission.

1. Describa a la gente que está en el cine y explique lo que está a punto de ocurrir.
2. Si alguna vez ha estado en una situación parecida, cuéntenos cómo, cuándo y dónde ocurrió el hecho.

Temas de reflexión

Las estadísticas señalan que cada niño vive un promedio de cuatro horas diarias junto al televisor, viendo cómo pasan uno tras otro los anuncios de chocolates, dulces, juguetes y otros productos de poca utilidad, aunque de mucho interés para ellos. Observe con atención el dibujo en la próxima página.

Con un(a) compañero(a) de clase, trate de responder las siguientes preguntas.

1. ¿Cómo son los personajes del dibujo? ¿Qué edad tienen?
2. ¿A qué clase socioeconómica pertenecen estos niños?
3. ¿Cuántas horas a la semana mira usted la televisión? ¿Y cuántas horas la miraba de niño(a)?
4. En su opinión, ¿influye mucho la televisión en las actitudes que tenemos respecto a la violencia? ¿Por qué?

Prepárese a leer

ACTIVIDAD

Trabaje con dos compañeros de clase. Piensen en alguna instancia de genocidio en la historia de Estados Unidos, de Europa o de otra parte del mundo. Apunten quiénes eran los responsables y por qué eligieron al grupo determinado para eliminar.

Después, comparen sus apuntes con los de los demás grupos de estudiantes y traten de descubrir algún denominador común entre las distintas situaciones.

Estrategias para la lectura

El artículo a continuación contiene muchas cifras y estadísticas. Para ayudarse en la comprensión del artículo, escriba en una hoja aparte todas las fechas mencionadas. Luego, debajo de cada fecha, apunte las cifras importantes que corresponden según el artículo.

Después, escriba una lista de todas las organizaciones que se mencionan y, al lado de cada uno, el papel que ha tenido en la situación descrita en el artículo.

La mayoría de las víctimas fueron indígenas

Cerca de 200.000 muertos entre los años 1962 y 1996

B. G. H., Madrid

Los crímenes que investigará a partir de ahora la Audiencia Nacional abarcan un conflicto de 34 años (entre 1962 y 1996) que dejó 150.000 muertos y 45.000 desaparecidos: cerca de 200.000 víctimas mortales en un país de 10 millones de habitantes. La mayoría eran civiles desarmados, sobre todo indígenas mayas, que representaron un 83% de las víctimas, aunque su presencia en la población es del 59%.

La época más documentada en la querella admitida ayer a trámite es la más sangrienta, desde la primera matanza colectiva de indígenas, en 1978 en Panzós, con un centenar de mayas muertos, hasta 1984. A partir de ese año, la presión internacional forzó el nombramiento de presidentes civiles y el inicio de unas conversaciones de paz que aún iban a necesitar 12 años para desembocar en un acuerdo firme.

La Fundación Rigoberta Menchú ha recopilado pruebas y testimonios de las matanzas cometidas contra los indígenas, ya que basa su querella en el informe de la Comisión de Esclarecimiento Histórico, que en 1999 responsabilizó al Ejército del genocidio cometido en Guatemala, y del informe que en 1988 costó la vida al arzobispo Juan Gerardi. "Las exhumaciones de tumbas colectivas se han hecho en presencia de antropólogos forenses y miembros de la Administración de la Justicia guatemalteca. Tenemos fotos, radiografías y análisis de ADN, por ejemplo, de los 67 niños hallados en una fosa. Desde ese punto de vista, el proceso va a estar sólidamente documentado", manifestaron ayer fuentes de la fundación.

Según la querella de Menchú, Guatemala tiene el penoso récord de inaugurar en 1963 la práctica del secuestro y desaparición que las otras dictaduras latinoamericanas hicieron después rutinarios: en 1963 fueron detenidos, asesinados y lanzados al mar 28 líderes de la oposición. Comienza así el trabajo de unos *escuadrones de la muerte* que desde finales de los sesenta impusieron el terror. Primero, de forma selectiva. El poeta Otto René Castillo fue quemado vivo (1966). Un diputado opositor fue ametrallado en su silla de ruedas (1970). En esos primeros años, según la querella, *escuadrones* célebres como el Ojo por Ojo o el Jaguar Justiciero se cobraron 13.000 vidas. Todos aparecían en listas de "condenados a muerte" publicadas por el régimen.

En 1978, en Panzós, la matanza de cien indígenas es el gran aviso contra sus reuniones de protesta. A partir de ahí, una persecución sin límites que se ensañó contra los mayas.

Después de la lectura

ACTIVIDADES

A. ¡Charlemos!

1. ¿Había Ud. oído hablar de "El caso Guatemala"?
2. ¿Qué pruebas se van a presentar para documentar el caso?
3. ¿Quién ha promovido la querella?
4. ¿Qué sabe de Rigoberta Menchú?
5. ¿Por qué se persiguió a los mayas?
6. ¿Opina Ud. que otros países deberían intervenir en esta denuncia?

B. Creación

1. Escriba Ud. una carta expresando su opinión sobre el artículo que acaba de leer. Después entréguesela a su compañero(a) que actuará como representante del gobierno guatemalteco.
2. Busque información sobre Rigoberta Menchú y compártala con sus compañeros de clase.

Prepárese a leer

VOCABULARIO

arrugar; desarrugar *to crumple; to smooth out*
el (la) destinatario(a) *addressee*
anticuado(a) *old-fashioned*
atreverse a decir *to dare to say*
enterarse de *to find out about*
reñir *to fight*
lanzar a la cara *to throw into someone's face*
la letra *handwriting*
el (la) repartidor(a) *delivery man*
el timbre *doorbell*

Expresiones

a eso de *about*
menos mal *fortunately*

ACTIVIDAD

¡Charlemos!

Con un(a) compañero(a) de clase, diga qué medios de comunicación (el teléfono, una carta o nota, una visita, el correo electrónico) usaría en los siguientes casos y por qué.

1. para felicitar a su mamá (papá) si su cumpleaños fuera hoy
2. para avisarle a su profesor(a) que no va a poder venir al examen de mañana

3. para invitar a unos amigos a una fiesta que prepara para este fin de semana
4. para pedir un préstamo a la universidad
5. para pedirle a su novio(a) que vaya con Ud. a un baile
6. para hacer una solicitud de trabajo
7. para anunciar a sus padres que se acaba de casar

Estrategias para la lectura

El siguiente artículo de Noel Clarasó apareció en la revista española *Destino*. Es el dramático relato de la entrega de un telegrama. El narrador comienza por definir lo que es un telegrama, explica el tipo de mensajes que lleva y la impresión que causa en la persona que lo recibe. Mientras Ud. lee el relato, hágase las siguientes preguntas.

1. ¿Quiénes son los personajes?
2. ¿Quién cuenta el relato?
3. ¿Cuándo lo cuenta?
4. ¿Dónde ocurre el hecho?

¿Sabía Ud. que... ?

El suburbio es una zona en los alrededores de la ciudad en la que generalmente vive gente de pocos medios económicos.

El barrio es una de las zonas en las que se dividen las ciudades.

El telegrama era el medio más rápido de comunicación escrita antes de la invención del correo electrónico. Hoy en día ha caído en desuso.

¡A LEER!

El telegrama Noel Clarasó

Dicen que un telegrama es una noticia que manda uno que tiene mucha prisa, que lleva otro que tiene mucha menos y que recibe un tercero que no tiene ninguna. Todo esto, algunas veces, es cierto. Y también lo es que existen seres humanos con una sensibilidad especial, a quienes un telegrama recién llegado les impresiona tanto que *se les pone la carne de gallina.*

they get goose bumps

Lo digo porque esto es lo que a mí me pasa. Nunca he pensado que nadie se moleste en darme una buena noticia por telegrama y así hacerme un poco más feliz.

Si yo trabajara como repartidor en Correos o en Telégrafos, me gustaría llevar cartas con buenas noticias dentro. Y los telegramas me daría *reparo* llevarlos. Preferiría abrirlos yo, enterarme de la mala noticia y darla de palabra, despacio. Empezaría así:

—No se preocupe, no es nada tan grave que no tenga remedio. Se trata de que..., etc.

Yo, antes de abrir un telegrama, paso un mal rato. Me dan miedo, como una aprensión. Sobre todo desde aquella vez, hace años. Lo cuento tal como lo recuerdo, quizás exagerándolo un poco, como de costumbre.

Yo vivía entonces en una calle con casitas todas de una sola *planta,* en un suburbio de la ciudad. Una noche llegué a mi casa a eso de la una. Vi a un hombre junto a la puerta del número 18 y una bicicleta apoyada en la pared. Yo vivía en el número 16. *Me picó la curiosidad* y me acerqué a ver. El hombre era el ciclista de los telegramas. Estaba impaciente y me habló en seguida:

—Es un telegrama para esta casa. Hace ya diez minutos que estoy llamando y no me contestan.

En el número 18 vivía un señor solo, don Agapito. Un *viudo* sin hijos, *gruñón insoportable,* mal amigo, mal vecino, tipo raro, agresivo, *pendenciero.* Conmigo no se llevaba bien. Reñimos a los quince días de vecindad.

—Llame más fuerte.

¿Cómo? Le estoy dando al timbre.

—El inquilino duerme en la parte de atrás. Llame a *porrazos.*

¿Con qué?

Menos mal que yo llevaba *bastón.* Lo *cedí* al hombre de los telegramas. Y él, decidido, *aporreó* la puerta con mi bastón. Era una puerta sólida de madera. Se abrió una ventana de la casa vecina y una voz preguntó:

—¿Qué pasa?

—Un telegrama para don Agapito. Se ve que no ha oído el timbre, ni los golpes a la puerta.

El vecino bajó a ayudarnos con un bastón más grueso que el mío. Y porrazo va, porrazo viene sobre la puerta cerrada. Por fin se abrió y apareció don Agapito en camisón de noche. Era anticuado y no usaba pijama. Yo le grité:

—¡Un telegrama! ¡Que tiene usted un telegrama! Y no ha oído usted el timbre. Menos mal que ha oído los porrazos.

Don Agapito, sin contestarme, cogió el telegrama y, como es natural, miró el nombre de la persona a quien iba dirigido. Y don Agapito me gritó una palabra que no me atrevo a repetir. Arrugó el telegrama y me lo lanzó a la cara, al tiempo que *vociferaba:*

—¡Me lo pagará! Me lo pagará!

Desarrugué el telegrama y leí el nombre del destinatario. Era mi nombre. El telegrama era para mí. Pero el número de la casa estaba equivocado. En fin, que no hubo forma humana de *reanudar* la amistad con don Agapito en los siete años que duró nuestra vecindad. Hace de esto muchos años. Si don Agapito todavía vive, le pido perdón desde aquí.

aprensión

piso

It aroused my curiosity

widower / unbearable

grumbler / quarrelsome

dando golpes fuertes

walking cane / entregué

golpeó

gritaba

continuar

ACTIVIDADES

A. ¿Qué dice la lectura?

Conteste las siguientes preguntas.

1. ¿Por qué se define un telegrama como "una noticia que manda uno que tiene mucha prisa, que lleva otro que tiene mucha menos y que recibe un tercero que no tiene ninguna" (ll. 1–3)?
2. Según el escritor, ¿qué les sucede a los seres humanos que tienen una sensibilidad especial cuando reciben un telegrama?
3. ¿Qué tipo de mensajes le gustaría llevar el narrador si trabajara como repartidor de Correos?
4. ¿Dónde vivía el narrador hace muchos años? ¿Qué le sucedió una noche que llegó a su casa a eso de la una? ¿Qué le dijo el repartidor de telegramas?
5. ¿Quién vivía en el número 18? Describa Ud. al inquilino.
6. ¿Qué le dio el narrador al hombre de los telegramas para despertar a don Agapito? ¿Cómo les ayudó un vecino?
7. Cuando don Agapito finalmente abrió la puerta, ¿qué hizo? ¿Para quién era el telegrama? ¿Qué había sucedido?

B. Puntos de vista

Dígale a un(a) compañero(a) cómo reaccionaría Ud. si estuviera en el lugar de don Agapito y que su compañero(a) le diga cómo reaccionaría él (ella) si estuviera en el lugar del narrador.

C. Opinión

Después de que se inventó, el telégrafo se convirtió en el medio más rápido para comunicarse con una persona que vivía en otro lugar. Hoy en día existen medios más modernos y casi instantáneos de comunicación. Con un(a) compañero(a) de clase, ordene los siguientes medios de comunicación del más rápido al más lento.

1. ___ la carta
2. ___ el sistema fax
3. ___ el correo electrónico por medio del ordenador
4. ___ el teléfono
5. ___ el telegrama

HUMOR

"Por favor manténte en sintonía *(stay tuned)*, que ahora te va a hablar mi hermano Pepito".

Conteste las siguientes preguntas y haga sus propios comentarios.

1. ¿Por qué está de rodillas la niña? ¿A quién se dirige?
2. ¿Por qué cree Ud. que habla en términos técnicos?
3. ¿Le parece que el lenguaje técnico está invadiendo el hogar? ¿Podría citar algunos ejemplos?
4. ¿Le sorprende a Pepito la oración de su hermana?

Prepárese a leer

VOCABULARIO

Para hablar sobre el cuento "Anónimo"

la amenaza *threat*
el asesinato; el (la) asesino(a) *murder; murderer*
la broma de mal gusto *practical joke*
el cartel *poster*
el (la) cartero(a) *mail carrier*
el (la) culpable *the guilty one*
la flecha *arrow*
la habitación *room*
la lata de conservas *can of food*
el (la) mecanógrafo(a) *typist*
adivinar *to guess*
aterrar *to frighten, terrify*
encender la hornilla *to light the stove*
extrañar *to seem strange*
hallarse en peligro *to find oneself in danger*
trepar *to climb*
los rasgos *traits*

ACTIVIDAD

¡Charlemos!

1. ¿Qué piensa Ud. de los mensajes anónimos? ¿Ha recibido Ud. alguna vez una carta, unas flores o un regalo anónimo? Si es así, ¿le causó alegría? ¿inquietud? ¿Se enteró finalmente quién era el (la) autor(a) del anónimo?
2. ¿Qué haría Ud. si de pronto recibiera por correo mucho dinero y no supiera quién se lo enviaba?

LA AUTORA Y SU OBRA

Esther Díaz Llanillo nació en Cuba en 1934. El cuento "Anónimo" pertenece a la colección de cuentos *El castigo.* Todos sus cuentos muestran la pérdida de la identidad y el humor negro.

Estrategias para la lectura

Al leer "Anónimo", preste mucha atención a lo siguiente.

1. El título: ¿Será éste un cuento de amor? ¿de aventuras? ¿de misterio? ¿de ciencia ficción?
2. El primer párrafo: "Aquella mañana se levantó... avanzó hacia la cocina hambriento" (ll. 1–2). Si Ud. se hace las cuatro preguntas claves ¿quién? ¿cómo? ¿cuándo? y ¿dónde?, ¿de qué se da cuenta?
3. El cuarto párrafo: Comienza: "Cuando me dieron aquella noticia de él..." (l. 24). Mientras lee, piense por qué de pronto la voz del narrador cambia a la primera persona.
4. El último párrafo: El narrador explica el misterio de las cartas anónimas y el lector se entera finalmente quién enviaba los anónimos. Pregúntese, ¿por qué coincidían los rasgos esenciales del muerto y de Anónimo?

¡A LEER!

Anónimo Esther Díaz Llanillo

Aquella mañana se levantó temprano y, sin *calzarse,* casi dormido, avanzó hacia la cocina hambriento.

Era la suya una habitación peculiar: vivía en una *buhardilla,* al final de una larga escalera que trepaba por la parte posterior de la casa, como una *culebra,* los *peldaños* eran tan estrechos que uno temía haber *sobrepasado* las proporciones normales de un ser humano, pues podía *resbalar* y caerse con *suma* facilidad; por otra parte, la escalera vibraba *sospechosamente* a cada paso, y esto, unido a la insegura *barandilla* de hierro, hacía pensar que la vida del que se atre-

calzarse: ponerse los zapatos
buhardilla: *garret*
culebra: serpiente
peldaños: *steps* / sobrepasado: excedido
resbalar: *slip* / suma: muchísima
sospechosamente: *suspiciously*
barandilla: *railing*

vía a utilizarla se hallaba en constante peligro. Como el cartero no compartía es*tos arrestos,* ni por vocación de su oficio, solía dejarle la correspondencia junto al primer apartamento de la *planta baja* del edificio, en una cajita de madera *incrustada* en la pared.

este valor
ground floor
metida

Le gustaba vivir allí, donde nadie lo molestaba, ni ruidos ni personas. No me atrevía a asegurar que aquello pudiera considerarse un hogar en el sentido exacto de la palabra: un cuadrilátero *aprisionado* entre cuatro paredes; dentro de él, a la izquierda de la puerta, otro cuadrilátero más pequeño *hacía de* baño en condiciones tan reducidas que nos asombraba que *cupiera* en él un ser humano. Al final de un rectángulo, con pretensiones de corredor, estaba la sala-cuarto-cocina. *De primera intención,* lo que se percibía era una hornilla eléctrica sobre una mesa donde se amontonaban platos, cubiertos, un vaso, una taza con lápices, un *portarretrato* con el asombroso perfil de Michele Morgan y una fina *capa de polvo* de varios días. La cama era a la vez sofá. En las paredes de madera había fotografías de otras actrices, un cartel de propaganda y programas de teatro.

encerrado
servía de
entrara
A primera vista
picture holder / layer of dust

Cuando me dieron aquella noticia de él, traté de reconstruir los hechos colocándome en su lugar; me basé en lo que pude adivinar de él en tan poco tiempo, pues trabajamos juntos en la misma oficina durante cuatro meses, ambos como mecanógrafos, y no creo que este trabajo nos diera grandes oportunidades de conocernos. Sin embargo, creo poder reconstruir lo que pasó en aquellos días...

Esa mañana se levantó temprano, según dije. Al encender la hornilla para calentar el café le asombró descubrir un pequeño sobre blanco debajo de la puerta. Le extrañó que alguien se hubiera tomado el trabajo de subirlo hasta allí. Cogió el sobre y leyó: "Sr. Juan Ugarte Ruedas", escrito a mano, con una letra temblorosa e irregular. Inmediatamente rompió uno de los extremos y *extrajo* la carta, que decía con la misma letra del sobre: "Nombre: Juan Ugarte Ruedas. Edad: 34 años. *Señas:* Una pequeña marca tras la oreja derecha, producto de una caída cuando niño. Gustos: Prefiere leer al acostarse; suele tardar en dormirse imaginando todas las *peripecias* de un viaje a Francia que en realidad no puede *costear*. Detalle: Ayer, alrededor de las once P.M., se cortó levemente el *índice* de la mano derecha tratando de abrir una lata de conservas. Anónimo". Aquello le intrigó. ¿Qué propósito podía perseguir quien le mandaba la carta, que *por ende* le jugaba la broma de firmarla Anónimo, como si ya no fuera evidente que se trataba de un anónimo? Por otra parte, ¿cómo sabía Anónimo todos aquellos detalles de su vida? Su primera preocupación fue averiguar si le había contado a alguien esos detalles; no lo recordaba.

sacó
Identifying marks
problemas / pagar
index finger
besides

En éstas y otras *cavilaciones* pasó toda la jornada, salvo las horas de oficina y de almuerzo, pues tenía la costumbre de ser reservado con todos, hasta consigo mismo, cuando estaba con los demás. Por la noche, como es lógico, reanudó estos pensamientos y llegó a la conclusión de que recibiría otro algún día, quizá más pronto de lo que esperaba; tuvo un sueño intranquilo y por primera vez se olvidó de su viaje a Francia antes de dormirse.

pensamientos

Al día siguiente, octubre 13, recibió otra carta misteriosa. Como la anterior, venía fechada y escrita con letra irregular y nerviosa; decía: "Padre: Regino Ugarte, *cafetero*. Madre: Silvia Ruedas, prostituta. El primero ha muerto; la segunda huyó del hogar cuando usted tenía nueve años y se dio a la mala vida; usted *desconoce su paradero* y no le interesa saberlo. Educación: *autodidacta* desde los quince años. Preocupaciones: Teme que los demás lean sus pensamientos. Anónimo".

vendedor de café
ignora dónde está / *self-taught*

Durante varios días estuvo recibiendo comunicaciones de Anónimo que revelaban detalles de su pasado, de su vida cotidiana y de sus procesos mentales que sólo hubiera podido saber él mismo o alguien que tuviera poderes extraordinarios. Esto no le aterraba, sino el pensar que en realidad aquel hombre estuviera empleando algún procedimiento simple y directo para saberlo; es decir, que lo vigilara constantemente.

Las cartas de Anónimo empezaron por adivinar sus deseos y luego descubrieron sus preocupaciones, sacaron a relucir su pasado y quizá aventurarían su futuro, lo cual lo intranquilizó. Frases como "ayer no pudo dormir en casi toda la noche", "esta mañana, durante el almuerzo, estuvo a punto de contárselo todo a su amigo, pero se detuvo pensando que él fuera el remitente", "ha decidido usted no abrir más estas cartas, pero no puede dejar de hacerlo, ya ve, ha abierto la de hoy", "su trabajo estuvo deficiente ayer, no cesa de pensar en mí"; eran para sobresaltar a cualquiera. Finalmente, Anónimo envió en tres cartas seguidas este mismo mensaje: "Usted teme una amenaza"; al cuarto día lo varió por "la amenaza está al formularse"; y después por "sé que ha dejado de leer mis cartas durante varios días; ésta es la penúltima; *por tanto,* la leerá; mañana sabrá cuál es la amenaza. Anónimo".

therefore

Por último, pensó que no tenía el valor suficiente para leer la última carta, pero el deseo de saber en qué consistía la amenaza y la esperanza de que al saberla podría escapar de ella lo llevaron a abrirla y leyó: "Morirá mañana. Anónimo".

Al finalizar el mensaje llegó a la conclusión de que no le quedaba más remedio que acudir a la Policía, pues no sabiendo en qué condiciones moriría, ni dónde, ni cuándo, no podría evitar el hecho. Llevó los anónimos a la Estación de Policía y fue cuidadosamente vigilado. Siguió trabajando como si nada hubiera sucedido, y por la noche, a eso de las ocho, llegó a la casa.

Sabía que estaba bien protegido, no podía temer nada, salvo la pérdida de su soledad, pero por poco tiempo, hasta que se descubriera al autor de los anónimos; después sería nuevamente independiente y feliz.

Se acostó más tranquilo; tardó un poco en dormirse, quizá planeó otra vez el viaje a Francia. Al día siguiente apareció muerto frente a su cuarto, la puerta abierta, el cuerpo *atravesado* en el *umbral,* un sobre abierto junto a él y una carta *ensangrentada* en la mano derecha. La única palabra visible era "ya", y después: "Anónimo". Tenía abiertas las venas del brazo, la sangre había *rodado* por los escalones. Nadie la había visto hasta que el vecino de los bajos notó el largo *hilillo* rojo bajo sus zapatos.

across / threshold
bloody
rolled down
thread

Se hicieron múltiples *indagaciones* sin resultados positivos. No obstante, por sugerencia mía, se ha comparado la letra de Anónimo con la del muerto: coinciden en sus rasgos esenciales.

investigaciones

ACTIVIDADES

A. ¿Qué dice la lectura?

Conteste las siguientes preguntas.

1. ¿Quién narra la historia? ¿Tiene Ud. alguna prueba de que quien narra es hombre o mujer? ¿Cuál?
2. ¿Qué clase de hombre era el personaje principal? ¿Cómo se presenta? ¿rasgos físicos? ¿nombre? ¿edad? ¿carácter? ¿Quién o quiénes nos dan la información sobre él?
3. ¿Por qué dice el narrador que la habitación no es un hogar en el sentido exacto de la palabra? ¿Qué sugiere la descripción de la habitación sobre su inquilino?
4. Lea el cuarto párrafo (ll. 24–29). Según el cuento, ¿es lo que se narra verdad o posibilidad? ¿Cuáles son los hechos verdaderos y cuáles los supuestos?
5. ¿Qué encontró el personaje principal debajo de la puerta la mañana que se levantó temprano? ¿Por qué se sorprendió?
6. ¿Qué decía la carta? ¿Cómo estaba firmada? ¿Qué mensaje llevaban las últimas cartas? ¿Cómo reaccionó el protagonista a la última?
7. Describa Ud. la escena final. ¿Cómo murió el Sr. Juan Ugarte Ruedas?
8. ¿Sospechó Ud., antes de leer el último párrafo, quién enviaba los anónimos?

B. Temas de reflexión

1. ¿Cómo se narraría la misma historia desde un punto de vista diferente, por ejemplo, el suyo?
2. Imagínese Ud. los motivos que tuvo el Sr. Juan Ugarte Ruedas para suicidarse de una manera tan extraña. ¿Cómo explicaría Ud. el hecho de que no parecía saber que era él mismo el que escribía las cartas?
3. ¿Ha recibido Ud. alguna vez un anónimo? ¿Le daría miedo recibir un anónimo? ¿Por qué sí o por qué no?

C. Creación

Formen grupos de tres estudiantes. En cada grupo, un(a) estudiante hará el papel de periodista, otro(a) estudiante hará de vecino(a) y el (la) tercero(a) será el (la) mecanógrafo(a) y compañero(a) de trabajo de Juan Ugarte Ruedas. El (La) periodista debe entrevistar primero al (a la) vecino(a) y después al (a la) mecanógrafo(a) para aclarar la muerte de Juan Ugarte Ruedas. Para obtener toda la información posible, el (la) periodista debe preparar una lista de preguntas que puedan llevar a aclarar esta extraña muerte.

D. Investigación

Lean la historia de "Un asesino en el jardín" que apareció en la sección dominical del periódico español *El País*. En grupos de tres estudiantes, traten de descubrir al asesino. (La solución al asesinato la encontrará en la página 243.)

Un asesino en el jardín

Mister Hinkey no era un hombre que se asustara fácilmente, pero el último anónimo que había recibido en nada se parecía a los anteriores. Durante una temporada, un desconocido le había amenazado con informar a la Policía de unos hechos que conocía en los que Hinkey estaba implicado. A cambio de su silencio le pedía una cantidad de dinero que nunca fue entregada, ya que Hinkey no había hecho el menor caso. Sin embargo, el último anónimo ya no hablaba de denunciarle y se limitaba a advertirle que en los próximos días sería asesinado. Esto le obligó a tomar ciertas precauciones, y lo primero que hizo fue sacar su pistola de la caja fuerte y ponerla en su cinturón para no separarse de ella en ningún momento. Todos cuantos le conocían sabían que su fortuna no era fruto de negocios limpios precisamente, pero aunque la Policía había estado tras sus pasos en alguna ocasión, nunca pudo probarse nada contra él. Incluso se había atrevido a pedir protección entregando los anónimos al inspector, en la seguridad de que los hechos a los que se referían sólo eran una invención para que pagara cantidades de dinero cada vez mayores.

Pasados varios días, Hinkey vivía más confiado e incluso en muchos momentos llegó a olvidarse del asunto. Fue una noche en que esperaba la visita de Albert Adams —amigo con el que había hecho negocios en algunas ocasiones—, cuando comprobó que el anónimo no era precisamente una broma de mal gusto.

Su casa de dos plantas tenía delante una gran extensión de césped. Hinkey se encontraba en su despacho en el piso superior y con la ventana abierta: cualquier ruido procedente del jardín se escuchaba arriba perfectamente. Sin embargo, no hubo el menor ruido; Hinkey se levantó y pasó por delante de la ventana. Su sangre se heló en las venas al notar que algo alargado pasaba rozando su rostro y se clavaba con fuerza en la pared. Era una flecha de las usadas en torneos y había fallado por unos milímetros. Sin pensarlo, sacó su pistola y, asomándose a la ventana, disparó varias veces sobre un arbusto que vio abajo en el jardín. Su amigo Adams se desplomó dejando caer junto a él un arco y una flecha que tenía preparada para disparar.

La Policía comprobó que Hinkey había disparado para defenderse, aunque esta teoría quedó descartada poco después al comprobar que había sido un asesinato premeditado. ¿Sabe por qué?

ALEX LEROY

El mundo hispano

Con costas tanto en el Océano Pacífico como en el Mar Caribe además de un clima tropical y un suelo riquísimo, los países de Centroamérica siempre han sido de mucho interés a las grandes empresas industriales y agrícolas de Estados Unidos y otros poderes mundiales. Junto con el sol y las brisas calurosas de los trópicos vienen los huracanes con sus fuertes lluvias que resultan, demasiadas veces, en inundaciones y otros desastres. Por lo tanto, las poblaciones centroamericanas se han visto una y otra vez necesitadas de la inversión extranjera para construir y reconstruir la infraestructura. Los intereses creados entre los inversionistas extranjeros y los gobernantes de estos países han abierto paso al conflicto político y social que caracteriza la historia de la región. Sin embargo, a fines de siglo XX y a umbrales del XXI, las naciones centroamericanas van mirando hacia el futuro con un espíritu de cooperación entre sí.

Población: 6.000.000
Capital: Tegucigalpa
Moneda: el lempira

Algo sobre Honduras

Hablar de Honduras implica hablar de la "república bananera", la United Fruit Company y de la serie de gobernantes asociados a la misma. Honduras es el segundo país en extensión de Centroamérica; su población es predominantemente mestiza y con un importante componente africano —tan solo el 1% de su población es de ascendencia europea—. El café, el banano, el azúcar y el tabaco son sus principales productos de exportación. La siguiente lectura, del escritor hondureño Leonel Alvarado, ofrece un panorama histórico literario sobre el país.

Prepárese a leer

VOCABULARIO

el aguardiente *firewater, homemade spirits*
la aldea *village*
el asentamiento *land holding*
asombroso(a) *overwhelming*
cargado(a) *charged*
el chantaje *blackmail*
damnificados *victims (of a natural disaster), refugees*
derrocar *to overthrow*
despellejar *to criticize*
desplegarse *to unfold*
el empedrado *pavement*
emprender *to undertake*
enfermizo(a) *sickly*
estancarse *to stagnate*
funcionario(a) *bureaucrat*
hastiado(a) *sick of*
nefasto(a) *harmful*
podrido(a) *rotten*
presagiar *to foresee, foretell*
tramar *to plot, scheme*
venido(a) a menos *decayed*

ACTIVIDAD

¡Charlemos!

1. Hable con un(a) compañero(a) sobre lo que Ud. sabe de la América Central y elaboren una lista con todos sus datos. Compártanla después con los otros compañeros de clase.
2. Fíjese en el mapa de Honduras y diga si a Ud. le parece que ocupa una posición estratégica.

EL AUTOR Y SU OBRA

Leonel Alvarado nació en Honduras en 1967 y cuenta en su haber con galardones tan preciados como el Premio Latinoamericano de Poesía Educa, concedido en Costa Rica, a su obra *El reino de la zarza*; el Premio Centroamericano de Ensayo "Rafael Heliodoro Valle", concedido en Honduras, a su obra *Sombras de Hombre* y el premio "Letras de Oro", concedido en Estados Unidos, a su obra *Diario del odio.* Leonel Alvarado es un maestro en el arte de la concisión; su obra es rica en connotaciones, asociaciones de imágenes que azuzan la imaginación y, al mismo tiempo, atraen con fuerza la concentración intelectual del lector. Lo insospechado de las alusiones en la prosa de Alvarado hacen que esta resulte siempre amena, sugerente y rica.

Estrategias para la lectura

En el siguiente relato Leonel Alvarado ofrece una visión muy personal de su país. Observe cómo el autor entrelaza los datos históricos con las referencias a la ficción literaria. El autor se sirve de la ironía, las asociaciones de ideas y la yuxtaposición de mundos dispares para expresar su opinión crítica de los hechos.

¡A LEER!

De un "país nombre de abismo"[1]

Leonel Alvarado

Según una de las tantas enciclopedias volátiles que circulan por internet, Honduras es "a Central American nation as large as Tennessee". En esa vieja tendencia —que tanto mal nos causó durante la Colonia— de definir lo desconocido a través de los referentes que conocemos, la patria de Francisco Morazán tiene las mismas dimensiones geográficas que la tierra natal de Elvis Presley. A un latinoamericano, acostumbrado a las asociaciones más inversosímiles, no le sorprende que ese paisito nombre de abismo y la Graceland del rey del rock se encuentren por una necesidad histórica de explicar lo inexplicable. Sin embargo, a pesar de la buena intención de estos agentes fantasmas del internet, después de 1993 Honduras y Tennessee se separaron para siempre debido al fallo de la Corte Internacional de *la Haya* que definió, en el papel, demás está decirlo, la disputa fronteriza hondureño-salvadoreña. Aquella Honduras de 112.088 kilómetros cuadrados que memorizamos en la escuela perdió un pedacito de tierra que ha dejado en el limbo a cientos de familias que, al moverse la frontera, cambiaron de nacionalidad.[2]

The Hague

De todos modos, el encuentro entre Honduras y Tennessee tiene sus antecedentes, pues en 1860 un ciudadano de Tennessee, William Walker, por más señas, fue fusilado en el Puerto de Trujillo después de haber tomado el poder por la fuerza y haberse autoproclamado presidente de Nicaragua. De la visión de Walker a la imagen del internet hay un siglo y medio cargado de representaciones que con asombrosa facilidad van de la farsa a la tragedia. Para no ir muy lejos, en el mismo puerto de Trujillo, O. Henry inventó en *Cabbages and Kings* un país llamado Anchuria, que definió como "este puesto de frutas y verduras que llaman país", y que el neoyorquino venido a menos aborrecía: "A veces me enferma este país. Aquí todo está podrido. Desde el ejecutivo hasta el cortador de café todos *se la pasan* tramando cómo echar por el suelo al otro y como despellejar a sus amigos. Si un *arriero* se quita el sombrero para saludar a un funcionario, éste se cree un ídolo del pueblo y se lanza a una revolución para derrocar al gobierno."[3] En esta parodia carrolliana de O. Henry, Anchuria es un nido de derrotados buscadores de fortuna, maleantes, defraudadores, como el mismo O. Henry, cónsules que *purgan sus despechos amorosos* y play boys que dirigen los asuntos nacionales y promueven revoluciones. Según la novela, a uno de estos play boys tenemos que agradecerle la introducción del fonógrafo y la recuperación del tesoro nacional que uno de los tantos presidentes derrocados pensaba sacar del país *a lomo de mula*.

they spend their time

muleteer

pay for their love affairs

by mule

---

[1] Este título ha sido tomado de un verso del poeta hondureño Fausto Maradiaga.

[2] Esta disputa fronteriza se agudizó en 1969, en la llamada "Guerra del fútbol" entre Honduras y El Salvador. Después del fallo de la Corte Internacional de La Haya muchas familias de ambos países quedaron en un limbo territorial, pues se vieron obligados a cambiar de nacionalidad de la noche a la mañana.

[3] O. Henry, *Cabbages and Kings*. New York: Doubleday, 1904, p. 103. El título del libro de O. Henry, tomado del diálogo de la morsa y el carpintero, de *Alicia en el país de las maravillas*, revela la farsa y la tragedia que han marcado la historia del país. La traducción de las citas es mía.

Sólo en un país así se pueden emprender proyectos tan absurdos como el que, tiempo después de O. Henry, una familia de Massachusetts, hastiada de lo que llamaba el espejismo consumista norteamericano desembarcó en el puerto de La Ceiba, Honduras, y después se radicó en la mosquitia hondureña con el propósito de instalar una fábrica de hielo. Estos personajes de la novela *The Mosquito Coast,* de Paul Theroux, desafiaron las inclemencias del trópico y comenzaron a repartirles la civilización a los indígenas en forma de cubos de hielo. Como en las viejas sagas de conquista, los personajes de Theroux no pudieron resistir la tentación de volverse pioneros que querían domesticar territorios inhóspitos y civilizar a gente que desconocía los beneficios de la vida moderna. Obviamente, esta empresa tenía el doble objetivo de transformar territorios y hombres y, a la vez, comprobar que el sueño del pionero, europeo o norteamericano, todavía era realizable. Esta ambición enfermiza, que no midió las consecuencias nefastas para los pobladores y el medio ambiente, se derritió como el hielo en el calor del trópico. Por desgracia, esa costa de un país de nombre sospechoso había sido transformada para siempre. Sin duda, esta fábrica de hielo resultó inofensiva para la mosquitia hondureña frente a los campamentos militares que durante los ochentas instalaron los Contras. La ficción se volvió pesadilla con el regreso, aún más devastador, de William Walker a costas centroamericanas.

gobierno de Carías

Un país similar al de O. Henry y Theroux encontró en 1946 el periodista William Krehm, quien fue testigo de la etapa final de la dictadura de Tiburcio Carías (1932–1948). A Krehm no le fue difícil ver en la Honduras de entonces las consecuencias de medio siglo en el que el país había sido utilizado como campo de batalla por las compañías bananeras. Precisamente, en ese medio siglo, que culminó en el 49 con el final del *cariato,* se enquistó el lastre del diecinueve, especialmente el de la deuda externa, que a partir del préstamo británico de seis millones de libras para la construcción del ferrocarril interoceánico, en 1867, se convirtió en el inicio de una historia negra de negociaciones inexplicables, contratos inverosímiles y chantajes. Ese contrato fue producto de un sueño, una de esas invenciones que se resisten al tiempo y desafían el sentido común. Abrir ese corredor del Golfo de Fonseca, en el Pacífico, al Puerto de Trujillo, en el Caribe, era para los hondureños lo que el sueño del canal para los nicaragüenses. Con la misma retórica con que habían aparecido como la gran respuesta a la tan ansiada modernización impulsada por la Reforma Liberal, las compañías bananeras vendieron la idea del ferrocarril, no sólo del Pacífico al Caribe, sino de los puertos del norte al centro del país. A lo largo de medio siglo, los hondureños vimos desplegarse ante nuestros ojos una de las redes viales más modernas de Latinoamérica; el país quedó completamente comunicado de costa a costa. El único problema fue que ese ferrocarril de ensueño nunca pasó de la mesa de los ingenieros y de los reportajes *ribeteados* de la prensa oficial. Mientras tanto, era evidente el desarrollo de la costa norte y el surgimiento de un ferrocarril que únicamente conectaba las diferentes plantaciones.

adorned

de Rubén Darío

Influido políticamente por Froylán Turcios y por el americanismo *dariano* de *Cantos de vida y esperanza,* Juan Ramón Molina (1875–1908) escribió en 1906 la primera crónica centroamericana de tema bananero, en la que aparece claramente la profecía de la expansión norteamericana:

> Un aspecto especial de la civilización del continente colombino tiene que manifestarse en la vasta cuenca del Mar Caribe, que comprende a Estados Unidos, México, la América Central, Panamá, Colombia, Venezuela y las

extremely fruitful

> grandes y pequeñas Antillas. Queda por saber si ese mar, ceñido de una costa *ubérrima* y lujuriante y esmaltado de islas edénicas, está destinado a ser un golfo internacional, o simplemente un lago norteamericano... Todo parece, hasta hoy, indicar lo segundo...[1]

dead weight

La llegada de las compañías bananeras se dio en circunstancias increíblemente favorables para los empresarios norteamericanos. Centroamérica sufría en la última década del siglo diecinueve las consecuencias de un proceso devastador, agudizado en 1821, a partir de la independencia de España. Sin poder sacudirse *el lastre* colonial, las cinco repúblicas intentaron unificarse en una Confederación que se prolongó de 1824, después de la separación de México,[2] hasta 1839. Durante el gobierno de Francisco Morazán (1830–1839) se promovieron las primeras reformas liberales en la región: se redujo el poder de la Iglesia, se diseñó un plan nacional de educación pública, se formularon leyes para regular la exportación y la inmigración, se organizó el servicio diplomático y se promovió la impresión de textos educativos. El proyecto morazanista fracasó debido a las constantes guerras civiles promovidas por la Iglesia, los terratenientes y los jefes de estado del ala conservadora.[3] Durante la Reforma Liberal se retomó el proyecto morazanista, pero, debido a la inestabilidad social y a las frecuentes dictaduras, la modernización quedó inconclusa. En este escenario hicieron su entrada las compañías bananeras, pues prometían un desarrollo económico y social que apareció como la mejor alternativa entre tanta crisis. Esto explica la indignación de José Martí en un artículo de 1894, en el que habla de la ingenuidad con que las autoridades hondureñas se abrieron a los norteamericanos.[4] La intervención económica pronto pasó a ser política y, desde luego, militar.

La transformación urbana se vio determinada por los polos productivos dispersos en los puertos de la región; el radio de influencia de los asentamientos bananeros alcanzó hasta las ciudades del interior, además de crear ciudades a orillas de la plantación. Mientras estas últimas gozaban de todas las comodidades, las del interior no perdían su fisonomía de aldeas crecidas; no tuvieron el desarrollo de las grandes urbes latinoamericanas porque no fueron puertos ni centros de inversión.

En la misma crónica sobre Tegucigalpa, Juan Ramón Molina hace un retrato de la urbe centroamericana de entonces:

yawn
las campanas
in the prime of her youth
local flirts

> Los domingos tegucigalpenses son un *bostezo* sin fin. Por la mañana los *bronces* parroquiales, sonando desapaciblemente, llaman a misa. Se ve por las calles alguna devota asmática, alguna niña *en los floridos abriles,* luciendo todos sus alfileres. Concluida la función religiosa, los *gomosos locales,* verdaderos lechuginos echados a perder, flirtean en la puerta del templo, *con*

[1] Molina, Juan Ramón. Tierras, mares y cielos. San José, Costa Rica: EDUCA, 1980. Tanto ésta como las siguientes citas son tomadas del mismo libro.

[2] Después de independizarse de España, en 1821, Centroamérica se anexó a México. En esta alianza efímera, que se prolongó de 1821 a 1823, Guatemala perdió Chiapas. Sin embargo, el sueño de una Federación de Repúblicas Centroamericanas echó raíces.

[3] Con la llegada de la Reforma Liberal, en los setentas, se entendió que la gran causa del fracaso de la Federación había sido el intento de adoptar los principios de la Constitución de los Estados Unidos. Es decir, se pretendía que los estados conservaran tanto su autonomía como los límites geográficos establecidos después de la emancipación; como resultado, cada país quería ser cabeza de la Federación. Esto derivó en conflictos territoriales aún sin resolver y, sobre todo, en el inicio de la funesta tradición de las dictaduras.

[4] "Honduras y los extranjeros" es uno de los pocos escritos martianos en los que desaparece el optimismo al hablar de Centroamérica; la mayoría de sus "Cartas" sobre la región la presentan como una tierra joven y promisoria.

looking like monkeys
field of hot coals
cock fighting ring
in heat
band instruments
cementerio

muecas de simio. Dan ganas de suicidarse de las doce a las tres de la tarde, tal es la fúnebre desolación de las calles. Cerrados herméticamente los almacenes, donde babean soñolientos, tras el mostrador, los mozos aspirantes a mercachifles, la vida comercial se estanca. Como son los últimos días de la estación seca, el paseante se expone a caer muerto sobre el empedrado, que parece, lamido por la luz cenital, un deslumbrador *reguero de ascuas.* No queda más remedio que meterse a las cantinas a tomar aguardiente o copas de whiskey malísimo. O que colarse en el barullo de la tradicional *gallera,* a hacer, en una atmósfera de tabaco y de macho *en celo,* apuestas ridículas por el melcocho o el giro. Por la noche, la faz del domingo se espiritualiza. La juventud del día, estirada, con lo mejor de su guardarropía encima, se pasea en el parque de Morazán en rebaño, fuma detestables pitillos o plebeyos cigarros puros, haciendo la corte a las muchachas, lindas, meticulosas y mal trajeadas. Todo al son de los *cobres* de la banda marcial. A las nueve y media, Tegucigalpa duerme el sueño de las ciudades vegetativas. A pesar de su ligero baño de modernismo, es una población a la antigua, melancólica y bostezante y sin tráfico ni vida. Quitándole los prestigios del Gobierno, esto se convertiría en un *camposanto.* Faltan el ir y venir de los carruajes, el rumor de los tranvías, la premura de las gentes ocupadas; el susurro de la colmena humana, inquieta y laboriosa; en fin, todo lo que da carácter a las capitales modernas, arrolladas por los rugidos de las locomotoras y máquinas de vapor.

En este ambiente de provincia, la falsa promesa de modernización que llegaba con las compañías bananeras constituyó el último intento de realizar un sueño desarrollista o, mejor dicho, una pesadilla que hundió al país en la deuda eterna y lo preparó para el inicio de un largo período de gobiernos militares. Con la excepción del paréntesis del gobierno liberal de Ramón Villeda Morales, del 57 al 63, en el que se crearon las leyes de reforma agraria, del seguro social y de inquilinato, la segunda mitad del siglo no pasó de ser una consecuencia lógica de un lastre sociopolítico que quedó oficializado con el retorno a la constitucionalidad en 1981. Pero nos esperaban días peores. La ubicación geográfica volvió a traicionarnos, pues con el triunfo del Sandinismo en Nicaragua, Honduras se volvió un punto estratégico para el establecimiento de bases militares. Con la llegada de los Contras también vimos el regreso de William Walker a la frontera con Nicaragua. Esa realidad absurda que presenciaron los personajes de O. Henry y Theroux se había vuelto mucho más violenta; las fábricas de hielo se transformaron en campamentos militares.

Mientras tanto, los dos gobiernos liberales hondureños, del 81 al 89, prepararon el terreno para la política de privatización de los noventas. De los sesentas a los setentas Honduras vivió el sueño efímero de ser el granero de Centroamérica y de gozar de una extraña estabilidad que se agradecía aunque no se pudiera explicar. La paz relativa que vivíamos en una región plagada de guerras civiles parecía tan natural como el hecho de que nuestro país fuera el único sin volcanes. Sin embargo, el clima de inseguridad de los ochentas presagiaba lo inevitable: las medidas de ajuste económico, maquilladas por una retórica en la que las amenazas de los barones bananeros de principios de siglo habían sido sustituidas por tecnicismos tipo Wall Street. Los play boys de O. Henry se habían transformado en los Chicago boys.

A pesar de lo reciente de los hechos, se puede afirmar que la historia de esta "tierra de grandes honduras", como la llamó Cecil Charles en 1890,[1] después de atravesarla a lomo de mula, cambió sin miramientos en octubre de

[1] Me refiero a su libro *Honduras: The Land of Great Depths.* Chicago: Rand McNally, 1980.

1998. Aunque en 1974 el huracán Fifí arrasó con la costa norte del país, la destrucción causada por el huracán Mitch ha tenido mayores consecuencias. A la pérdida de vidas y al impacto económico se han sumado otros fenómenos. Aunque la reacción inmediata fue auxiliar y reubicar a los damnificados y levantar la infraestructura, el impacto se ha hecho sentir en la conciencia histórica del país. El huracán se ha vuelto un fenómeno *ontológico* que obliga a replantearse la hondureñidad. Aunque apenas estamos en retórica, se habla de la reinvención del país retomando el sueño de la modernización de fines del siglo diecinueve. Nuestra retórica política, atrofiada por casi dos siglos de demagogia, le ha hecho espacio a otro sueño. Persiste, obviamente, la sombra de estructuras políticas que el huracán dejó intactas y que desde principios de siglo han negociado ferrocarriles que ni siquiera en el país imaginario de O. Henry se construyeron.

orgánico

Ya sea que el fenómeno del huracán se integre a la retórica política y que el sueño de esa Honduras para el nuevo siglo no pase de ser otra más de esa larga nómina de utopías criollas mal elaboradas, Mitch se ha convertido en un ente mitológico. Al lado de las justificaciones bíblicas que presagian el fin del mundo, ha surgido una versión popular según la cual el huracán es, en realidad, Kukulcán, ese dios maya pájaro-serpiente que, como con su enorme cuerpo transformado en río se metió violentamente en la ciudad. Se habla de esa sierpe milenaria que, en los relatos indígenas —para el caso, en la tradición oral del pueblo Maya-Chortí— después de estar dormida bajo un cerro, siendo la vegetación una especie de costra protectora, se echa al río y destruye ciudades no sólo física, sino también moralmente. De hecho, la causa de esta destrucción es sobre todo moral y religiosa.

Ahora bien, la integración de Mitch —en el espacio de una cultura urbana que no deja de ser, en esencia, rural— a un pensamiento mítico ancestral es parte de un proceso que permite la convivencia de dos o más temporalidades, míticas o históricas, en el *devenir* de una cultura. De la misma forma, entre el pueblo Lenca, del occidente del país, se cuentan historias en las que el cacique rebelde Lempira, del siglo XVI, aparece peleando en las guerras civiles del diecinueve junto a los generales Cabañas y Morazán. Es esa misma convivencia de temporalidades la que ha permitido que los grandes momentos de la historia de Honduras continúen reapareciendo bajo nuevas formas y reinstalándose en un presente continuo.

desarrollo

Los anteriores han sido momentos que han marcado la historia de nuestras Honduras. Por lo que no cabe duda que los acontecimientos de octubre del 98 pasarán a ser una de esas paradas del tiempo que nuestra literatura se encargará de reinventar. Fatalmente, Mitch es ya un tema inevitable. Junto al proyecto de rehacer el país va una retórica civilista que apuesta por una nueva imagen. No se trata únicamente de reconstruir la infraestructura, sino de reinventar ese "país nombre de abismo", en el que se han instalado fábricas de hielo, plantaciones bananeras y campamentos militares. Entre tanto sacudimiento histórico no es de extrañar que a veces el nombre de estas Honduras pese como un estigma.

Después de la lectura

ACTIVIDAD

¡Charlemos!

1. ¿Qué opina del tono de la lectura?
2. Según Alvarado, ¿quiénes son los personajes que más han influido en la historia de Honduras?
3. ¿Qué imagen pinta el ensayista de la sociedad hondureña?
4. ¿Qué ideas sugiere el nombre del país?
5. ¿Qué entiende Ud. por la reinvención del tiempo mencionada en el último párrafo?

Última lectura

VOCABULARIO

agacharse *to squat*
alborotado(a) *excited*
aludido(a) *referred to*
atrevido(a) *daring*
el atuendo *outfit, wardrobe*
la cerca *fence*
el cohete *rocket*
engalanarse *to adorn one's self, get dressed up*
estallar *to explode*
el gentío *multitude*
la insolación *sun stroke*
el silbador *noisemaker, whistle*
el tambor *drum*
el tropel *throng*

EL AUTOR Y SU OBRA

Roberto Castillo nació en Tegucigalpa en 1950. Es autor de varias colecciones de cuentos *(Subida al Cielo y otros cuentos, Figuras de agradable demencia, Traficante de ángeles). Subida al Cielo* simula un viaje alucinante de salvación colectiva que termina no siendo otra cosa que un brutal asesinato de pueblos enteros. Roberto Castillo presenta una chocante combinación de la realidad y la ficción.

Estrategias para la lectura

Observe el detallismo minucioso de cada descripción. La realidad cotidiana aparece ante nuestros ojos de un modo casi fotográfico. La descripción de una alucinación colectiva aparece tratada del mismo modo que un hecho de la vida cotidiana. En contraste, lo que es más verosímil, la presencia de tropas militares, es lo que parece más irreal en el cuento ya que deduce la presencia belicosa de los soldados por las muertes que causan.

Subida al Cielo Roberto Castillo

Aquella mañana todo el *caserío* amaneció alborotado porque la gente se quería ir al Cielo. Fue un deseo contenido largo tiempo que no estalló hasta entonces. Ya habían venido circulando noticias de que comunidades enteras se habían ido al Cielo, y cada vez quedaba menos gente por los alrededores.

> *caserío*: vecindario

Con la llegada de las noticias empezaron los preparativos del viaje. La gente alistaba *viáticos* e *indumentaria*, y cada uno creía que debía ponerse lo mejor. Por eso muchos se vistieron de curas, otros de militares, de hombres de ciudad, y de rancheros adinerados sin dinero. Las mujeres se vestían de matronas o de monjas; otras, más atrevidas, se disfrazaban de indias, con todo el colorido de los trajes típicos. Los niños eran vestidos de ángeles, con las alitas cuidadosamente trabajadas en *papel de China*. Hubo adultos que quisieron viajar de arcángeles, pero todo el mundo pensaba que para ellos no era conveniente esta indumentaria. Los aludidos replicaron que el viaje al Cielo estaba por encima de observaciones tan pequeñas.

> *viáticos / indumentaria*: viatica (vessels for carrying the Eucharist) / paraphernalia
> *papel de China*: craft paper

Tratando de vestir a los que faltaban el gentío revolvió todos los armarios y desempolvó la sacristía de la iglesia en busca de trajes dignos, como los que se usaban en las representaciones de Semana Santa. La muchacha más bonita fue vestida con el traje de la Verónica, mientras que los hombres se vestían de centuriones y soldados romanos, lo mismo que de apóstoles y hasta de samaritanos. No hubo obispos porque esos atuendos resultaban caros. El traje de Judas Iscariote no le quiso poner nadie por temor a ser *mal visto* en el Reino de los Cielos. Tampoco tocó nadie los de la Virgen y el Señor por creer que sería un atrevimiento imperdonable. Sin embargo, se sacó un Nazareno que se estaba descascarando de viejo para que un pobre anciano de la aldea, el único que se había quedado sin prendas, pudiera irle cargando la cruz y justificarse como Cirineo. De las *casullas, sobrepellices, estolas y bonetes*, agarró cada quien lo que pudo.

> *mal visto*: unacceptable
> *casullas, sobrepellices, estolas y bonetes*: chasubles, surplices, stoles and caps (liturgical vestments)

La gente se engalanó con la ropa conseguida y preparó los viáticos desde la noche anterior. A buena mañana todos salieron en tropel. Con los vistosos trajes puestos caminaban presurosos y alborotados llevando *matates* llenos de provisiones, canastos con pan y *semitas*, bolsas de *totopostes* atados de tortillas, jarrillas de *barro* y de *latón*, así como dulces y frutas que los niños comerían por el camino. Amanecieron alegres y alborotados y en la sola partida no dejaban de fastidiar a los tres hombres que se disfrazaron de arcángeles. *Enjutos* y con los ojos llorosos, los pobres no podían con las alas pesadas que se habían amarrado a la espalda. Las arrastraban y se les doblaban entre las burlas generales que los señalaban como los compañeros de *Luzbel*, desterrados para siempre del Paraíso.

> *matates*: bundles
> *semitas / totopostes*: sweet rolls / corn cakes
> *barro / latón*: clay / tin
> *Enjutos*: Excessively skinny
> *Luzbel*: el diablo

El tropel iba guiado por los músicos de la aldea que con un viejo violín de iglesia, dos flautas, algunas *chirimías*, cuernos de vaca y el violoncelo de las misas solemnes tocaban una música dulce de la que salían alientos fúnebres que nadie percibió. Los cohetes y silbadores metían mucho ruido a lo largo de los dos primeros kilómetros y el sonido de los tambores llegaba hasta muy lejos.

> *chirimías*: fifes

A nadie se encontraron por los caminos polvorientos porque la gente de esas regiones ya se había ido al Cielo. Vieron ranchos abandonados donde todavía quedaban *tizones* encendidos y los *sahumerios* de espantar a los zancudos estaban como cuando había gente. Caminaron entre cercas derribadas y *trojas* que los animales habían destrozado.

Por todos lados estaba la misma desolación y muchos animales domésticos ya se habían vuelto salvajes. No necesitaron preguntar el camino, pues una intuición guía siempre a la gente que marcha decidida al Cielo.

Siguieron después, durante varios días, entre *zacatales* y *barrancos*, durmiendo *al descampado*, bajo el *sereno*. Las gallinas que dejaban colgando de los árboles por las patas amanecían chorreando el rocío recibido; y, durante la caminata, los cerdos demasiado gordos se morían sofocados en los barrancos. Por pedregales que nadie había transitado continuaron las duras jornadas. Los niños de a pie se herían las plantas con las piedras, dejando un rastro de sangre a lo largo del camino. Los de a caballo iban con la mirada perezosa y la cara tiesa por el calor agobiante y el sol abrasador. Algunos murieron de insolación.

La señal inequívoca de que el Cielo estaba cerca fue la llegada a un gran río cuyo nombre nadie sabía. Llegaron hasta su ribera por la noche y empezaron a *vadearlo* en la mañana. En la madrugada se levantaron a gozar del agua fresca; aún no aclaraba y se destacaba muy grande la luna en la oscuridad. Fueron metiéndose al agua y se mojaban los cuerpos hombres, mujeres, ancianos y niños, como si siempre se hubieran conocido. Algunos cogieron peces metiendo las manos debajo de las piedras y las ranas croaban entre los juncos, revueltos sus gritos con el ruido de la corriente que se estrellaba contra las rocas. Cuando cruzaron el río todos olían a jabón y los cueros cabelludos a pelo recién lavado.

Anduvieron toda esa mañana y empezaba a caer la tarde cuando los más apurados ya habían subido al Cielo. A medida que caminaban, los del grueso del grupo fueron descubriendo, tirados por el camino, los sombreros viejos llenos de polvo, los disfraces pisoteados que nadie recogía, imágenes de santos adornadas con papelitos de colores, así como restos de *cirios* que no terminaron de consumirse; y tantas cosas más que quienes habían subido al Cielo ya no necesitaban.

Llegaron por fin a una gran vía pavimentada. Entre *polvorientos* y desolados *pedruscos* que el sol recalentaba asomaron hasta caer sobre ella los que estaban sin ascensión. Por el aspecto parecía que hubieran pasado el conjunto de penalidades que la vida puede ofrecer, y todo por ganar el Cielo. Estaban *macilentos* y *ojerosos*, con la cabeza y las manos que casi se les desgajaban del cuerpo. Totalmente cubiertos de polvo, era como si realmente estuvieran hechos de tierra.

Cuando vieron la gran vía pavimentada se acercaron a ella, débiles y alucinados. Se agacharon y pegaron las manos al suelo. Recorrían con ellas, palmo a palmo, el pavimento, apreciando esa materia oscura que viajaba hasta el infinito. Contaban despacio los granos de piedra envueltos en la melcocha de petróleo y otros compuestos. Después se separaron unos de otros, pero siempre tenían las manos pegadas al pavimento. Fueron subiendo al Cielo y no quedó nada, sólo la inmensa línea gris que se perdía en el horizonte y las emanaciones de los que habían subido en cuerpo y alma a los cielos. El camino de los cielos es el más corto para quien se desespera por llegar; y los más, sin desesperaciones estudiadas, son puestos fácilmente sobre la ruta... Y llegan pronto.

Todos habían ascendido al Cielo. Solamente la línea gris del pavimento lo atestiguaba. Y mejor así, pues lo hicieron con modestia, en total silencio y anonimato, sin pompas ni ceremonias. La tarde moría con los últimos rayos del sol

burning sticks / odorous smoke
grain barns
pastures / ravines
al aire libre / cielo
cruzarlo
candles
dusty
rock formations
emaciated
with bags under their eyes

cuando el paraje recibió al último peregrino. Era un señor alto y blanco de largos cabellos castaños, bigote caído y contextura fuerte. Venía por la carretera conduciendo una enorme motocicleta y tenía el rostro cubierto por la visera negra del casco. No resistió las ganas de subir al Cielo cuando vio las cosas que dejaron tiradas los campesinos: sombreros, machetes, ollas, alforjas, *caites*, matates, los santos y todo lo que llevaban. Aceleró la máquina hasta que la aguja del velocímetro llegó al tope, y se sintió terreno todavía. Como su desesperación era muy grande abrió el tanque de gasolina, sin bajar la velocidad, y le metió fuego con un encendedor. Ascendió entonces al Cielo en un gran estallido y entre humos resplandecientes, convertido en luminaria. El estallido se confundió con los disparos de los soldados —todavía seguían disparando sus armas— que estaban apostados al otro lado de la carretera. En un instante eterno metales retorcidos y pedazos de carne quemada cayeron sobre los cuerpos infortunados y balaceados de los campesinos, los mismos que habían ascendido en cuerpo y alma a los cielos y aguardaban con los ojos volteados a lo largo de la carretera.

zapatos rústicos

Después de la lectura

ACTIVIDAD

¡Charlemos!

1. ¿Por qué cree Ud. que la gente decidió creer que iba a subir al cielo?
2. ¿Qué opina Ud. de los preparativos para el viaje?
3. ¿Qué efecto produce en el lector la llegada del hombre en motocicleta?
4. ¿Esperaba Ud. este desenlace de la historia?

"Un asesino en el jardín"
Solución al asesinato de la pág. 232

La inclinación de la flecha era la prueba de que no fue disparada desde el jardín como aseguró Hinkey. Disparada desde abajo, a un segundo piso, la flecha hubiera quedado con la parte de atrás abajo o recta al ser disparada desde distancia. Hinkey había puesto la flecha en la pared, esperó que llegara Adams y puso el arco al lado del cadáver.

Glosario

Note: Exact and very close cognates are not included in this vocabulary.

Abbreviations: *adj.* adjective, *n.* noun, *adv.* adverb, *m.* masculine, *f.* feminine, *colloq.* colloquial, *sing.* singular, *pl.* plural

A

a eso de *about*
a la deriva *adrift*
a mediados de *in the middle of (time)*
a menudo *often*
a pesar de los esfuerzos *in spite of efforts*
a secas *simply*
a solas *alone; privately*
a sus espaldas *behind*
a toda orquesta *full speed*
a todo tren *very fast*
a través de *through*
abanderado(a) *leader*
abanico *fan*
abarcar *to cover*
abeja *bee*
abigarrado(a) *variegated, many-colored*
abollado(a) *dented*
aborto *abortion*
abrasador(a) *burning*
abrir *to open*
aburrido(a) *boring*
acabar de (+inf.) *to have just (+p.p.)*
acaecer *to happen, occur*
acariciante *soft*
acaudalado(a) *wealthy*
acecho *spying, watching*
aceite *oil*
acera *sidewalk*
acercamiento *approach*
acoger *to harbour, to take in*
acomodar la ropa *to put away the clothes*
acontecimiento *event*
acortar *to shorten*
acostarse *to go to bed*
acostumbrarse a *to get used to*
acotación *(f.) marginal note*
actitud *(f.) attitude*
acudir *to go to, attend*
acuerdo *agreement*
adelgazamiento *slimming*
adelgazar *to lose weight*
ademán *(m.) manner*
adinerado(a) *moneyed, wealthy*
adivinar *to guess*
adoquín *(m.) paving stone*
adornar *to decorate*
adquirir *to acquire*
adscrito(a) *included*
aduana *customs*
advertir *to advise*
adyacente *adjacent*
afable *nice, good-natured*
afán *(m.) eagerness*
afectivo(a) *emotional*
aficionado(a) *fan*
afluir *to flow into, flock*
agacharse *to bend down, squat*
agarrar *to grab*
agobiante *oppressive*
agonizar *to suffer; to be dying*
agotarse *to run out; to be finished; to be sold out*
agotársele (a uno) *to run out of*
agradar *to like*
agradecer *to thank*
agridulce *bittersweet*
agruparse *to form a group*
agua *(f.)* (uses **el**) **dulce** *fresh (river) water*
aguantar *to bear*
aguardiente *(m.) firewater, spirits*
agudo *sharp*
aguijoneado(a) *urged on*
aguijonear *to spur on*
aguja *needle*
agujero *hole*
ahogar *to drown; to suffocate; to smother; to put out*
ahogarse *to drown*
ahorcarse *to hang oneself*
ahorrativo(a) *thrifty*
aire *(m.) air*
aire *(m.)* **mañanero** *morning air*
ajeno(a) *belonging to someone else*
ajuste *(m.) adjustment*
al amanecer *at daybreak*
al cabo de *at the end of, within*

al fin y al cabo *in the end; after all*
alameda *poplar grove; tree-lined walk*
alargar *to hand (something to someone)*
alarife *(m., f.) bricklayer, mason*
albahaca *basil*
albañil *(m.) bricklayer, mason*
alborotado(a) *excited*
alboroto *tumult*
alcachofa *artichoke*
alcanzar *to reach*
alcanzar (a alguien) *to catch up (with someone)*
alcoba *bedroom*
aldea *village*
alegación *(f.) allegation*
alegre *fun*
alejado(a) *far away*
alejarse *to move away*
alejarse por la acera *to disappear down the sidewalk*
alentar *to encourage*
alero *eaves*
aletargar *to cause lethargy*
alfiler *(m.) pin*
alfombra *carpet, rug*
alforja *saddlebag*
algodón *(m.) cotton*
aliento *breath*
alimentación *(f.) nutrition*
alimento *meal, food*
alistar *to make ready*
alita *little wing*
alivio *relief*
allanar *to raid*
alma *(f.) (uses* **el**) *soul*
almanaque *(m.) almanac*
almendra molida *ground almond*
almirante *(m.) admiral*
almohada *pillow*
almuerzo *lunch*
alocución *(f.) speech, address*
alojarse *to lodge, get a room in a lodge*
alpiste *(m.) birdseed*
alquiler *(m.) rent*
alrededor *around*
alrededor de *approximately*
alterar *to alter*
altura *high area*
aludido(a) *referred to*
aludir *to refer*
alumno(a) *student*
ama *(f.) (uses* **el**) **de casa** *house-keeper*
amamantar *to suckle, nurse*
amante *(m., f.) lover*
amargura *bitterness*
amarrar *to fasten*
ambas *both*
ambiente *(m.) atmosphere; ambience*
ámbito *scope*
ambos *both*
amedrentar *to intimidate*
amenaza *threat*
amenazar *to threaten*
ameno(a) *pleasant*
aminorar *to slow down*
amo *master*
amor *(m.) love*
amparar *to protect*
amparo *refuge, shelter*
amplificador *(m.) (loud)speaker*
amplio(a) *wide*
ampulosidad *(f.) bombast, pomposity; wordiness*
ancho(a) *wide*
anciano(a) *elder*
andar *to travel; to walk*
andar angustiado *to be anguished*
anfitrión(a) *host(ess)*
angosto(a) *narrow*
anhelante *anxious*
anhelo *eagerness, longing, wish*
anillo *ring*
animarse a *to be encouraged to; to decide*
ánimo *mind*
ansioso(a) *anxious*
antaño *long ago*
antelación *(f.) anticipation*
antepasado *ancestor*
anticuado(a) *old-fashioned*
anuncio publicitario *advertisement*
apacible *placid, tranquil*
apaciguar *to appease, calm down*
aparato *display, show*
apartado(a) *remote, out-of-the-way*
apasionado(a) *passionate, with intense feelings*
apelar *to appeal*
apellido *surname, last name, family name*
apenas *barely; only; as soon as; just*
apéndice *(m.) appendix*
apoderarse de *to appropriate*
aportación *(f.) contribution*
aportar *to contribute*
aportar alegría *to bring happiness*
apostar *to take up one's post*
apoyado(a) *resting on, leaning on*
apoyar *to support*
aprendizaje *(m.) learning*
apresurarse *to hurry up*
apretado(a) *tight*
apretar *to press; to tighten*
apretón *(m.) squeeze*
aprobar *to approve; to pass (a test)*
aprovechar *to make use of*
aprovecharse de *to take advantage of*
aproximarse a *to approach*
apuntalar *to prop up, shore up*
apuntar *to note, write down; to point to*
apunte *(m.) note*
apurado(a) *(person) in a hurry*
apuro *haste, hurry*
arado *plow*
árbol *(m.) tree*
arbusto *shrub, bush*
arco *bow; arch*
arder *to burn*
arena *sand*
argamasa *mortar*
arista *edge*
armario *wardrobe*
arrabal *(m.) outskirts, slums*
arrancar (algo) de cuajo *to tear out (something) by its roots*
arrancar a *to start to*
arrasar *to destroy*

arrastrado(a) *dragged along*
arrastrar *to drag*
arrastrarse *to crawl*
arrebato *fit (of rage, enthusiasm)*
arrendado(a) *rented, leased*
arrendar *to rent*
arrendatario(a) *tenant, lessee*
arrocero(a) *rice producer, worker*
arrogante *arrogant*
arrojado(a) *thrown*
arrojar *to throw away*
arruga *wrinkle*
arrugar *to crumple*
arruinar *to ruin*
arrullar *to lull or sing to sleep*
asador *(m.) grill*
ascender *to rise; to move up*
asediar *to besiege*
asentamiento *settlement; land holding*
asentar(se) *to establish (oneself)*
asesinar *to murder*
asesinato *murder*
asesino *(m., f.) murderer, killer*
asesoría *advising*
asiento *seat*
asiento reclinable *recliner seat*
asignatura *subject*
asistente *(m., f.)* **de cátedra** *teaching assistant (university)*
asistir *to attend, be present*
asolear(se) *to sun (oneself)*
asomarse *to lean out of; to show up*
asombro *amazement, surprise*
asombroso(a) *overwhelming*
aspaviento *theatrical gesture*
áspero(a) *rough*
asta *(m.) flagpole*
asunto *topic*
asustado(a) *afraid*
asustarse *to be frightened, get scared*
atado(a) *tied*
atar *to tie*
atardecer *(m.) dusk, nightfall*
atarearse *to be busy, keep busy*
ataúd *(m.) coffin*
atender *to be in charge; to look after*
atender a un enfermo *to see a patient*
atenerse a *abide by*
atentar contra *to attack*
aterrado(a) *horrified*
aterrar *to frighten, terrify*
aterrizar *to land*
atestiguar *to attest, testify, witness*
atiborrado(a) *to be filled, stuffed*
atónito(a) *amazed, astounded*
atracar *to dock*
atrapar *to catch*
atraso *delay*
atravesado(a) *crossed*
atreverse *to dare*
atreverse a decir *to dare say*
atrevido(a) *daring*
atrincherado(a) *entrenched*
atronador(a) *thundering*
atronar *to deafen*
atuendo *attire, outfit, wardrobe*
aturdir *to stun*
auge *(m.) boom*
augurar *to wish*
aula *(f.) (uses* **el***) classroom*
ausencia *absence*
autobús *(m.) bus*
autonómico *autonomous*
autorretrato *self-portrait*
auxiliar *to help, assist*
auxiliar *(m., f.)* **de vuelo** *flight attendant*
auxilio *help*
avariento(a) *greedy, stingy*
aventurar *to venture*
avergonzadamente *embarrasedly, bashfully, shamefully*
averiguar *to find out*
avivar *to excite*
azafata *stewardess*
azar *(m.) chance*
azotea *flat roof*
azúcar *(m., f.) sugar*
azufre *(m.) sulfur*
azuzar *to stimulate*

B

baba *slobber*
babear *to slobber*
bachillerato *high school degree*
bahía *bay*
bajar *to go (come) down*
bajar el fuelle *to pull down the folding top of a convertible*
bala *shot put; bullet*
balaceado(a) *shot, hit by bullets*
balazo *gunshot*
balbuciente *stammering*
baldosa *(floor) tile*
ballena *whale*
ballestero *crossbowman*
bañador *bathing suit*
bañarse *to take a bath*
banco *bench*
bandeja *tray*
bañera *bathtub*
baño *bathroom*
baraja *pack of cards*
bárbaro(a) *barbaric*
barbilla *chin*
barbudo *thickly-bearded*
barquillo *ice-cream cone; rolled wafer*
barranca *ravine*
barrendero(a) *street-sweeper*
barrer *to sweep*
barrera *limit*
barrio *neighborhood*
barro *mud*
barullo *noise*
bastante *quite*
bastón *(m.) cane*
basura *garbage*
batir *to beat*
baúl *(m.) trunk*
bávaro(a) *(f.) Bavarian*
bebedero *drinking fountain*
beca *scholarship*
bejuco *liana*
belleza *beauty*
bendecir *to bless*
bien *(m.) asset, good*
bifurcación *(f.) forking*
bigote *(m.) mustache*
billete *(m.) ticket*
blancura *whiteness*
blando(a) *soft*
boca *mouth*
bocado *mouthful*

bochorno *embarrassment*
boleto *ticket*
boliche *(m.) bar, nightclub*
bolsa *bag*
bomba *pump*
bombilla de luz *light bulb*
bombón *(m.)* **de chocolate** *chocolate-covered candy*
borbotón *(m.) spurt*
bordado(a) *embroidered*
borde *(m.) edge*
borrar *to erase*
borroneado(a) *scribbled*
borroso(a) *indistinct*
bosque *(m.) woods*
bostezo *yawn*
botar *to toss away*
boticario *drugstore*
bóveda *vault, space inside a dome*
brazo *arm*
brea *tar*
bregar *to toil hard*
bretón(a) *Breton*
brillar *to shine*
brillo *brilliance*
brincar *to jump*
brindar *to offer*
broma *joke*
bromear *to joke*
brujo *witchdoctor*
buen humor *good mood*
buena gana *willingly*
buey *(m.) ox*
buharda *attic, garret*
bulla *noise*
buque *(m.) ship*
burbuja *babble*
burla *joke; taunt, jeer, mockery*
burlarse *to make fun*

C

cabello *hair*
cabeza *head*
cabo *handle*
cacao *cacao*
cacaotero *cacao tree*
cacería *hunting*
cachete *(m.) cheek*
cacique *(m.) cacique, Indian chief*
cadena empresarial *commercial chain*
caimán *(m.) alligator; amphibious military vehicle*
caja *box*
caja fuerte *safe; safe deposit box*
cajón *(m.) drawer*
calabaza *pumpkin*
calamina *galvanized corrugated sheet*
calavera *skull*
calcetín *(m.) sock*
caldero *cauldron*
calentar *to heat*
calidad *(f.) quality*
calificación *(f.) grading*
caliza *limestone*
callado(a) *quiet*
calle *(f.) street*
callejuela *narrow street*
callo *corn, callus*
calma *quiet time*
caluroso(a) *warm, hot*
calvo(a) *bald*
calzada *road*
calzado *footwear*
cama *bed*
cámara *chamber*
camarero(a) *waiter, waitress*
camarón *(m.) prawn*
camino *path, road*
camión *(m.) bus (Mex.)*
campana *bell*
campanario *bell tower*
campesino(a) *peasant*
campo *countryside*
camposanto *cemetery*
caña *giant reed*
canción *(f.) song*
candente *important*
canon *(m.) rule, canon*
cantante *(m., f.) singer*
cantimplora *water canteen*
cantina *bar, tavern*
caparazón *(m.) shell*
capó *hood of a car engine*
capricho *whim*
cara *face*
caramelo *candy caramel*
carcasa *frame, skeleton*
carcomido(a) *eaten away*
carecer *to lack*
carencia *lack of*
carey *(m.) tortoise shell*
carga *weight*
cargado(a) *charged*
cargamento *load*
caricia *caress*
caridad *(f.) charity*
carne *(f.) flesh, meat*
carnoso(a) *thick and fleshy*
carrera *career*
carretera *road*
carroza *carriage*
cartaginés(a) *Carthaginian*
cartel *(m.) poster*
cartero *mail carrier*
cartón *(m.) cardboard*
casa de dos plantas *two-story house*
cáscara *peel*
cascarón *(m.) eggshell*
casco *hull*
castigar *to punish*
castigo *punishment*
castrense *belonging or relative to the military*
catastro *real state tax assessor*
catedrático(a) *professor*
cauteloso(a) *cautious*
cauto(a) *cautious*
cazador(a) *hunter*
cebar *to fatten*
ceja *eyebrow*
celda *cell*
celebrarse *to be held*
celta *Celtic (adj.); Celt (n.)*
célula *cell*
cementerio *cemetery*
cena *dinner*
centenar *(m.) one hundred*
cerca *fence*
cercar *to fence in*
cerdo *pig*
cerradura *lock*
cerrar *to close*
cerro *hill*
cerrojo *bolt, latch*
certeza *certainty*
cerveza *beer*
cesar *to cease*
césped *(m.) grass, lawn*
cesto *basket*
chancho *pig*

chantaje *(m.) blackmail*
charco *puddle*
charlar *to chat, to talk*
chicha *alcoholic beverage made from corn*
chichería *establishment where "chicha" is sold*
chicle *(m.) chewing gum*
chincheta *thumbtack*
chirrido *chirping*
chispa *spark*
chiste *(m.) joke*
chorrear *to gush*
chorro *spurt*
churrasquero *barbecue grill*
ciegamente *with total assurance*
ciego(a) *blind*
cielo *sky*
ciervo *deer*
cifra *figure, number*
cima *top of a mountain*
cineasta *(m., f.) film producer or maker, movie star*
cintura *waist*
cinturón *(m.) belt*
cirujano *surgeon*
ciudadano(a) *citizen*
civil *(m.) civilian*
clamor *(m.) uproar*
clase *(f.) class*
claustro *cloister*
clavado(a) *nailed, stuck*
clavarse *to penetrate, go in*
clave *(f.) key*
clavel *(m.) carnation*
claxon *(m.) horn*
clero *clergy*
cliente *(m., f.) client*
clientela *clientele*
cobarde *(m., f.) coward*
cobrar *to collect, receive; to charge*
cobre *(m.) copper*
coca *coca*
cocer *to cook, to boil*
coche *(m.)* **cama** *sleeping car*
coche *(m.)* **comedor** *dining car*
coche *(m.)* **fumador** *smoking car*
cocido(a) *cooked*
cocina *kitchen*
cocinar *to cook*
codiciado(a) *desired*
coger *to grab, to take*
cohete *(m.) rocket; (pl.) fireworks*
colarse *to slip in or through*
colegial *(m.) grade school student*
colegio *grade school*
colgaduras *hangings, draperies*
colgar *to hang; to hang up*
colilla *cigarette butt*
colina *hill*
collar *(m.) necklace*
colmar *to fill right up*
colmena *beehive*
colocar *to place*
colono *settler*
combado(a) *rounded*
combatir *to fight*
comedor *(m.) dining room*
comerciante *(m., f.) merchant*
comilla *quotation mark*
comisaría *police station*
comisura *corner*
cómoda *chest of drawers*
compartir *to share*
compás *(m.) rhythm*
complejo *complex*
comportarse *to act, behave*
comprar *to buy*
comprobar *to prove; to check*
con antelación *in advance*
con prescindencia de *without*
conceder *to award, grant, give*
concertar *to arrange*
conducta *behavior*
confeccionar *to prepare; to make out*
confiado(a) *trusting; confident*
confiar *to trust*
conformarse *to resign oneself*
confrontar *to confront*
conjunto *group*
conjuro *spell*
consabido(a) *known*
consagración *(f.) recognition*
consagrado(a) *famous*
consagrar *to make legal*
conscripción *(f.) military draft*
consejero(a) *adviser*
consejo *advice*
consentido(a) *allowed, permitted*
consigna *slogan*
consultorio *(doctor's) office*
contado(a) *told*
contar *to tell*
contestatario(a) *defiant*
contraer *to contract, to catch*
contrapartida *counterpart*
contraponer *to compare, set against each other*
contrariedad *(f.) hindrance*
contratiempo *mishap*
controverso(a) *controversial*
convenir *to be convenient*
conversar *to talk*
convertirse *to become*
convincente *convincing*
convivencia *coexistence*
cónyuge *(m., f.) husband or wife respectively*
coraje *(m.) courage*
corazón *(m.) heart*
corbata *tie*
cordero *lamb*
cordillera *mountain chain*
coronar *to crown*
correar *to drip*
corrector *(m., f.) examination grader*
corregir *to correct; to modify*
correo *mail*
correr *to run*
correr escaleras abajo *to run down the stairs*
correr escaleras arriba *to run up the stairs*
correr peligro *to run a risk, to be in danger*
corrida (de toros) *bullfight*
corroído(a) *eaten away*
corrompido(a) *rotten*
cortés *polite*
cortina *curtain*
cosecha *harvest*
coser *to fix*
cosmopolita *(n., adj., m., f.) cosmopolitan*

costilla *rib*
costura *seam*
costurera *seamstress*
cotidiano(a) *daily*
cotizar *to quote (prices)*
crear *to create*
crecer *to grow up*
crecimiento *growth*
creencia *belief*
crepúsculo *dusk*
criado(a) *brought up*
criatura *child*
criollo(a) *indigenous*
cristal *(m.) glass*
cronología *chronology*
crujiente *creaking*
cuadra *block*
cuadrado(a) *square*
cuadrilátero *quadrilateral, four-sided*
cuadro *painting*
cuanto más *the more*
cuartel *(m.) barracks*
cuartilla *sheet of paper*
cuarto *bedroom*
cuarto de lavar y planchar *laundry room*
cubiertos *cutlery*
cubrir *to cover*
cuello *neck*
cuenca *basin*
cuenta *bill*
cuento *story*
cuerno *horn*
cuero cabelludo *scalp*
cuesta abajo *downhill*
culebra *snake*
culpa *guilt*
culpable *guilty*
cumplido(a) *reliable*
cumplir *to finish*
cumplirse el plazo *to be the deadline*
cuna *baby crib*
cuneta *ditch*
cura *(m.) priest*
curtido(a) *hardened*
custodia *custody*
custodiar *to guard, to watch over*

D

dádiva *perk, bonus*
damnificado(a) *victim (of a natural disaster), refugee*
dañado(a) *damaged*
dañino *harmful*
dar comienzo a *to start*
dar fe *to testify to, to give evidence of*
dar golpes en *to pound on*
dar la mano *to shake hands*
dar trastornos *to cause trouble*
dar vergüenza *to be ashamed of, embarrassed by*
darse cuenta de *to realize*
darse por vencido *to give up*
darse vuelta *to turn around*
de antología *memorable*
de aquí para allá *all over the place*
de cuando en cuando *from time to time*
de golpe *all of a sudden*
de ida y vuelta *round trip*
de moda *in fashion*
de oro *golden*
de plano *simply*
de sobra *extra*
deal *divine, belonging to the gods*
deambular *to stroll*
deberse a *to be due to*
debido a *due to*
débil *weak*
debutar *to first perform*
decano *dean*
deceso *death*
decidido(a) *firm*
decir *to say*
decir tonterías *to talk nonsense*
declamar *to recite*
declive *(m.) slope*
dedo *finger*
degollado(a) *to have had the throat slit*
dejar paso a *to give way to*
delator *(m., f.) informer*
deletrear *to spell*
delito *crime*
demandar *to claim against*
demasiado(a) *too much*
denominado(a) *called*
denuncia *accusation*
deportivo(a) *sporting*
deprimente *depressing*
derecha *right (direction)*
derecho *right (law)*
derramar *to run over*
derretirse *to melt*
derrocar *to overthrow*
derrochador *squanderer*
derrochar *to waste, squander*
derrotado(a) *defeated, beaten up*
derrotar *to defeat*
derrumbarse *to collapse, fall down*
desabrido(a) *tasteless*
desabrochar *to unbutton*
desafiante *defiant*
desafiar *to defy*
desanimarse de *to get discouraged*
desaparecer *to disappear*
desaprobado(a) *disapproved*
desarmado(a) *unarmed*
desarraigo *uprooting*
desarrollar *to carry out*
desarrollo *development*
desarrugar *to smooth out*
desavenencia *disagreement*
desayunar *to have breakfast*
desayuno *breakfast*
descamisado(a) *a shirtless person (a follower of Perón)*
descanso *break*
descartar *to rule out*
descascarado(a) *peeling off*
descascarar *to peel*
descenso en picada *nose dive*
descifrar *to decipher*
descolgar *to take down*
descompuesto(a) *broken*
desconcertar(se) *to become confused*
descongelar *to defrost*
desconocido(a) *unknown*
descubrir *to uncover*
descuidado(a) *untidy, neglected*
descuido *carelessness*
desdén *(m.) scorn, disdain*

desdeñar *to disdain, to scorn*
desdoblamiento *split (personality)*
desdoblar *unfold*
desear *to wish*
desembocar *to end*
desempleo *unemployment*
desempolvar *to dust, remove the dust from*
desentrañar *to dig out*
deseo *wish*
desesperarse *to despair*
desfilar *to parade*
desfile *(m.) parade*
desgajar *to break off*
desgastado(a) *worn*
deshacerse *to get rid of*
desilusionado(a) *disappointed*
desintegrar *to disintegrate*
deslumbrante *dazzling*
desmantelado(a) *dilapidated, fallen into disrepair*
desmarcarse *to get away from, to depart from*
desmesuradamente *excessively*
desmontar *to take apart*
desmoronarse *to fall apart*
desnudo(a) *naked*
despacho *office*
despedirse *to say good-bye*
despejar *to clear*
despellejar *to flay, criticize*
desperdicios *(pl.) wastes*
despertar *to revive*
desplazar *to shift*
desplegarse *to unfold*
desplomarse *to collapse*
despojado *free from; deprived of*
despojar *to deprive; to take off*
despojo *rubble*
despreciar *to despise*
desprecio *contempt*
desprenderse *to fly off*
después *after*
desquiciado(a) *disturbed*
destacable *remarkable*
destacado(a) *prominent*
destacarse *to be outstanding*
destapar *to uncover*
destinatario *addressee*
destino *destination*
destituir *to remove from a job*
destrozado(a) *destroyed*
destrozar *to destroy*
desvaído(a) *faded*
desvanecer *to make vanish*
desvencijado(a) *loose-jointed*
desvestido(a) *undressed*
desvestirse *to get undressed*
desviar *to turn away*
desviarse *to swerve out of*
detallado(a) *detailed*
detención *(f.) arrest, detention*
detener *to stop*
detenerse *to stop*
detenidamente *slowly*
detestar *to detest, to hate*
diadema *diadem*
dibujo *drawing*
dictar *to suggest (fig.)*
didáctico(a) *didactic, educational*
diente *(m.) tooth*
diestra *right hand*
dieta *diet*
diezmo *decimation*
diferencia *difference*
difundido(a) *widely-known*
difundir *broadcast*
difunto *dead person*
difusión *(f.) spreading*
dique *(m.) dock*
dirigirse a *to talk to*
disco compacto *compact disk, CD*
discoteca *discotheque*
disculpa *excuse*
diseminación *(f.) spreading*
disfraz *(m.) costume*
disfrutar de *to enjoy*
disimular *to hide, to conceal, to disguise*
dispar *unlike, different*
disparar *to fire*
disparo *gun shot*
dispensa *larder; pantry; storage room*
dispepsia *dyspepsia*
dispuesto(a) *ready*
distanciamiento *separation*
distraerse *to distract oneself, to amuse oneself*
distraídamente *absent-mindedly*
diván *(m.) divan*
diverso *diverse*
divertido(a) *fun*
divertirse *to have fun*
divertirse con todas las ganas *to enjoy completely*
doblar *to turn, to bend*
docente *(m., f.) teaching, educational*
dolencia orgánica *physical illness*
doler *to hurt*
dolor *(m.) pain*
domicilio *home address*
dominical *(adj.) Sunday*
dorado(a) *golden*
dormir *to sleep*
dormitorio *bedroom*
dotado(a) *endowed*
ducado *ducat (gold coin)*
duelo *mourning*
dueño(a) *owner*
dulce *(adj.) gentle, sweet; (m.) sweet, candy*
durazno *peach*
dureza *hardness, toughness*

E

ebullición *(f.) fervent activity*
echar *to pour*
echar el cerrojo *to lock*
echar un vistazo *take a look*
económico(a) *economic*
edad *(f.) age*
edad *(f.)* **de oro** *golden age*
edénico *Edenic (Eden-like), paradisiacal*
edificio *building*
educar *to raise, to bring up*
efectuar *to carry out*
eficacia *efficiency*
eficaz *efficient*
eficiente *efficient*
egresar *to leave*
eje *(m.) axis*
ejercer *to practice*
ejército *army*
elogiar *to praise*
elogioso(a) *complimentary*

eludir *to avoid*
embadurnar *to daub, smear*
embalsamar *to embalm*
embarazo *pregnancy*
embargo *embargo, suspension of trade*
embellecer *to make beautiful*
embriaguez *(f.) ecstasy*
empacar *to pack*
empalmar *to join*
empalme *(m.) junction*
empapar *to drench*
empedrado *stone pavement*
empedrar *to pave*
empeñado(a) *bent on*
empeñarse en *to persist in*
emplasto *poultice*
empleada *maid*
empotrado *built in*
emprender *to undertake*
emprender un viaje *to take a trip, to start out a trip*
emprenderla con *to quarrel with*
empresa *company*
empresario *entrepreneur*
empujar *to push*
en homenaje a *in homage to*
en regla *in order*
en rueda *in a circle*
en seguida *right away*
en vista de que *since*
en vivo *live*
enardecido(a) *very excited*
encadenado(a) *linked, connected*
encadenar *to link together*
encaje *(m.) lace*
encaminarse hacia *to walk toward*
encaramarse *to climb*
encarar *to face*
encargado *person in charge*
encender *to light; to turn on*
encerrar *to lock up*
enclave *(m.) enclave*
encomendar *to commit*
encomienda *land granted to a conquistador/colonizer*
encontrar *to find*
encrucijada *dilemma*
enfermedad *(f.) illness*
enfermizo(a) *sickly*
enfermo(a) *(n.) patient*
enfermo(a) *(adj.) sick*
enflaquecido(a) *thin*
enfrentamiento *confrontation*
enfrentar *to confront; to face*
engalanarse *to adorn one's self, get dressed up*
engañar *to cheat*
engendrar *to breed*
engrasado(a) *greased*
engullir *to eat very fast*
enjugar *to wipe away*
enjuiciado(a) *tried, judged*
enlace *(m.) connection*
enladrillador *(m.) bricklayer, mason*
enlazado(a) *embraced*
enlutado(a) *(person) in morning*
enmienda *amendment*
enmudecer *to silence*
enquistarse *to become embedded*
enrarecido(a) *rarefied*
enrollado(a) *turned-on*
enrollar *to twist*
ensañarse *to be merciless, to treat brutally*
ensayo *essay*
enseñanza *teaching*
ensillar *to saddle*
ente *(m.) entity, being*
entenderse a gritos *to make oneself understood in a very loud manner*
enterarse (de) *to find out (about)*
enterrar *to bury*
entierro *burial*
entrada *ticket*
entramado *wooden frame*
entrañar *to entail, to carry within*
entrega de premios *award ceremony*
entrelazar *interweave*
entrenar *to train*
entretejido *interweaving*
entretener *to keep occupied*
entrevista *interview*
enturbiar *to obscure*
envejecer *to become old*
envenenamiento *poisoning*
enviar *to send*
envidia *envy*
envoltura *cover*
envuelto(a) *wrapped*
epitafio *epitaph*
época *epoch, time period*
equilibrio *balance*
equipaje *(m.) luggage*
equipo *equipment*
erguido(a) *erect*
erigir *to raise, to build*
erizarse los cabellos *to have one's hair stand on end*
errabundo(a) *wandering*
es como si *it is as if*
esbelto *slender*
esbozado(a) *outlined*
escala *stopover*
escalar *to climb*
escalera *stairway*
escalera de caracol *spiral stairway*
escalinata *front steps*
escampar *to stop raining*
escandalizar *to scandalize, to shock*
escandinavo(a) *Scandinavian*
escapada *escape, short period of time absence*
escarmiento *warning*
escasear *to be scarce*
escasez *(f.) shortage*
escaso *scarce*
esclarecimiento *elucidation, clarification*
escolar *(m., f.) pupil*
escombro *debris*
escote *(m.) neckline*
escribir *to write*
escritura *deed of sale*
escudo *shield*
escuela *grade school*
escueto *brief*
escurrir *to drain; to escape*
esfuerzo *effort*
esfumarse *to fade away, vanish*
esmaltado(a) *enameled*

esmero *great care*
espalda *back*
espantar *to scare away*
espanto *fear, dread*
especie *(f.) spice*
espectáculo *show*
espejismo *mirage, illusion*
espejo *mirror*
espejuelos *(pl.) eye-glasses*
esperanza *hope*
esperar *to wait*
espeso(a) *thick*
espina *fishbone*
espinazo *spine*
espuela *spur*
esqueleto *skeleton*
esquina *corner*
estacionamiento *parking*
estallar *to break out; to explode*
estallido *explosion*
estampa *vignette*
estampido *detonation, bang*
estancado(a) *stagnant*
estancarse *to stagnate*
estancia de invitados *visitor's stay*
estaño *tin*
estante *(m.) shelf*
estantería *shelf*
estar a punto de *to be about to*
estar dispuesto a *to be willing to*
estar echado *to lie down*
estatal *state*
estatua *statue*
estentóreo(a) *very loud and noisy (voice)*
estera *(door)mat*
estéril *sterile*
estiramiento *stretching*
estirar *to stretch*
estirar la pata *to kick the bucket*
estómago *stomach*
estorbar *to bother*
estrechar *to extend; stretch out*
estrecho(a) *narrow*
estrella *star*
estremecerse *to tremble, quiver*
estrépito *noise*
estrofa *stanza*
estropear *to spoil*
estruendo *din, clamor*
estuche *(m.) case, box*
estudiantado *student body*
estudiante *(m., f.) student*
etapa *period of time; phase*
etnia *ethnicity*
evadir las trabas *to avoid the obstacles*
evitar *to avoid*
examen *(m.) exam*
examinador *(m.) test administrator*
examinar(se) *to be tested*
exhortar *exhort*
exigencia *demand*
exigir *to demand; to require*
exigüidad *small size*
éxito *success*
exorcizar *exorcise*
expectativa *expectation*
expediente académico *(m.) school record*
exponer *to explain*
exposición *(f.)* **de pintura** *art exhibit*
extenderse *to spread out*
extraer *to take out*
extrañar *to seem strange; to surprise*
extranjero(a) *foreign*

F

fábrica *factory*
fabricar *to make, to manufacture*
facultad *(f.) school (division of the university)*
faena *work*
fallar *to miss; to fail*
fallecer *to pass away, die*
faltar *to be short*
fantasma *(m.) ghost*
farfullar *to gabble*
farol *(m.) lantern; street light*
fastidiar *to annoy, bother*
fastidioso(a) *annoying*
fatídico(a) *prophetic*
favorecer *to favor*
febril *feverish, hectic*
feligrés *(m., f.) church member*
fenicio(a) *Phoenician*
féretro *coffin*
feria *fair*
fermento *ferment*
ferrocarril *(m.) railroad*
festejar las bromas *to laugh about a joke*
fiambre *(m.) cold cut*
fianza *deposit*
fichero *filling cabinet*
fiel *faithful*
fijarse en *to notice*
fila *line, row*
finitud *(f.) end, finity*
firma *signature*
firmar *to sign*
firmeza *stability*
flaco *thin*
flamante *looking brand new*
flamear *to flicker*
flamenco(a) *Flemish*
flecha *arrow*
flor *(f.) flower*
florecer *to flourish*
flujo *flow*
fluvial *fluvial*
fomentar *to encourage*
fondo *back, rear*
forastero(a) *stranger*
forcejeo *struggle*
forjar *to shape*
formulario *form*
forrado(a) *lined*
fosa *grave*
fracaso *failure*
fragilidad *(f.) fragility, frailty*
fragor *(m.) clamor, noise*
fraile *(m.) friar, monk*
frasco *container*
frecuentar *to frequent*
fregadero *sink*
frenar *to brake*
frente *(f.) forehead*
frente *(m.)* **de guerra** *war front*
frente *(m.)* **democrático** *democratic front*
fresco *fresh; cool*
frialdad *(f.) coldness*
frío *cold*
frontera *border*
fruncido(a) *frowning, contracted*
fuente *(f.) fountain*

fuerte *acute*
fugazmente *briefly*
fulano (de tal) *so and so*
funcionario *bureaucrat*
funda de cuero *leather case*
fundador(a) *founder*
furor *(m.) furor, rage*
fusil *(m.) rifle*

G

galardón *(m.) award*
gallina *hen*
gallo *cock, rooster*
galpón *(m.) open shed*
ganar terreno *to gain ground*
ganarse la vida *to earn a living*
garaje *(m.) garage*
garantía procesal *legal warranty*
garganta *throat*
gasto *expense*
gatear *to crawl*
gatillar *to get the trigger ready to shoot*
gatillo *trigger*
gaveta *glove compartment*
gélido(a) *frigid, icy*
gemelo(a) *twin*
gemir *to moan, howl*
género *genre; cloth*
genial *brilliant*
genio *genie*
gentileza *elegance*
gentío *multitude*
gerente *(m., f.) manager*
germano(a) *Germanic*
gesto *gesticulation*
gigante *(m.) giant*
gira *tour*
girar *to turn*
girasol *(m.) sunflower*
gitano(a) *Gypsy*
golondrina *swallow (bird)*
golpe *(m.)* **de vista** *look, glance*
golpear la puerta *to knock on the door*
gorro *hat, bonnet*
gota *drop*
gozar *to enjoy*
gozar de buena salud *to be healthy*
grabado(a) *engraved*
grabar *to record*
grabar un álbum *to record an album*
gradería *bleachers*
grado *degree*
grama *grass, lawn*
granero *granary, barn*
granito *granite; fine grain*
grano *grain*
grasa *fat*
gratis *free of charge*
griego(a) *Greek*
grieta *crack*
grillo *cricket*
gritar *to yell, scream*
grito *shout, yell*
grueso *(n.) main body*
grueso(a) *(adj.) thick;*
guante *(m.) glove*
guantera *glove compartment*
guardar *to put away*
guardar los domingos *to go to church on Sundays*
guay *cool (Spain)*
gueto *ghetto*
guiar *to guide*
guiñar *to wink*
gusano *worm*
gusto *taste*

H

haber de *to be supposed to*
habitación *(f.) room*
hacer *to make*
hacer algo por compromiso *to do something because one feels obligated to do it*
hacer caso omiso *to ignore*
hacer cola *to get in line*
hacer girar *to turn*
hacer pedazos *to chop to pieces*
hacer sol *to be sunny*
hacia *towards*
hacia adelante *forward*
hacia atrás *backward*
halagado(a) *flattered*
hálito *vapor, exhalation*
hallarse *to find oneself; to be*
hallazgo *discovery*
hambriento(a) *hungry*
hamburguesa *hamburger*
harapo *rag*
harina de maíz *corn meal*
hastiado(a) *sick of*
hato *ranch*
hebra *thread*
hechicero(a) *shaman*
hechizo *charm*
hecho *event; fact*
hechura *craftsmanship*
helado(a) *frozen*
helarse *to freeze*
hembra *female (mostly ref. to animals)*
heredero(a) *heir, heiress, inheritor*
hereditario(a) *hereditary, inherited*
herido(a) *wounded*
herir *to injure, hurt*
herramienta *tool*
hierba *grass*
hierro *iron*
hígado *liver*
hijo(a) *child*
hilito *string, thread; thin line, stream, ray of light, etc.*
hinojo *fennel*
hito *target*
hogar *home*
hoja *leaf*
hojeada *glance*
holandés(a) *Dutch*
hombro *shoulder*
homenaje *(m.) homage*
hornear *to bake*
hornilla *stove*
huelga *strike*
huella *sign, mark, trace, imprint*
huerto *garden*
hueso *bone*
huevo *egg*
huir *to escape, run away*
hule *(m.) oilcloth*
humanidades *(f., pl.) humanities*
húmedo(a) *humid*
humilde *humble*
humo *smoke*
hundimiento *shipwreck*
hundir(se) *to get into*

I

ibero(a) *Iberian*
iglesia *church*
igualdad *(f.)* **ante la ley** *equality under the law*
ilustre *illustrious*
impartir *to impart, give*
impermeable *(m.) raincoat*
imponente *imposing*
impredecible *impredictable*
imprenta *print*
imprescindible *indispensable*
impúdicamente *shamelessly*
impuesto *tax*
imputar *to accuse*
inadvertido(a) *unnoticed, unobserved*
incansable *untiring*
incendio *fire*
incertidumbre *(f.) uncertainty*
incisivo(a) *cutting*
inclemencia *inclemency, harshness*
inclinarse *to bend*
incluso *even*
inconveniente *(m.) disadvantage*
incrédulo(a) *incredulous, unbelieving*
incrementar *to increase*
indemnización *(f.) compensation*
indispensable *absolutely necessary, essential*
indumentaria *clothing, apparel*
inevitable *unavoidable*
infancia *childhood*
infernal *infernal, hellish*
ínfimo(a) *very small*
ingenuidad *(f.) naivete*
ingenuo(a) *naive*
ingerir *to swallow, ingest*
ingresar *to enter; to be admitted*
ingreso *admission; entrance*
inhóspito(a) *inhospitable*
inmunidad *(f.) immunity*
inmutarse *to change countenance, lose one's self*
inquietar(se) *to worry*
inquilino(a) *tenant*
inscripción *(f.) enrollment*
inservible *useless*
insolación *(f.) sunstroke*
insoportable *unbearable*
instalarse *to establish*
instauración *(f.) establishment*
intentar *to try*
intercambiar *exchange*
interesarse por *to be interested in*
interlocutor(a) *speaker*
interruptor *(m.) switch*
inusitado(a) *not usual*
inversión *(f.) investment*
invertir *to invest*
investigación *(f.) research*
invitado(a) *guest*
invitar *to invite*
ir a la deriva *to drift*
ir cogido de la mano *to walk holding hands*
irritarse por *to become irritated by*
izquierda *left*

J

jabalina *javelin*
jadear *to pant*
jardín *(m.) garden*
jardín *(m.)* **infantil** *kindergarten*
jarra *jar*
jarro *pitcher, jug*
jefe *(m.)* **de estación** *station master*
jefe *(m.)* **de personal** *personnel manager*
jerarca *(m.) dignitary*
jeringa *syringe*
jeroglífico *hieroglyphic*
jolgorio *fun, merriment*
jornada *journey*
joya *piece of jewelry*
jubilarse *to retire*
judío(a) *Jewish*
juego *game*
juegos de luces *light shows*
jugar *to play (a game or a sport)*
juguete *(m.) toy*
juicio *lawsuit*
julepe *(m.) julep*
junco *reed*
junto *next to*
jurar *to swear*
juzgado *court (of law)*

L

laberinto *labyrinth, maze*
labio *lip*
labor *(f.) work*
labranza *farming*
lacrar *to seal (with sealing wax)*
laderilla *small hillside*
lado *side*
lago *lake*
lágrima *tear*
laico(a) *secular, nonreligious*
lamentar *to regret*
lana *wool*
lancha *motor boat*
lanzar *to throw*
lanzarse a *to begin to*
lápiz *(m.) pencil*
largo *long*
lastimar *to hurt*
lastre *(m.) ballast*
lata *can*
lata de conservas *can of food*
latido *beating*
latir *to beat*
laureado(a) *laureate, honored*
lavanda *lavender*
lecho de muerte *deathbed*
lechuguino *dandy*
legua *league (measurement)*
lejano(a) *far away*
leña *firewood*
lento(a) *slow*
letra *handwriting; lyrics (of a song)*
leve *(adj.) light*
ley *(f.) law*
leyes *(f. pl.) regulations*
libra *pound*
licenciado(a) *graduate*
lidiar *to struggle*
lidiar los toros *to fight bulls*
liebre *(f.) hare*
lienzo *linen*
liga *league*
ligeramente *a little*
limítrofe *bordering*

lírico(a) *lyric*
liso(a) *smooth, flat*
literato *writer, men or women of letters*
liviano(a) *light*
llama *flame*
llamada *call*
llave *(f.) key*
llegar a pie/en auto *arrive on foot/by car*
lleno(a) *full*
llevar de paseo *to take for a ride (a walk)*
lloridos *crying*
llovizna *drizzle; mist*
lluvia *rain*
local *(m.) place*
localidad *(f.) location, town, place*
locura *craziness*
lodoso(a) *muddy*
lograr *to achieve; to obtain*
loma *hill*
losa *gravestone*
lúbrico(a) *slippery; lewd*
luchador(a) *fighter*
luchar *to fight*
luchar a brazo partido *to fight fiercely*
luciérnaga *firefly*
lucir *to look*
lugareño(a) *local, native, villager*
lujo *luxury*
lujuriante *lush*
luto *mourning*

M

macabro(a) *macabre*
maceta *planting pot*
madera *wood;* **de madera** *wooden*
madrugada *dawn*
madrugar *to get up early*
maduro(a) *ripe*
mal, malo(a) *bad*
mala gana *unwillingly*
maldad *(f.) evil*
malestar *(m.) ill feeling, unease, indisposition*
maleta *suitcase*
malta *malt beverage*
mañana *morning*
mancha *spot*
manchado(a) *spotted*
mandatario *president, government figure*
manejo *doing, action*
manga: en mangas de camisa *wearing a short-sleeve shirt*
mango *handle*
manguera *tube*
manifestación *(f.) demonstration*
maniobra *maneuver*
mano *hand*
manojo *bundle*
manopla *mitten*
manta *blanket*
manteca *butter (S. Am.)*
mantel *(m.) tablecloth*
mantener *to keep*
mantenimiento *housekeeping*
manto *cape*
manzana *apple*
maraña *tangle*
marca *brand (name); record*
marcha (con mucha marcha) *rich in social and cultural life, especially for young people (Spain)*
marcharse *to leave*
marco *frame; framework*
marfil *(m.) ivory*
marido *husband*
mariposa *butterfly*
mármol *(m.) marble*
mascar *to chew*
matanza *slaughter*
matrícula *registration (fee)*
matricular *to enroll*
mayor *older*
mecanógrafo(a) *typist*
mecedor *(m.) rocking-chair*
mecedora *rocking-chair*
mecer *to rock*
mecer(se) *to rock oneself*
medicamento *medication*
medicina *medicine*
medida *measure; measurement*
medio ambiente *environment*
medir *to measure*
meditar *to meditate*
melcocha *taffy*
melena *long loose hair*
melocotón *(m.) peach*
membrete *(m.) letter head (on writing paper)*
mendigo *beggar*
menor de... *younger than. . .*
menos mal *fortunately*
mensual *monthly*
mensuario *monthly*
menta *mint*
mente *(f.) mind*
menudo(a) *tiny*
menudito(a) *very thin*
mercadería *commodity*
mercado *market*
merecer *to deserve*
merodear *to meander; to mill about*
mesa *table*
meta *goal, destination*
metralleta *machine gun*
metro *subway*
mezcla *mix*
mezclar *to mix*
mezquino(a) *stingy*
miedo *fear*
miel *(f.) honey*
mirlo *blackbird*
misericordia *mercy*
mixto *match*
modelo *(m., f.) model*
mojar *to wet*
moler *to grind*
monaguillo *altar boy*
mondongo *tripe*
moneda *currency; coin*
monja *nun*
moño *bun*
monstruo *monster*
montaje *(m.) editing*
montañismo *mountaineering, climbing*
montaraz *wild*
monte *(m.) mount*
monto *total amount*
montón: un montón *a lot of*
moquilleo *sobbing*

morada *home*
morder *to bite*
moribundo(a) *dying, moribund*
morir *to die, end*
mosaico *tile*
mostrador *(m.)* *counter*
mostrar *to show*
muchedumbre *(f.)* *crowd, mass*
mudo(a) *mute*
muelle *(m.)* *pier*
muerte *(f.)* *death*
mugre *(f.)* *filth*
mulato(a) *mulatto*
multitud *(f.)* *multitude*
muñeca *wrist*
municipio *township*
mural *(m.)* *mural*
muralla *wall*
murciélago *bat*
murmullo *rippling*
músculo *muscle*
muy de mañana *early in the morning*

N

nacer *to be born*
narcotráfico *drug trade, traffic in drugs*
naríz *(f.)* *nose*
navaja *knife*
nave *(f.)* *nave*
nefasto(a) *unlucky; harmful*
negado(a) *denied*
neologismo *neologism, new term*
neurálgico(a) *neuralgic; especially important (fig.)*
nevado(a) *snowy*
nido *nest*
niebla *fog, mist*
nieto(a) *grandchild*
niño/niña *boy/girl*
niños *children*
nivel *(m.)* *level*
¡No es para menos! *With good reason!*
¡No faltaba más! *That's the limit! What an idea!*
nocivo(a) *harmful*
nogal *(m.)* *walnut (wood)*
nombre *(m.)* **de pila** *first name*
nombre *(m.)* **propio** *proper name*
nostálgico(a) *nostalgic*
nota *note*
notario *notary public*
noviciado *novitiate*
nube *(f.)* *cloud*
nublado(a) *cloudy*
nuca *neck*
nudismo *nudism*
nudista *(m., f.)* *nudist*

O

obnubilado(a) *dazzled, bewildered*
obra de arte *work of art*
obrero(a) *worker*
obsequiar *to give (as a gift)*
ocasionar *to cause*
ocioso(a) *lazy*
oculto(a) *hidden*
ocurrir *to happen*
ocurrírsele (a uno) *to think about*
odio *hatred*
odioso(a) *hateful*
oficina *office*
oficina de admisión *admission office*
oficina de objetos perdidos *lost and found*
ofrecer *to offer*
ojo *eye*
óleo *oil painting*
olla *pan*
oloroso(a) *with the smell of*
olvidar *to forget*
ómnibus *(m.)* *bus*
oportunidad *(f.)* *opportunity*
oprobio *shame, ignominy*
optativo *elective*
oración *(f.)* *prayer*
ordenador *(m.)* *computer*
oreja *ear*
organizar *to organize*
orgullo *pride*
orgulloso(a) *proud*
origen *(m.)* *origin*
oriundo(a) *originating from*
oro *gold*
osado(a) *daring*
oscurecer *to get dark*
oscurecer *(m.)* *dusk*
oscuridad *(f.)* *darkness*
oscuro(a) *dark*
otoño *autumn*
oveja *sheep*

P

paciente *(m., f.)* *patient*
padecer *to suffer*
padecer sordera *to be deaf*
padres *(m. pl.)* *parents*
padrinos *(m. pl.)* *godparents*
pagano(a) *pagan*
paja *straw*
pájaro *bird*
palmera *palm tree*
palpable *noticeable*
pampa *a nearly treeless grassland area*
pan *(m.)* *bread*
pan *(m.)* **rallado** *bread crumbs*
pana *pal, buddy (Caribbean, Andean region); corduroy*
pantalla *screen*
pantorrilla *calf*
pañuelo *handkerchief*
papa frita *French fry*
papeleta de calificación *official grade report*
para *for*
parado(a) *parked*
paraguas *(m. sing.)* *umbrella*
paraje *(m.)* *place, spot*
paraninfo *assembly hall (of a school)*
parche *(m.)* *patch*
parco(a) *scanty*
pared *(f.)* *wall*
pareja *couple*
parejo(a) *alike*
pariente(a) *relative*
parir *to give birth*
parqueo *parking*
párrafo *paragraph*
parrillero *barbecue grill*
párroco *parish priest*
partido(a) *broken*
partido (político) *(political) party*
parto *childbirth*
pasadizo *passage, corridor*
pasaje *(m.)* *fare*

pasajero(a) *passenger*
pasar delante de *to pass in front of*
pasar emoción *to feel emotion*
pasar miedo *to feel fear*
pasar por alto *to overlook, to omit*
pasatiempo *hobby*
pasear *to take a walk*
paseo *walk*
pasmado(a) *stunned*
paso *step*
pastor *shepherd*
pata *leg*
patata frita *French fry*
patito *duckling*
patria *native land*
patrimonio *estate, possessions; legacy; heritage*
pecado *sin*
pecho *breast*
pedagogo *pedagogue*
pedante *arrogant*
pedazo *piece*
pedido *demand*
pedir *to ask for*
pedregal *(m.) rocky ground*
pegajoso(a) *catching (rhythm)*
pegar *to put flush (against something)*
peinar(se) *to comb (oneself)*
pelear *to struggle*
película *film, movie*
peligro *danger*
pelo *hair*
pelota *ball*
pelotero *ball player*
penoso(a) *painful, distressing*
pensativo(a) *thoughtful, pensive*
pensión *(f.) boarding house*
peón *(m.) laborer, farm hand*
percibir *to comprehend, to sense*
perder *to lose*
perder el sueño *to lose sleep*
pérdida *loss*
peregrinación *(f.) pilgrimage*
peregrino *pilgrim*
perejil *(m.) parsley*
perezoso(a) *lazy*
perfil *(m.) profile; aspect*
perjudicar *to damage, harm*
perla de fantasía *imitation pearl*
permanecer *to stay, to remain*
persecución *(f.) persecution, pursuit*
persiana *blind (shutter)*
persistente *persistent*
personal *(m.)* **docente** *teaching staff*
pertenecer *to belong*
pesadilla *nightmare*
pesado(a) *heavy*
pesadumbre *(f.) grief*
pesar *to weigh heavily*
pescado *fish*
peso *weight*
pestaña *eyelash*
peste *(f.) pest;* **La peste se lo lleve** *The devil take him*
petate *(m.) palm mat, sleeping mat*
petróleo *oil*
petróleo crudo *crude oil*
piadoso(a) *devout, pious*
pie *(m.) foot*
piedra *stone*
piel *(f.) skin*
pierna *leg*
píldora *pill*
pileta *swimming pool*
pimienta *pepper (spice)*
pimiento *pepper*
pintar *to paint*
pintor(a) *painter*
pirueta *pirouette*
pisada *footstep*
pisca *dash*
piscina *swimming pool*
piso *apartment; floor*
pisoteado *trampled*
pista de baile *dance floor*
pitillo *cigarette*
pizarra *blackboard*
pizza *pizza*
placer *(m.) pleasure*
plagada *plagued with*
plancha *pan*
planificar *plan*
plano *map*
planta *sole of the foot*
planteamiento *proposal*
plantear *to present*
plata *money*
plato hondo *soup bowl*
plato llano *dinner plate*
plaza de toros *bullring*
plegar *to fold*
plomo *lead*
pluma *feather*
poblador(a) *settler, inhabitant*
poder *(m.) power*
poderoso(a) *powerful*
podrido(a) *rotten*
política *politics*
político(a) *political*
pollera *skirt*
poltrona *easy chair*
polvo *dust*
pólvora *gunpowder*
pomo *small bottle*
pómulo *cheekbone*
ponderativo(a) *praising*
poner *to put*
poner a prueba (a alguien) *to give someone a try*
ponerse a *to start to*
por amor al arte *without compensation*
por lo demás *as for the rest; besides*
por si acaso *just in case*
pormenor *(m.) detail, particular*
portal *(m.) doorway, porch*
portavoz *(m., f.) spokesperson*
posguerra *postwar period*
postrimería *final stage*
postura *position, posture*
potencia *entity*
potencial *(m.) potential*
potente *powerful*
potentísimo(a) *very powerful*
pozo *water well*
prebenda *perk*
precavido(a) *cautious*
precio *price*
precristiano *pre-Christian*
pregonar *to cry, hawk, advertise verbally*
prejuicio *prejudice*
premura *haste*
preocuparse *to worry*
preparativo *preparation*
presagiar *to forebode*
presagio *premonition*

presentarse *to appear*
préstamo *loan*
prestar servicio *to serve*
prestar un servicio *to fulfill a need*
presupuesto *budget*
pretendiente *(m.) suitor*
primer, primero(a) *first*
primer *(m.)* **magistrado** *president*
princesa *princess*
privado(a) *private*
privilegio *privilege*
proceder *to continue; to come from*
prócer *(m.) a leader of the independence movement*
proceso penal *criminal proceeding*
proeza *exploit, feat*
profesor(a) *professor*
prójimo *fellow man/woman, kindred person*
promedio *average*
promontorio *promontory*
propaganda comercial *commercials*
propagandístico(a) *(adj.) propagandizing; advertising*
propiedad *(f.) property*
propietario(a) *owner*
propósito *purpose, intention*
propuesta *proposal*
provenzal *Provençal*
prueba *test; proof*
prueba de selectividad *university entrance exam*
pudrirse *to rot*
pueblo *people*
puente *(m.) bridge*
puerta *door*
puerto *port*
pugna *fight, struggle*
pulmón *(m.) lung*
pulpa *pulp*
puñado *handful*
puño *handle; cuff; fist*
puntos suspensivos *(pl.) ellipsis*
pupitre *(m.) student desk*
pureza *purity*

Q

quedarse *to stay*
queja *complain*
quejarse *to complain*
quemado(a) *burned*
querella *case, suit*
quilate *(m.) karat*
químico(a) *chemical*
quincenario *bi-weekly*
quiosco *news-stand, kiosk*
quirófano *operating room*
quirúrgico(a) *surgical*
quitar la venda *to take off the blindfold*
quitarle el tiempo (a alguien) *to take time away (from someone)*

R

rabia *rage, anger*
rabillo *corner of the eye*
rabito *little tail*
radicarse *to establish oneself*
ráfaga *gust*
raíz *(f.) root*
ramaje *(m.) branches*
ramita *thin stick*
raro(a) *rare; strange*
rascacielo *skyscraper*
rascar *to scratch*
rascar(se) *to scratch (oneself)*
rasgo *trait*
rasgos *(pl.) features (of the face)*
rastro *trace*
rayo *ray*
realizar un trámite *to carry out an administrative process*
rebanada *slice*
rebaño *herd*
rebotar *to bounce*
recalar *to appear*
recámara *bedroom*
recargo *surcharge*
receta *recipe; prescription*
recetar *to prescribe*
rechazo *rejection*
recipiente *(m.) container, vessel*
reclamar *to claim; to complain*
recluido(a) *secluded*
recodo *turn, twist*
recoger *to pick up*
recopilar *to compile*
recorrer *to travel over; to go over; to cover*
recorrido *route*
recostarse *to lie down*
recova *arcade*
recto(a) *straight*
rector(a) *university president*
recuerdo *memory*
recurso *resource*
red *(f.) network; web*
redimir *to redeem*
reducto *redoubt*
refrescar *to make cool*
refresco *soft or cold drink*
refugiarse *to take refuge*
refunfuñar *to grumble*
regalo *gift, present*
regañar *to scold, to reprimand*
regla *rule*
reina *queen*
reinar *to prevail*
reino *kingdom*
reír *to laugh*
reja *railing, grille, gate*
relajar *to relax*
relámpago *lightning*
relato *report*
relevo *relief*
reluciente *shining*
remachado(a) *riveted*
rematar *to auction*
remecer *to shake up*
remediable *remediable*
remediar *to solve*
remontado (zapato) *repaired (shoe)*
remordimiento *remorse*
remunerante *remunerative*
rendija *crack, crevice*
rendir homenaje *to pay homage*
reñir *to fight*
renovación *(f.) renewal*
repartidor(a) *delivery person*
repartir *to distribute*
repentino(a) *sudden*
repercutir *to echo*

replicar *to answer, retort*
reposar *to rest*
reposera *folding chair*
reproche *(m.) reproach*
repudiar *to repudiate*
repudio *repudiation*
requerir *to require*
requisito *requirement, requisite*
resbalar *to slip*
resentimiento *resentment*
reserva *reservation*
resfriado *(n.) cold*
resfrío *(n.) cold*
resorte *(m.) spring*
respaldo *support*
resplandecer *to shine*
resplandeciente *shining, gleaming*
resquebrajado *cracked*
resquicio *narrow opening*
restañar *to stanch, to stop the flow*
resto *rest, remainder*
resto *remain*
retirar *to take away*
reto *challenge*
retorcido(a) *twisted; winding*
reubicar *resettle*
reventar *to burst*
revista *magazine*
revuelto(a) *in disorder, untidy*
rey *(m.) king*
rezar *to pray*
rezumar *to ooze, to exude*
ribazo *steep slope or bank*
ribera *shore*
riesgo *risk*
rigor *(m.) strictness*
rincón *(m.) corner*
riñón *(m.) kidney*
rito *rite, ceremony*
ritual *(m.) ritual*
rociar *to water, spray*
rocío *dew*
rodar por las escaleras *to roll down the stairs*
rodear(se) *to surround (oneself)*
rodeo *detour*
rodilla *knee*
rogar *to plead, beg*
roído(a) *gnawed*
rollizo(a) *chubby*
romper *to break, to interrupt*
ronco *voiceless*
ropa *clothes*
ropero *closet*
rostro *face*
rozar *to graze; to rub; to touch on*
rubicundo(a) *rosy with health*
rubio(a) *blonde*
rugido *roar*
rugoso(a) *wrinkled*
ruido *noise*
rumbo a *en route to, bound to*
rutinario(a) *routine*

S

saber a *to taste*
sabiduría *wisdom*
sabio(a) *wise*
sabroso(a) *comfortable*
sacar *to take out*
sacar de sus casillas (a alguien) *to enrage (someone)*
sacar la lotería *to win the lottery*
sacar un billete *to get a ticket*
sacerdote *(m.) priest*
saco *coat*
sacudir *to shake*
sagrado(a) *sacred*
sal *(f.) salt*
sala *living room*
sala de espera *waiting room*
salario *wage*
salir *to go out*
salpicado(a) *splashed*
saltar *to jump*
saltar a la vista *to be obvious*
salud *(f.) health*
saludable *healthy*
salvaje *wild, savage*
salvo *except, save*
sangrar *to bleed*
sangre *(f.) blood*
sangriento(a) *bloody*
sano(a) *healthy*
santero *witch doctor*
sátira *satire*
satírico(a) *satirical*
satisfecho(a) *satisfied*
¡se acabó! *that's it!*
secar *to dry*
secuestrar *to kidnap*
secuestro *kidnapping*
seda *silk*
sede *(f.) headquarters*
seguidor(a) *follower*
según *according to*
seguridad *(f.) safety*
sello *stamp (postage)*
selva *forest*
semanario *weekly newspaper*
sembrar *to sow*
semejante *such (a)*
semilla *seed*
señalar *to point to; to point out*
sencillo (CD) *single (music)*
seno *breast*
sensación *(f.) sensation*
sensato(a) *logical*
sentenciado(a) *sentenced*
sentir *to feel*
sentirse a salvo *to feel safe*
ser (por) culpa de *to be the fault of*
ser capaz de *to be capable of*
serie *(f.)* **televisiva** *TV series*
serpiente *(f.) snake, serpent*
servicio militar *military service*
sien *(f.) temple*
sierpe *(f.) snake, serpent*
sierra *sierra, mountain range*
sigilosamente *carefully*
siglo *century*
silbador *(m.) noisemaker, whistle*
silbar *to whistle*
silvestre *wild*
sin embargo *however, nevertheless*
sin tregua *without a break*
sindicato *labor union*
siniestro(a) *sinister*
sinnúmero *endless number*
síntoma *symptom*
sismo *tremor, earthquake*
situarse al margen de *to not be involved*
sobar *to rub*
soberano(a) *sovereign*
soberbia *(n.) arrogance, pride*
soberbio(a) *(adj.) arrogant*
sobre *(m.) envelope*

sobregirado(a) *overdrawn*
sobreimpreso(a) *superimposed*
sobresalto *alarm, sudden fright*
sobrino(a) *nephew, niece*
socio *partner*
socorro *help, aid*
sol *(m.) sun*
solapado(a) *underhand, sly*
solar *(m.) lot*
soler *to usually do*
solicitado(a) *requested*
solicitud *(f.) application*
sollozar *to sob*
soltarse de la mano *let go of (someone's) hand*
soltarse el pelo *to speak up, let loose (colloq.); let his/her hair down*
solución *(f.) solution*
sombra *shadow*
soñar *to dream*
sonido *sound*
soñoliento(a) *sleepy, drowsy*
sonoro(a) *resonant*
sonrojar *to blush*
sopor *(m.) torpor, lethargy*
soportar *to bear; to stand; to tolerate*
sorbo *sip*
sordera *deafness*
sorteo *lottery*
sosegado(a) *calm, peaceful, quiet*
sosiego *calm*
sospechar *to suspect*
sostener *to hold; to support (financially)*
suave *soft*
subasta *auction*
subir *to go up*
subir a razón de *to rise at the rate of*
subyacer *underlie*
suceder *to happen*
suceso *event, happening*
sucio(a) *dirty*
sudar *to sweat*
sudor *sweat*
sudoroso(a) *sweaty*
suela *shoe sole*
sueldo *salary*
suelo *floor*
sueño *dream*
suerte *(f.) luck*
sufragar *to pay*
sufragio *suffrage, vote*
sumiso(a) *submissive*
superar *to exceed*
superficie *(f.) surface*
súplica *begging*
surgir *to arise, emerge; to appear*
suscitar *to cause, originate; to provoke*
sustantivo *noun*
susurrar *to whisper*
susurro *whisper*
sutileza *subtleness*

T

tableta *bar*
tacón *(m.) shoe heel*
tacto *touch*
taladrar los oídos *to produce an ear-splitting sound*
tallado(a) *carved*
talón *(m.) heel*
tamaño *size*
tambor *(m.) drum*
tapa *cover*
tapar *to cover*
tapiado(a) *closed up*
tardar en *to delay, take time*
tarifa *fare*
tarjeta *postcard*
tasa *rate*
tauromaquia *(art of) bullfighting*
taxi *(m.) taxi*
taza *cup*
techo *roof; ceiling*
tejer *to knit*
tejido(a) *woven*
tejidos *textiles*
tela *fabric, material*
telón *(m.)* **de fondo** *background*
temblar *to tremble*
temblor *(m.) trembling*
temer *to fear; to be afraid*
temible *fearsome, dread, frightful*
temor *(m.) fear, dread*
templado(a) *mild, temperate (climate)*
tender la cama *to make the bed*
tender la mano *to shake hands*
tenderse en la cama *to lay in bed*
tenebroso(a) *dark, gloomy*
tener cuentas en rojo *to have debts*
tener prisa *to be in a hurry*
tener siglos de antigüedad *to be centuries old*
tener tiempo de sobra *to have extra time*
teñido(a) *dyed*
tentáculo *tentacle*
tentador(a) *tempting*
tenue *light*
tercio *third part*
terciopelo *velvet*
ternura *tenderness*
terreno *plot, land*
tibio(a) *warm, lukewarm; unenthusiastic (person)*
tiburón *(m.) shark*
tierno(a) *sweet; soft, tender*
tierra *earth, soil*
tieso(a) *stiff, rigid*
timbre *(m.) doorbell; ring*
tina *tub*
tintineo *clinking*
tirante *tight*
tirar *to throw, toss*
tirolés(a) *Tyrolese*
titánico(a) *titanic*
titular *(m.) headline*
tiza *chalk*
tobillo *ankle*
tocadiscos *(m. sing.) record player*
tocarle (a uno) una fiesta *to happen to be at a party*
todo lo que *all that, everything that*
toldo *tent*
tomar *to take*
tomillo *thyme*
tomo *volume*
tope *(m.) bump*
toque de queda *(m.) curfew*
tórax *(m.) thorax*
torcido(a) *crooked, winding; bent*
tormenta *storm*
torneo *tournament*

torpe *clumsy*
tortuoso(a) *tortuous, full of bends*
traer *to bring*
tragar (la tierra) *to disappear*
traicionar *to betray*
traje *(m.) dress, suit*
traje de baño *bathing suit*
tramar *to plan, plot*
trámite *(m.) proceeding*
tranca *truncheon*
transeúnte *(m., f.) passer-by*
transitar *to pass*
trapo *rug*
trasladarse *to move*
trasnochador(a) *one who parties all night*
trasnochar *to stay up all night*
tratamiento *treatment*
tratarse de *to be a matter of*
travieso(a) *mischievous*
trayecto *trip*
trazar *to draw*
trecho *stretch*
tren de vida *way of live*
trenza *braid*
trepadora *creeper*
trepar *to climb*
tribuna *tribune*
tribunal *(m.) court (of law); committee*
triste *sad*
trono *throne*
tropel *(m.) mob, crowd, throng*
tropezar *to run into*
trozo *piece*
trueno *thunder*
trueque *(m.) exchange*
tumba *tomb*
turbado(a) *disturbed*
turbio(a) *turbid, dubious*

U

ubicado(a) *located*
ubicar(se) *to seat (oneself)*
última baraja *trump card*
último(a) *last*
ultraje *(m.) outrage*
ultraterreno *beyond the grave*
uña *nail*
unicidad *(f.) uniqueness*
universidad *(f.) university or college*
uno de cada tres *one out of three*
urbe *(f.) city, downtown area*
útil *useful*
utilidad *(f.) utility, benefit*

V

vacante *(f.) vacant (unfilled) job*
vacío *(m.) emptiness*
vacío(a) *(adj.) empty*
vaguada *stream bed*
valer *to be worth*
valeroso(a) *courageous*
validez *(f.) value*
valija *suitcase*
valle *(m.) valley*
válvula *valve*
vara *rod, pole*
variante *difference*
varón *(m.) male*
vaso *glass*
vecinal *local*
vecino(a) *neighbor*
vela *candle*
velación *(f.) wake, vigil for the dead*
velada *soirée, (musical) evening*
velador *(m.) bedside lamp*
velar *to veil, to blur*
velorio *wake, vigil for the dead*
velozmente *quickly*
vena *vein*
venado *deer*
vencerse el plazo *to be the deadline*
vencido(a) *defeated*
vendar los ojos *to blindfold*
vender *to sell*
venerar *to revere, to worship*
vengar *to avenge*
venido a menos *decayed*
venir *to come*
venirse abajo *to come down, fall down*
ventajoso(a) *convenient*
ventanal *(m.) large window*
ventilador *(m.) fan*
verdura *vegetable*
verídico(a) *true, real*
verificar *check*
verosímil *credible*
vertir *to pour*
vestidor *(m.) closet, dressing room*
vestirse *to get dressed*
viajero(a) *traveler*
vicio *bad habit*
vidrio *glass*
vientre *(m.) abdomen, stomach*
viga *beam*
vigilar *to keep watch, keep an eye on*
villa *country manor, small town*
vincular *to link*
vínculo *relationship*
visigodo(a) *Visigothic*
vislumbrar *to glimpse; to see vaguely*
vistazo *quick look*
visto bueno *approval*
vistoso(a) *showy, colorful*
vitalidad *(f.) vitality*
viuda *widow*
vivienda *dwelling*
vivo(a) *bright; lively*
volar *fly*
voltear *to turn around*
voluble *turning easily*
voz *(f.) voice*
vuelo *flight*
vuelto al derecho y al revés *turned inside out*

Y

yerba *herb*
yodo *iodine*

Z

zafarse *to break loose*
zaguán *(m.) hallway, entry*
zancudo *mosquito*
zapatilla *slipper*
zapato *shoe*
zarpar *to depart, set sail*
zozobra *worry, anxiety*
zumbido *buzzing*
zurcir *to mend*

Text/Realia Credits

Page 2: Adapted from "Los más fascinantes del año," from *People en español,* January 1999–December 2000, reprinted by permission of the publisher; **p. 5:** "Si te toca una fiesta aburrida" from *Buenhogar,* Vol. 24, No. 5, February 1989, reprinted by permission from Editorial América, S.A., d/b/a Editorial Televisa; **p. 11:** "Castro pide a la mayoría... " from *El País,* September 29, 1999, reprinted by permission; **p. 12:** "Cuba llevará la denuncia... " from *El país,* November 10, 1999, reprinted by permission; **p. 13:** Adapted from "La balada de Gloria Estefan," *Más,* Vol. II, No. 1, Fall 1990, reprinted by permission of the publisher; **p. 16:** "El Ángelus" by Elena Poniatowska from *Más largo el silencio,* 1980 by Ediciones Era, S.A; **p. 19:** "El gran Ecbó" by Guillermo Cabrera Infante from *Antología del cuento cubano contemporáneo,* Ediciones Era, S.A.; **p. 32:** "Comida celestial" by Turulo W., illustration by El Genio, *Ercilla,* Año LVII, No. 2.857, May 2, 1990, reprinted by permission; **p. 37:** Adapted from "Los nudistas se instalan en las cálidas playas españolas," by Javier Montoya, *Cambio 16,* No. 968, June 11, 1990, pp. 112–114, reprinted by permission of the publisher; **p. 41:** "Viaje al pueblo de vidrio" from *Viajes y flores* by Mercè Rodoreda, © 1980, reprinted by permission of Edhasa; **p. 44:** "Vestigios de la ruta jacobea... " adapted from *El camino de Santiago en coche,* by Grupo Anaya, S.A., reprinted by permission; **p. 45:** "Unos días antes," adapted from *Viaje a la Alcarria* by Camilo José Cela, from *Obra completa, Tomo IV: Viajes por España,* Ediciones Destino, reprinted by permission; **p. 52:** "El azar decide el futuro... " from *Cambio 16,* No. 968, June 11, 1990, pp. 93–96, reprinted by permission of the publisher; **p. 55:** "La problemática universitaria de Perú" from *Caretas,* Año XXXIV, No. 1096, February 19, 1990, reprinted by permission; **p. 59:** "Al colegio" from *Mis páginas mejores* by Carmen Laforet, © 1956, reprinted by permission of the author; **p. 64:** "Cambridge y la irrealidad" from *Contra viento y marea* by Mario Vargas Llosa, Seix Barral/Biblioteca Breve, 1993, reprinted by permission of the publisher; **p. 71:** "Gustos" by Ignacio Carrión, from *El País,* July 25, 1991, reprinted by permission; **p. 74:** "Miedo" from *Poesías completas de Gabriela Mistral,* © 1924, 1935 by Gabriela Mistral, reprinted by arrangement with Doris Dana, c/o Joan Daves Agency as agent of the proprietor; **p. 77:** "¡Viva la igualdad de los sexos!" by Daniel Samper, from *A mí que me esculquen,* 1980, pp. 17–18, reprinted by permission of *El Tiempo* (Bogota); **p. 80:** "La casa nueva" by Silvia Molina, from *Narrativa hispanoamericana 1816–1981 historia y antología,* Ángel Flores, ed., reprinted by permission of Siglo XXI Editores, S.A. de C.V.; **p. 85:** "Los ángeles de las tinieblas" by Adolfo Cáceres Romero, from *Cuentos de Hispanoamérica en el siglo XX,* 1997, Editorial Castalia; **p. 89:** "El indio Paulino" by Ricardo Ocampo, from *Narradores bolivianos: Antología,* Mariano Baptista Gumucio, ed., Monte Ávila Editores; **p. 100:** "Oda a los calcetines" from *Odas elementales* by Pablo Neruda, © Fundación Pablo Neruda, reprinted by permission; **p. 104:** "Más de un millón de dólares" by Henry Goethals, reprinted by permission from *Américas,* Vol. 42, No. 3 (1990) pp. 2–3, a bimonthly magazine published in English and Spanish by the General Secretariat of Organization of American States; **p. 108:** "El cacao vino de América" by Guillermo Soreda Molina, from *Mundo hispánico,* No. 367, December 1977, pp. 40–42; **p. 113:** "Las buenas inversiones" by Julio Cortázar, from *Último round,* Siglo XXI Editores, México, 1969, reprinted by permission of author; **p. 118:** "Carta a un zapatero que compuso mal unos zapatos" by Juan José Arreola from *Confabulario,* Editorial Planeta, S.A., México, reprinted by permission; **p. 123:** "Usted vs. su médico: Cómo salir ganando" by Marilou Cross de Narbona in *Cosmopólitan,* November 1983, pp. 44–45, reprinted by permission of Editorial América, S.A. d/b/a Editorial Televisa; **p. 128:** "Pizzas, perritos y hamburguesas ceban la dieta española" by Fernando Álvarez, from *Cambio 16,* No. 967, April 6, 1990, pp. 138–142, reprinted by permission of the publisher; **p. 133:** "Libérese del estrés del trabajo" from *Buena salud,* Vol. V, No. 4, August/September 1990, p. 64, reprinted by permission of the publisher; **pp. 135–136:** "¿Una goma de mascar... ?", "No los vayas a perdonar" and "¿Por qué se me olvidan... ?" from *Glamour en español,* November 1999, reprinted by permission; **pp. 136–137:** "Salpicón de camarones", "Chuletas de sardinas al limón" and "Ensalada de peras... " recipes from *Vanidades,* December 1999, reprinted by permission of Editorial Televisa; **p. 139:** "Es repugnante la mención de razones humanitarias" from *El País,* January 15, 2000, reprinted by permission; **p. 142:** "Vida interminable" from *Cuentos de Eva Luna,* by Isabel Allende, Editorial Sudamericana, reprinted by permission; **p. 150:** © maps.com **p. 155:** "Estruendo" by Joaquín Vidal from *El País,* July 24, 1990, reprinted by permission; **p. 158:** "El circuito del tango" by Alejandro Stilman from *Clarín,* June 16, 1996, p. 6, reprinted by permission; **p. 161:** "Trabajo difícil" by Conrado Nalé Roxlo, reprinted by permission of Editorial Huemul (Buenos Aires); **p. 166:** "Emma Zunz" by Jorge Luis Borges in *Nueva antología personal,* Emecé Editorial, Buenos Aires; **p. 174:** "El futuro de Hispanoamérica" by José Manuel Paz Agüeras, *Gráfica,* Vol. 34, No. 214, October 1980, reprinted by permission; **p. 178:** "La cautiva" by José Emilio Pacheco from *El viento distante,* Ediciones Era, S.A., 1969, 1990, pp. 41–45, reprinted by permission; **p. 183:** "La Celestina" by Juan Antonio Ramos from *Cuentos de Hispanoamérica en el siglo XX,* Editorial Castalia; **p. 187:** "De cómo alimentar el fuego" by Rosario Ferré in *El coloquio de las perras,* Literal Books; **p. 193:** "El chupinazo" by Carlos Carnicero in *Cambio 16,* No. 501, July 6, 1981, reprinted by permission of the publisher; **p. 196:** "La muerte vista por el mexicano de hoy" by Luis Alberto Vargas in *Artes de México,* Año XVIII, No. 145, 1971, reprinted by permission of the publisher; **p. 199:** "Gran fandango" illustration by José Guadalupe Posada from *Posada's Popular Mexican Prints,* Dover Publications, Inc., 1972; **p. 200:** "La aventura del albañil" adapted from *Cuentos de la Alhambra* by Washington Irving, © Editorial Escudo, S.A., 1981, pp. 78–81, reprinted by permission; **p. 205:** "Los funerales de la Mamá Grande" by Gabriel García Márquez, reprinted by permission; **p. 216:** Front page of *El Pregonero,* April 13, 2000, reprinted by permission; **p. 219:** "Almodóvar y 'American Beauty' triunfan en los Oscar" by Javier Valenzuela in *El País,* March 28, 2000, reprinted by permission; **p. 222:** "Cerca de 200.000 muertos… " from *El País,* March 28, 2000, reprinted by permission; **p. 224:** "El telegrama" by Noel Clarasó from "Espejos y espejismos" in *Destino,* No. 2.205, January 10–16, 1980, reprinted by permission; **p. 228:** "Anónimo" by Esther Díaz Llanillo in *Cuentos cubanos,* Editorial Laia, Barcelona, 1974, pp. 113–116, reprinted by permission; **p. 232:** "Un asesino en el jardín" by Alex Leroy in *El País,* July 28, 1990, reprinted by permission of the publisher; **p. 235:** "De 'un país nombre de abismo'" by Leonel Alvarado, reprinted by permission of the author; **p. 241:** "Subida al Cielo" by Roberto Castillo in *Cuentos de Hispanoamérica en el siglo XX,* Editorial Castalia.

Photo Credits

All photos from the Heinle & Heinle IRB except as noted.

Page 2 left: Frank Trapper/Corbis Sygma; **p. 2 middle:** Thierry Orban/Corbis Sygma; **p. 2 right:** Gregory Pace/Corbis Sygma; **p. 6 top left:** Eric Horan/Liaison Agency; **p. 6 middle right:** Padilla/Liaison Agency; **p. 8:** Bettman/Corbis; **p. 15:** © Gigi Kaesar; **p. 17 top:** Chip Hires/Gamma Liaison; **p. 17 bottom:** © Dallas and John Heaton/Stock Boston; **p. 28 top right:** SuperStock; **p. 28 middle right:** Steve Vidlar/SuperStock; **p. 28 bottom:** © Corbis; **p. 43:** © 2000 Peter Menzel; **p. 45:** a.g.e. fotostock; **p. 53:** © Stock Boston, Inc. 1990; **p. 56:** Victor Englebert; **p. 62:** © Wolfgang Kaehler/Corbis; **p. 64:** C. Carrion/Corbis Sygma; **p. 73:** AP/Wide World; **p. 77:** © Stuart Cohen, Comstock 1989; **p. 100:** DeJean/Goldberg. Keystone/Corbis Sygma; **p. 103 top left:** © Fernando Botero, courtesy, Marlborough Gallery, New York; **p. 103 top right:** Art Resource, NY; **p. 103 bottom:** © 2000 Estate of Pablo Picasso/Artists Rights Society (ARS), New York Photo by John Bigelow Taylor/Art Resource, NY; **p. 104:** Courtesy of the Instituto Nacional de Bellas Artes y Literatura; **p. 110:** Schalkwijk/Art Resource, NY; **p. 112:** D. Goldberg/Corbis Sygma; **p. 141:** Shooting Star; **p. 156:** © Peter Menzel, Stock Boston; **p. 165:** G. Giansanti/Corbis Sygma; **p. 170 top:** © Wolfgang Kaehler/Corbis; **p. 170 bottom:** © Macduff Everton/Corbis; **p. 181:** © Glenn Wilson; **p. 186:** © Marion Ettlinger; **p. 190, 194:** © Nik Wheeler/Corbis; **p. 205:** © Colita/Corbis; **p. 234:** Leonel Avarado.